高等职业教育土建类"教、学、做"理实一体化特色教材

路基路面检测技术

主　编　龙丽丽　吴智慧　柯宅邦

www.waterpub.com.cn

·北京·

内 容 提 要

本书是安徽省地方技能型高水平大学建设项目重点建设专业——道路桥梁工程技术专业的理实一体化教材之一,是以具体工作项目为载体、以工作过程为导向进行开发的。全书内容共分为10个学习项目,主要内容包括试验检测基础知识、常用混合料强度检测、路基路面几何尺寸及路面厚度检测、路基路面压实度检测、路面平整度检测、路基路面强度指标检测、路面抗滑性能检测、沥青路面渗水系数和车辙测试、地基承载力检测、钻孔灌注桩检测。

图书在版编目(CIP)数据

路基路面检测技术 / 龙丽丽,吴智慧,柯宅邦主编. -- 北京:中国水利水电出版社,2017.1(2022.7重印)
 高等职业教育土建类"教、学、做"理实一体化特色教材
 ISBN 978-7-5170-5140-4

Ⅰ. ①路… Ⅱ. ①龙… ②吴… ③柯… Ⅲ. ①公路路基-检测-高等职业教育-教材②道路工程-路面-检测-高等职业教育-教材 Ⅳ. ①U416

中国版本图书馆CIP数据核字(2017)第007294号

书　名	高等职业教育土建类"教、学、做"理实一体化特色教材 **路基路面检测技术** LUJI LUMIAN JIANCE JISHU
作　者	主编　龙丽丽　吴智慧　柯宅邦
出版发行	中国水利水电出版社 (北京市海淀区玉渊潭南路1号D座　100038) 网址:www.waterpub.com.cn E-mail:sales@mwr.gov.cn 电话:(010)68545888(营销中心)
经　售	北京科水图书销售有限公司 电话:(010)68545874、63202643 全国各地新华书店和相关出版物销售网点
排　版	中国水利水电出版社微机排版中心
印　刷	北京市密东印刷有限公司
规　格	184mm×260mm　16开本　15.5印张　387千字
版　次	2017年1月第1版　2022年7月第3次印刷
印　数	3701—5700册
定　价	**52.00元**

凡购买我社图书,如有缺页、倒页、脱页的,本社营销中心负责调换

版权所有·侵权必究

前言

本书是安徽省地方技能型高水平大学建设项目重点建设专业——道路桥梁工程技术专业建设与课程改革的重要成果,是"教、学、做理实一体化"特色教材。本教材在对从事路基路面检测技术专业岗位的一线人员进行调查的基础上,邀请企业专家根据职业领域的典型工作项目进行工作任务和职业能力分析,以路基路面检测典型工作任务为载体,岗位工作过程为线索,将传统的教材章节模式改为项目任务的形式,设计路基路面检测情境描述的教材编写方式。

本书内容共分为 10 个学习项目。学习项目 1 试验检测基础知识,介绍了路基路面检测的基本数据处理方法,以及公路工程质量检验的评定;学习项目 2 常用混合料强度检测,介绍了路面基层材料、结构混凝土强度以及沥青混合料的试验方法;学习项目 3 路基路面几何尺寸及路面厚度检测;学习项目 4 路基路面压实度检测,介绍了灌砂法、核子密湿度仪法、环刀法、钻芯法等,以及压实度质量的评定;学习项目 5 路面平整度检测,介绍了三米直尺法、连续式平整度仪法、车载式颠簸累积仪法、车载式激光平整度仪法等,以及平整度质量的评定;学习项目 6 路基路面强度指标检测,介绍了贝克曼梁、自动弯沉仪、落锤式弯沉仪测定弯沉、回弹模量,以及承载板测 CBR 值;学习项目 7 路面抗滑性能检测,介绍了手工铺砂法、电动铺砂法、车载式激光构造深度仪法、摆式仪法以及单轮式横向力系数测试法,以及抗滑性能的质量评定;学习项目 8 沥青路面渗水系数和车辙测试;学习项目 9 地基承载力检测,介绍了平板载荷试验、圆锥动力触探试验、标准贯入试验等原位测试方法;学习项目 10 钻孔灌注桩检测,介绍了钻孔灌注桩施工过程检测、完整性检测以及承载力检测。

本书项目 1、3 由安徽水利水电职业技术学院郑溪编写,项目 2 由安徽水利水电职业技术学院王凤娇编写,项目 4 由合肥铁路工程学校唐娟编写,项目 5 由安徽省建筑工程质量监督检测站束兵、安徽省公路工程检测中心周满兵合作编写,项目 6 由安徽水利水电职业技术学院王凤娇、合肥铁路工程学校唐娟合作编写,项目 7 由安徽交通职业技术学院吴智慧编写,项目 8 由安徽省建筑工程质量第二监督检测站王飞、安徽水利水电职业技术学院张晓战合作编写,项目 9 由安徽水利水电职业技术学院龙丽丽编写,项目 10 由安徽省建筑工程质量第二监督检测站柯宅邦编写。

本书由龙丽丽、吴智慧、柯宅邦担任主编,由王凤娇、郑溪、唐娟、张晓战担任副主编,龙丽丽、王凤娇负责全书统稿,特邀安徽省公路工程检测中心桥梁与隧道工程检测安徽省重点实验室副主任高级工程师刘洪涛担任主审。刘洪涛高工对本书进行了认真细致的审核,并提出了许多宝贵的修改意见,在此深表感谢!

由于编者水平有限,本书尚存在错误和缺点,恳请读者批评指正。

编者

2016 年 12 月

目 录

前言

学习项目 1　试验检测基础知识 1
学习任务 1.1　概论 1
学习任务 1.2　试验检测数据处理 25
学习任务 1.3　公路工程质量检验评定方法 43
复习思考题 50

学习项目 2　常用混合料强度检测 51
学习任务 2.1　路面基层材料试验方法 51
学习任务 2.2　结构混凝土强度试验方法 71
学习任务 2.3　沥青混合料试验方法 89
复习思考题 103

学习项目 3　路基路面几何尺寸及路面厚度检测 105
学习任务 3.1　路基路面现场测试随机选点方法 105
学习任务 3.2　路基路面几何尺寸测试方法 110
学习任务 3.3　路面厚度检测 113
学习任务 3.4　路面错台测试方法 120
复习思考题 121

学习项目 4　路基路面压实度检测 122
学习任务 4.1　概述 122
学习任务 4.2　挖坑灌砂法测定压实度试验方法 124
学习任务 4.3　核子密湿度仪法测定压实度试验方法 129
学习任务 4.4　环刀法测定压实度试验方法 132
学习任务 4.5　钻芯法测定沥青面层压实度试验方法 135
学习任务 4.6　无核密度仪测定压实度试验方法 137
学习任务 4.7　压实度检测结果评定 138
复习思考题 139

学习项目 5　路面平整度检测 141
学习任务 5.1　概述 141
学习任务 5.2　三米直尺测定平整度试验方法 143

学习任务 5.3　连续式平整度仪测定平整度试验方法 ………………………………… 144
学习任务 5.4　车载式颠簸累积仪测定平整度试验方法 ………………………………… 146
学习任务 5.5　车载式激光平整度仪测定平整度试验方法 ……………………………… 149
复习思考题 ……………………………………………………………………………………… 151

学习项目 6　路基路面强度指标检测 …………………………………………………… 152
学习任务 6.1　概述 ……………………………………………………………………………… 152
学习任务 6.2　贝克曼梁测定路基路面回弹弯沉试验方法 ……………………………… 153
学习任务 6.3　自动弯沉仪测定路面弯沉试验方法 ……………………………………… 157
学习任务 6.4　落锤式弯沉仪测定弯沉试验方法 ………………………………………… 159
学习任务 6.5　贝克曼梁测定路基路面回弹模量试验方法 ……………………………… 162
学习任务 6.6　承载板测定土基回弹模量试验方法 ……………………………………… 165
学习任务 6.7　土基现场 CBR 试验方法 …………………………………………………… 169
复习思考题 ……………………………………………………………………………………… 172

学习项目 7　路面抗滑性能检测 …………………………………………………………… 174
学习任务 7.1　概述 ……………………………………………………………………………… 174
学习任务 7.2　路面构造深度检测 …………………………………………………………… 175
学习任务 7.3　路面摩擦系数检测 …………………………………………………………… 181
复习思考题 ……………………………………………………………………………………… 187

学习项目 8　沥青路面渗水系数和车辙测试 …………………………………………… 189
学习任务 8.1　沥青路面渗水系数测试方法 ………………………………………………… 189
学习任务 8.2　沥青路面车辙测试方法 ……………………………………………………… 193
复习思考题 ……………………………………………………………………………………… 196

学习项目 9　地基承载力检测 ……………………………………………………………… 197
学习任务 9.1　概述 ……………………………………………………………………………… 197
学习任务 9.2　平板载荷试验 ………………………………………………………………… 197
学习任务 9.3　圆锥动力触探试验 …………………………………………………………… 201
学习任务 9.4　标准贯入试验 ………………………………………………………………… 205
复习思考题 ……………………………………………………………………………………… 208

学习项目 10　钻孔灌注桩检测 …………………………………………………………… 209
学习任务 10.1　施工过程检测 ………………………………………………………………… 209
学习任务 10.2　完整性检测 …………………………………………………………………… 213
学习任务 10.3　承载力检测 …………………………………………………………………… 235
复习思考题 ……………………………………………………………………………………… 241

参考文献 …………………………………………………………………………………………… 242

学习项目1 试验检测基础知识

【项目描述】

以合肥市某新建道路质量检验评定为项目载体，介绍试验检测数据处理的基本方法，介绍公路工程质量检验评定的评分方法及等级评定办法，同时进行一些公路工程质量检验评定的实训。

【学习目标】

学生通过本学习项目的学习，能理解抽样技术中批量、样本的基本概念，抽样检验的类型和评定方法；掌握随机抽样的方法，质量数据统计方法，质量数据常用表达方法；掌握数值修约规则，数据统计特征值的基本概念，可疑数据的取舍方法；掌握公路工程质量检验评定标准及方法。

【情景描述】

学习任务1.1 概　　论

工程试验检测，是指检测机构和检测人员根据国家法律、法规的规定，依据工程建设技术标准、规范、规程，对公路工程所用材料、构件、工程制品、工程实体的质量和技术指标等进行试验、检验、检测，并作出评价的活动。

工程试验检测机构（简称"检测机构"），是指承担工程试验检测业务并对试验检测结果承担责任的机构。

工程试验检测人员（简称"检测人员"），是指经考试合格，具备相应公路工程试验检测知识、能力，并承担相应公路工程试验检测业务的专业技术人员。

工程试验检测工作包括两个方面的内容，即试验技术工作和试验管理工作。

试验技术工作主要是指某个具体的试验项目，如何按有关操作规程进行测试，得出相应的检测数据，再进行计算、分析和评定，最后同有关标准、规范或设计文件进行比较，看是否满足要求。满足要求的为合格，否则为不合格。

试验管理工作是指对项目的总体试验技术工作，如何进行全方位的综合管理，明确项目试验室在公路工程施工过程中的各个阶段应做哪些工作，合理组织、安排试验技术工作，保证项目试验工作能满足施工生产进度的需要，并确保工程质量。

1.1.1　工程试验检测工作的目的和意义

工程试验检测工作是公路工程质量管理的一个重要组成部分，是工程质量科学管理的重要手段。客观、准确、及时的试验检测数据是公路工程实践的真实记录，是指导、控制和评定工程质量的科学依据。公路工程试验检测的目的和意义如下：

（1）用定量的方法，对各种原材料、成品或半成品，科学地鉴定其质量是否符合国家质量标准和设计文件的要求，做出接收或拒收的决定，保证工程所用材料都是合格产品，是控制施工质量的主要手段。

（2）对施工全过程，进行质量控制和检测试验，保证施工过程中的每个部位、每道工序的工程质量，均满足有关标准和设计文件的要求，是提高工程质量、创优质工程的重要保证。

（3）通过各种试验试配，经济合理地选用原材料，为企业取得良好的经济效益打下坚实的基础。

（4）对于新材料、新工艺、新技术，通过试验检测和研究，鉴定其是否符合国家标准和设计要求，为完善设计理论和施工工艺积累实践资料，为推广和发展新材料、新工艺、新技术做贡献。

（5）试验检测是评价工程质量缺陷、鉴定和预防工程质量事故的手段。通过试验检测，为质量缺陷或质量事故判定提供实测数据，以便准确判定其性质、范围和程度，合理评价事故损失，明确责任，从中总结经验教训。

（6）分项工程、分部工程、单位工程完成后，均要对其进行适当的抽检，以便进行质量等级的评定。

（7）为竣工验收提供完整的试验检测证据，保证向业主交付合格的工程。

（8）试验检测工作集试验检测基本理论、测试操作技能和公路工程相关学科的基础知识于一体，是工程涉及参数、施工质量控制、工程验收评定、养护管理决策的主要依据。

1.1.2 工程试验检测工作的规定和任务

工程试验检测活动应当遵循科学、客观、严谨、公正的原则，为工程建设提供客观、公正、真实、精确的试验检测数据和报告，且应遵循以下规定：

（1）取得《公路水运工程试验检测机构等级证书》（简称《等级证书》），同时按照《中华人民共和国计量法》的要求经过计量行政部门考核合格，通过计量认证的检测机构，可向社会提供试验检测服务。

（2）取得《等级证书》的检测机构在《等级证书》注明的项目范围内出具的检测报告，可以作为公路水运工程质量评定和工程验收的依据。公路水运工程质量事故鉴定、大型水运工程项目和高速公路项目验收的质量鉴定检测，质检机构应当委托通过计量认证并具有甲级或者相应专项能力等级的检测机构承担。

（3）取得《等级证书》的检测机构，可以设立工地实验室，承担相应公路水运的试验检测业务，并对其试验检测结果承担责任。工程所在地省级质检机构应当对本辖区范围内的工地临时试验室进行监督检查。

（4）检测机构应当严格按照现行有效的国家和行业标准、规范、规程独立地开展检测工作，不受任何干扰和影响，保证试验检测数据客观、公正、准确。

（5）检测机构应当建立严密、完善、运行有效的质量保证体系，应当按照有关规定对仪器设备进行正常的维护、定期检定与校准。

（6）检测机构在同一工程项目标段中不得同时接受业主、监理、施工等多方的试验检测委托。

（7）检测机构依据合同承担工程试验检测业务，不得转包、不得违法分包。

（8）检测人员考试的组织、实施由质监总站统一管理。

（9）检测机构的技术负责人应当由试验检测工程师担任。

(10) 试验检测报告应当由试验检测工程师审核、签发。

(11) 检测人员不得同时受聘于两家及以上检测机构，不得借工作之便推销建筑材料、构配件和设备。

工程试验检测工作的任务主要有以下内容：

(1) 在选择料场和确定料源时，对未进场的原材料进行质量鉴定，根据原材料质量和经济合理的原则选定料源。

(2) 对运往施工现场的原材料，按有关规定的频率进行质量鉴定。

(3) 对外单位供应的构件、制品，在查验其出厂质检资料后，做适量的抽检验证。

(4) 做各种混合料的配合比试配，在确保工程质量的前提下，经济合理地选用配合比。

(5) 负责施工过程中的施工质量控制。

(6) 负责推广、研究、应用新材料、新工艺、新技术，并用试验数据论证其可靠性。

(7) 负责试验样品的有效期保存，以备必要时复查。

(8) 负责项目所有试验资料的整理、报验、保管，以利于竣工资料的编制、归档。

(9) 参加各级组织的质量检查，并提供相应的资料；参与质量事故的调查分析，配合做各种试验检测工作。

(10) 对一些工地试验室无法检验的项目，负责联系、委托外单位进行试验。

(11) 协助、配合监理工程师、业主和当地质量监督部门的抽检工作。

(12) 做好分包工程的试验检测和质量管理工作。

1.1.3 工程试验检测工作的依据和评定标准

试验室必须配备与本工程相适应的有关技术标准、操作规程、施工规范及本工程的设计文件。它们是试验检测操作的依据和质量合格与否的评定依据。没有上述齐全的资料，项目的试验检测工作将无法正常开展，工程质量也无法得到保证。

试验检测主要依据现行交通部部颁公路工程试验规程，同时也参照应用部分建设部部颁规程及部分国家标准试验方法。

(1) JTG F80/1—2004《公路工程质量检验评定标准》。

(2) JTG E40—2007《公路土工试验规程》。

(3) JTJ E20—2011《公路工程沥青及沥青混合料试验规程》。

(4) JTG E30—2005《公路工程水泥混凝土试验规程》。

(5) JTG E41—2005《公路工程岩石试验规程》。

(6) JTG E51—2009《公路工程无机结合料稳定材料试验规程》。

(7) JTG E42—2005《公路工程集料试验规程》。

(8) JTG E60—2008《公路路基路面现场测试规程》。

(9) JTG E50—2006《公路土工合成材料试验规程》。

1.1.4 项目试验室

项目试验室在项目总工程师的领导下开展试验检测工作，业务上受上级技术主管部门的领导，同时还要接受业主、地方质量监督部门和监理工程师的监督、检查。

1.1.4.1 项目试验室类型

《公路工程施工监理规范》规定：监理单位建立监理工程师中心试验室，施工单位建立工地试验室和流动试验室。一般业主也建有中心试验室。为了区别监理和业主的中心试验室,也为了适应监理规范要求,一般工程项目试验室,应称之为××工程×合同段工地试验室。大型工程项目还应在各分部建立流动试验室。

1.1.4.2 项目试验室主任

项目试验室主任对工程项目的试验技术工作和试验管理工作的好坏,起着决定性的作用。因为项目的试验工作,大都由项目试验室主任统筹安排,组织实施。

1. 项目试验室主任的任职资格

项目试验室主任的任职资格,一般应具备以下几项:

(1) 路桥专业大专(含)以上学历。
(2) 工程师(含)以上技术职称或有丰富实践经验的试验技师。
(3) 五年以上从事工地试验工作经历。
(4) 持有交通部试验检测人员考试合格证。

2. 项目试验室主任应具备的基本素质和能力

(1) 政治思想素质。爱岗敬业,有强烈的职业责任感。严格按有关标准、规范、规程从业。为保证工程质量敢于坚持原则。

(2) 技术业务素质。熟练掌握公路工程各种常规试验技术的操作要点,熟悉相关施工技术规范和标准,牢记施工设计图中有关的技术标准要求和工程数量,了解施工计划,提前安排相应的试验工作,不能影响施工进度,善于处理施工过程中可能出现的有关试验检测的疑难问题。不但要刻苦认真、精益求精地深入钻研试验测试技术,及时掌握新的检测仪器的使用方法,同时还必须注重在施工实践中不断总结试验管理方面的经验教训,进一步充实基本理论知识和提高自身的管理水平。

(3) 组织协调能力。项目试验室主任的组织协调能力,主要表现在以下两个方面:

1) 因人、因时地合理安排试验室全体人员的试验工作,包括对流动试验室人员的工作安排,保证项目试验工作有条不紊地进行。

2) 正确处理好试验室同项目经理部各部门的关系。

(4) 对外交往能力。项目试验室主任,如果只懂得试验检测技术,不善于对外交往,项目试验工作将不可能顺利进行。

1) 切实搞好同监理工程师的关系。
2) 正确处理和对待业主与地方质量监督部门的检查和抽检工作。
3) 正确处理同分包单位的关系。
4) 正确处理好同当地政府和当地群众的关系。
5) 具备一定的经济意识。

对试验室主任的素质要求应是一种综合素质。虽然其项目职位不高,但要成为一名合格的试验室主任,却要多年的实践积累,当然更需要各级领导的培养、鼓励和支持。

1.1.4.3 项目试验室人员配备

项目试验室的人员配备,以满足施工试验检测工作为标准。

1. 工地试验室人员配备

以1亿元工程为基础安排人员,视工程量大小适当增减。

(1) 试验室主任 1 人，大专及以上学历，工程师及以上职称或试验技师。
(2) 试验技术员 2 人，中专及以上学历，技术员及以上职称。
(3) 试验工 3~4 人，从事工地试验工作 2 年以上。
(4) 临时工或民工 2~3 人。

2. 流动试验室人员配备

(1) 试验室负责人 1 人，中专及以上学历，技术员及以上职称。
(2) 试验工 2~3 人，从事工地试验工作 2 年以上。
(3) 临时工或民工 3~4 人。

试验人员的配备，可根据工程的进展及施工的不同阶段，做适当调整。

1.1.4.4 项目试验室的主要设备配置

项目试验室的主要仪器设备配置应以满足质量检验和施工控制为标准，参照表 1.1.1。

表 1.1.1　　　　　　　　项目试验室的主要设备配置

序号	设备名称	规格	数量		备注
			工地试验室	流动试验室	
1	压力试验机	200t	1 台		
2	压力试验机	30t	1 台		做水泥试验用
3	万能材料试验机	100t 或 60t	1 台		应选低矮型设备，便于搬运
4	水泥软练设备		1 套		
5	混凝土拌和机	60L	1 台		
6	混凝土振动台	0.8m²	1 台		
7	砂子标准筛	0.15~9.6mm	2 套	1 套	
8	石子标准筛	2.5~63mm	2 套	1 套	
9	土壤标准筛	0.074~60mm	2 套	1 套	
10	压碎值测定仪		1 套		
11	电动振筛机		1 台		
12	针片状规准仪		1 套	1 套	
13	混凝土坍落度筒	10cm×20cm×30cm	2 套	3 套	
14	砂浆稠度仪		1 台		
15	电动击实仪		1 台		
16	手动击实仪		1 套		
17	电热干燥箱	30cm×35cm×35cm 40cm×55cm×55cm	2 台	1 台	
18	恒温恒湿箱		1 台		
19	电动脱模器		1 台		

续表

序号	设备名称	规格	数量		备注
			工地试验室	流动试验室	
20	手动脱模器		1套		
21	精密天平	万分之一	1台		
22	静水力学天平	5kg	1台		
23	分析天平	100g、500g、1000g	5架	3架	
24	台、案秤	10kg、100kg	3台	3台	
25	液塑限联合测定仪	100g	1台		
26	路面弯沉仪	3.6m(5.4m)	1套		
27	混凝土回弹仪	HT225型	1台		
28	容积升	1～50L	1套	1套	
29	石灰剂量测定设备	EDTA滴定	2套	1套	
30	动力触探仪	10kg	1套		
31	路面强度测定仪		1套		
32	路面强度试模	φ5cm×5cm φ5cm×5cn φ5cm×5cm	视工作量而定		
33	混凝土、砂浆试模	15cm×15cm×15cm 7.07cm×7.07cm ×7.07cm	视工作量而定		
34	沥青混合料试模	φ101.6cm×63.5cm φ152.4cm×95.3cm	视工作量而定		
35	标养室	视工作量而定	1间		
36	灌砂筒	φ15cm×10cm	1套	2套	
37	空调	视需要而定	2～3台		水泥室、标养室用
38	沥青延伸度仪		1台		
39	沥青软化点仪	环球仪	3套		
40	沥青针入度仪		1台		
41	马氏稳定度试验仪		1台		
42	马氏电动击实仪		1台		
43	沥青混合料搅拌机		1台		
44	标准恒温水浴		1个		
45	沥青抽提仪		1台		
46	钻芯取样机		1台		
47	路面集料筛		2套		
48	连续式平整度仪		1台		

以上设备配置只是一个参考数量，项目试验室可根据需要适当增减。有条件可配置一台微机和一辆汽车（取样、工地试验和联系监理工程师用）。

1.1.4.5 项目试验室的布置

1. 试验室布置的一般要求

(1) 试验室房屋应考虑隔热、保暖。
(2) 试验室用电应根据设备容量统一安排，采用集中配电室进行控制。
(3) 试验室上下水应通畅，特别是排水应通畅。
(4) 力学试验室设备应打牢基础、上好地脚螺丝，尽量与精密仪器分开放置。
(5) 混凝土、砂浆试验及标准击实试验设备应远离精密仪器和办公室。
(6) 土工试验与化学试验应分开，以免粉尘污染影响试验精度。
(7) 精密天平应避免阳光直射，设在温度变化及干扰较小的地方。
(8) 各种试验设备、仪器、操作台的高度和位置要考虑操作的舒适、方便。
(9) 各种仪器应有布罩，以防灰尘污染而影响精度。
(10) 试验室向阳面附近抹 20～30m² 水泥地坪，用于晾晒砂石和土样。
(11) 试验表格一般有几十种，应用专用架分类摆放，方便取用。
(12) 适当配备消防设备。

2. 试验室的平面布置

图 1.1.1 是试验室平面布置图（水泥试验和 EDTA 滴定稍有干扰，但考虑工地临建房屋不会很宽裕，故放在一起），主要针对路基、桥涵工程试验室进行安排，各试验室可根据实际工程量的大小，做适当的调整。专门从事路面工程的项目试验室可根据实际需要安排。

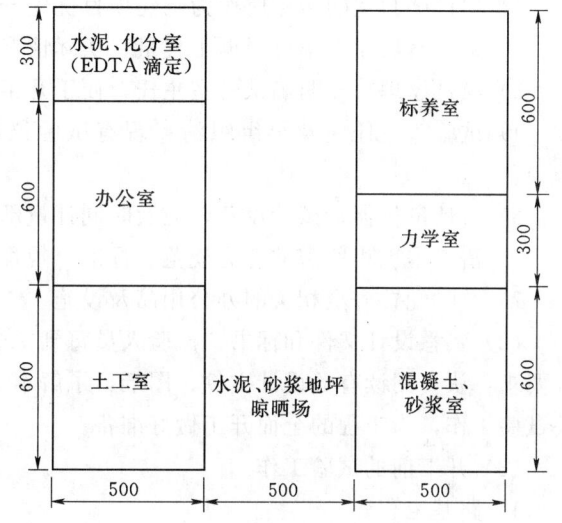

图 1.1.1 试验室平面布置图（单位：cm）

1.1.4.6 项目试验管理及质量控制

项目的试验管理工作可简单概括为 7 句话 35 个字，即设计有了解，材料有试验，配料有选择，施工有控制，检查有试件，试验有记录，竣工有总结。前 3 句一般是讲施工准备阶段的试验工作；中间 3 句一般是讲施工过程的试验管理和检测工作；后 1 句是指工程竣工后的试验管理工作。

1. 试验管理在项目管理中的地位和作用

(1) 项目的试验管理是项目管理的一个重要组成部分。项目的试验管理涉及项目管理的许多部门，同项目管理密不可分。

1) 项目的试验管理和材料管理。施工用的原材料在进货前必须经过检验，合格后才能订货。材料进场后，试验室还要进行批量抽检，发现不合格的材料或半成品，应及时通知材料部门，采取退换措施。

2) 项目的试验管理和进度管理。目前公路项目大都按菲迪克条款控制管理，各分项工程完工后，试验检测跟不上，试验资料不能及时报出确认，将极大地影响施工进度，不利于施工计划的顺利完成。

3) 项目的试验管理与技术质量管理。从原材料的质量检验合格与否到每道施工工序检验数据，都是判定施工质量的重要依据，而绝大部分是唯一依据。试验室应及时提供试验检测资料给相关技术质量部门或现场技术负责人，以便于判断工程质量，合理安排施工。

项目的试验管理同项目经营管理、企业经济效益也有着密切的关系。

（2）项目的试验工作是检验工程质量和预防工程质量事故的重要保证。施工过程中的各种试验是检验工程是否达到标准的可靠依据，因为试验是通过对各种原材料及构造物的实际检测，以数据验证其是否达到标准的。

（3）试验工作在菲迪克条款中的特殊地位。菲迪克条款规定：承包商必须建立一个能够满足工程质量控制和检测的试验机构，否则将无法保证工程施工质量。

（4）试验工作对项目创造经济效益所起的重要作用。众所周知，公路工程施工材料费用占总投资的 60%～70%，试验工作在合理利用材料和节约用材方面有着重要作用。

2. 工程开工前的试验及管理工作

（1）筹建项目试验室。

1）项目试验室的房屋应作为临建项目优先安排，便于试验室尽早投入工作。

2）试验室房屋大小可根据工程量、实际情况以及需要安排布置。

3）项目经理首先明确试验室主任，便于开工前的试验工作，并配备人员。

4）试验室主任应及早组织清点现有试验仪器，根据需要列出购置清单，报批后立即购买。

5）对计量仪器、试验设备，应及时同计量部门联系，组织校验。

6）清点本工程所需的有关规范、标准、规程，短缺的及早购置，补充齐全。

7）及时配置齐全相关的办公用品及设施。

（2）熟悉设计文件和标书。试验人员每到一个新的工程项目后，首先要了解本工程的设计要求，认真阅读有关设计文件、图纸，了解本工程的总体情况，便于适时、合理地安排相关试验工作，为工程的全面开工做好准备。

（3）开工前的试验工作。

1）路基工程。

a. 取原地面土做土工试验，试验项目包括天然含水量、液塑限、标准击实。

b. 取土场土样做土工试验，试验项目包括天然含水量、液塑限、标准击实。

c. 南方地区过湿土较多，不能直接用于填筑路堤，一般掺入一定量的石灰以改良土性，这样试验项目就要相应增加。

2）桥涵结构物工程。

a. 试验室应配合材料部门，对设计文件中提供的砂石料场进行考察，并取样做常规检验，结果通知材料部门便于及时订货。

b. 砂子常规试验。

c. 石子常规试验。

d. 水泥常规试验。

e. 钢筋常规试验。

f. 外委项目须经监理工程师同意。

g. 混凝土配合比试验。

h. 砂浆配合比试验。

ⅰ. 混凝土拌和水一般无须做特别检验，饮用水均可拌制混凝土。

3）路面底基层、基层。

a. 石料常规检验。

b. 水泥常规检验。

c. 土的液塑限试验。

d. 石灰的钙镁含量测定和 EDTA 滴定标准曲线以及未消解残渣含量试验。

e. 粉煤灰筛分、含水量及化学成分分析（外委）。

f. 灰土、二灰土、水泥稳定碎石等配合比标准击实及无侧限抗压强度检验。

4）水泥混凝土路面。

a. 砂子常规试验。

b. 石料常规检验。

c. 水泥常规检验。

d. 混凝土拌和水一般无须做特别检验，饮用水均可拌制混凝土。

e. 做混凝土配合比试验，测定密度、坍落度、抗压强度和抗折强度试验。

5）沥青混凝土路面。

a. 沥青三大指标试验，必要时做含蜡量、黏度及闪点试验。

b. 做砂、石、石屑、石粉等常规检验。

c. 沥青混合料组成设计。

1.1.4.7 施工过程中的质量控制及试验管理

施工过程中的试验管理是试验管理工作的重点，只有控制好施工过程中每个环节的质量，才能保证整个工程质量。工程的最后质量，是过程质量的总体体现。施工过程控制，是试验人员的重要职责。在施工过程中，试验人员应做到四勤，即手勤、腿勤、口勤、笔勤。

1. 路基工程

（1）土样物理检验。在施工过程中，对本工程段原地面土质应逐段补齐全部试验。常规试验包括含水量、液塑限、颗粒分析、标准击实等。

填筑路基用土的一般要求：不得使用淤泥、沼泽土、冻土、有机土，含草皮土、生活垃圾、树根和腐朽物质的土，液限大于50%、塑性指数大于26的土，以及含水量超过规定的土。填方材料还应有一定的强度，具体见表1.1.2。

表 1.1.2　　路基填方材料最小强度和最大粒径

项目分类 （路面底面以下深度）		填料最小强度（CBR）/%			填料最大粒径 /cm
		高速公路、 一级公路	二级公路	三级、四级公路	
路堤	上路床（0～30cm）	8.0	6.0	5.0	10
	下路床（30～80cm）	5.0	4.0	3.0	10
	上路堤（80～150cm）	4.0	3.0	2.0	15
	下路堤（>150cm）	3.0	2.0	2.0	15
零填及路堑路床（0～30cm）		8.0	6.0	5.0	10

注　1. 二级及二级以下公路做高级路面时，应按高速公路和一级公路的规定。
　　2. 表列强度按 JTG E40—2007《公路土工试验规程》，采用对试样浸水96小时的 CBR 试验方法进行测定。

（2）压实度检测。路基工程的施工质量控制，主要是路基压实度检测，应按下列程序进行：

1）一段路基压实完成后，应由现场施工负责人通知（通知单）项目试验室。

2）试验室按通知指定时间到指定地段按有关规定做压实度检测。

3）试验室应将压实度检测结果通知（通知单）现场施工负责人。

4）施工现场负责人接到检测结果后，如不合格需继续碾压或采取措施，自认合格后报试验室重新检测。如合格立即报监理工程师抽检，签认后可进行下一层施工。

JTG F80/1—2012《公路工程质量检验评定标准》规定按表1.1.3评定土方路基压实度。

表1.1.3　　　　　　　　　土方路基压实度

填挖类型	路床顶面以下深度/m	路基压实度/%		
		高速公路、一级公路	二级公路	三级、四级公路
零填及挖方	0～0.30	—	—	≥94
	0～0.80	≥96	≥95	—
填方	0～0.80	≥96	≥95	≥94
	0.80～1.50	≥94	≥94	≥93
	>1.50	≥93	≥92	≥90

注　1. 表列数值以重型击实试验法为准。
　　2. 特别干旱或特别潮湿地区的路基压实度，表列数值可适当降低。
　　3. 三级公路修筑沥青或水泥混凝土路面时，其路基压实度应采用二级公路标准。

（3）路基顶面弯沉测定。在高等级公路设计中，对路基顶面都有回弹弯沉的要求，用以检验路基的整体承载能力。当路基施工完成后，一般都用贝克曼梁式弯沉仪来检测路基顶面的弯沉值。

（4）结构物台背回填。台背回填质量直接关系到工程竣工后行车的舒适和安全。在施工过程中，台背回填有一定难度，而规范对压实度要求又很高，高速公路、一级公路各部位都要求达到95%，其他等级公路为93%。检查程序原则上与路基压实度检查相同，只是检测频率大大高于路基，每50 m^2 检查1点，不足的也要检查1点，每点都要合格。

2. 路面工程

（1）基层、底基层。目前我国各地，特别是高速公路，大都采用石灰土、水泥土、二灰土、水泥碎石、二灰碎石等来做基层和底基层。

原材料试验主要有以下几点：

1）土。颗粒分析、液塑限、含水量。

2）石灰。钙镁含量测定、未消化残渣含量。

3）水泥。凝结时间、强度试验、安定性。

4）粉煤灰。化学分析、细度、烧失量。

5）碎石。筛分试验、压碎值试验、表观密度、堆积密度、针片状含量。

以上原材料最初均应做全面检验，施工过程应根据各自的频率及材料变化情况及时检验。

用作稳定层的上述材料的基本要求如下：

1）土。用于水泥稳定土，塑性指数小于12；用于石灰土，塑性指数宜为15~20；用于二灰土，塑性指数为12~20的土。

2）石灰。应用Ⅲ级以上的石灰，最好用消石灰粉或生石灰粉。

3）水泥。应用低强度水泥，如32.5级，而且尽量选用终凝时间较长的水泥。

4）粉煤灰。烧失量不大于20%，二氧化硅、三氧化二铝、三氧化二铁的总量不小于70%，湿粉煤灰含水量不大于35%。

5）碎石：级配应符合要求，最大粒径不大于40mm，高速公路、一级公路压碎值不大于30%，二级及二级以下公路的压碎值做基层时不大于35%，做底基层时不大于40%。

混合料配合比试验如下：

基层、底基层施工质量控制：

1）含灰量测定。一般用EDTA滴定法检查，参照标准曲线，确定样品实际含灰量。结果立即通知现场，便于及时补灰。每台班应进行一次含灰量的测定，至少做6个样品。

2）留制抗压强度试件。当混合料拌和均匀含灰量测定后，应随机抽取多点试样，制备抗压强度试件。要注意保证试样的含水量，制件数量和配合比试验时相同。

3）混合料含水量测定。当混合料拌和均匀后立即测定含水量。

4）压实度检测。一般在成型后的第2天或第3天进行检测，程序参照路基压实度检查程序，大都采用灌砂法。检测频率为每作业段或不超过2000m²检查6点，压实度标准见表1.1.4。

表1.1.4　　　　　基层、底基层压实度最低要求　　　　　　　　　　　　　　%

公路等级			高速公路和一级公路	其他公路
水泥土、石灰土、二灰土	基层	代表值	—	95
		极值	—	91
	底基层	代表值	95	93
		极值	91	89
水泥稳定粒料、二灰稳定粒料	基层	代表值	98	97
		极值	94	93
	底基层	代表值	96	95
		极值	92	91
石灰稳定粒料	基层	代表值	—	97
		极值	—	93
	底基层	代表值	96	95
		极值	92	91

注　JTGF80/1—2012引自《公路工程质量检验评定标准》。

5）弯沉测定。基层、底基层施工完成后，都要进行弯沉测定。

（2）水泥混凝土路面。试验工作和质量控制工作与桥梁工程的混凝土一样。最大区别是水泥混凝土路面多了一项抗折强度技术指标，而且这项指标又是混凝土路面质量好坏的关键。在路面混凝土配合比设计时，按抗压强度设计，但以抗折强度作为检验强度。因此，在配合比设计及所用材料上，都有一些特殊要求。

1）水泥应选用硅酸盐水泥或普通硅酸盐水泥，不低于42.5级，用量不小于300kg/m³。

2）砂子应用中砂、粗砂，尽量不用细砂。

3）石料强度应不小于3级，饱水抗压强度与混凝土设计抗压强度比应不小于200%。

4）混凝土坍落度应控制在1～2.5cm，水灰比不大于0.46，砂率不大于35%。在留制抗折小梁试件时，应特别注意振捣密实，尽量排出空气，减少蜂窝、气泡，因为试件中部1/3长度内，如有蜂窝（大于$\phi 7mm \times 2mm$）试件作废。

5）水泥混凝土路面设计资料中，一般只提抗折强度指标。规范中允许暂以抗压强度进行路面水泥混凝土的配合比设计，施工单位也习惯以抗压强度进行路面水泥混凝土的配合比设计。因此在混凝土配合比设计时，如无可靠资料，可参考表1.1.5进行试配。

表1.1.5　　　　　　混凝土抗折强度与抗压强度关系

混凝土28d抗折强度/MPa	4.0	4.5	5.0	5.5
混凝土28d抗压强度/MPa	25.0	30.0	35.0	40.0

2003年颁布的JTG F30—2003《公路水泥混凝土路面施工技术规范》明确规定了路面混凝土配合比按弯拉强度设计计算，并规定：重要路面、桥面工程，应采用正交试验法进行配合比优选。

6）每天应留制2组试件，或铺筑200m³混凝土时，应留制2组试件；超过200m³混凝土时，增留1组试件。

（3）沥青混凝土路面。目前我国高速公路、一级公路甚至很多二级公路大都采用沥青混凝土路面面层。这里仅介绍沥青混凝土路面施工过程中的试验工作及质量控制管理。

原材料试验：

1）沥青。针入度、延度、软化点、黏度、沥青与矿料黏附性。

2）粗集料。筛分、针片状、表观密度、堆积密度、含泥量、吸水率、压碎值、磨耗值、磨光值、含水量。

3）细集料。（砂、石屑等）筛分、表观密度、堆积密度、含泥量、含水量。

4）填料。（矿粉、粉煤灰等）筛分、表观密度、堆积密度、含水量。

以上原材料，最初均应进行全面检验，施工过程中，应根据规定频率及材料的变化情况及时抽检。

沥青混凝土配合比：

沥青混凝土的配合比设计应根据实践经验和马歇尔试验结果，经试拌、试铺论证确定。沥青混凝土的配合比设计结果对路面使用性能、材料用量及工程造价有很大影响，是一项非常重要的工作。

沥青混凝土的配合比设计应按照JTG F40—2004《公路沥青路面施工技术规范》附录B进行。

沥青混凝土施工过程的试验工作及质量控制：

1）测温。沥青及混合料在不同施工状态下的温度会直接影响沥青路面的施工质量。如果温度超过有关规定，将成为废料，会造成极大的浪费。因此施工时，及时检测温度并留下记录是十分必要的。对于沥青混合料的出厂温度和摊铺温度，每车必测1次，碾压温度应随时测。

JTG F40—2004《公路沥青路面施工技术规范》规定热拌沥青混合料的施工温度按表

1.1.6执行。

表 1.1.6　　　　　　　　　　热拌沥青混合料的施工温度

施工工序		石油沥青的标号			
		50号	70号	90号	110号
沥青加热温度/℃		160~170	155~165	150~160	145~155
矿料加热温度/℃	间歇式拌和机	集料加热温度比沥青温度高10~30			
	连续式拌和机	矿料加热温度比沥青温度高5~10			
沥青混合料出料温度/℃		150~170	145~165	140~160	135~155
混合料储料仓储存温度		储料过程中温度降低不超过10℃			
混合料废弃温度/℃，高于		200	195	190	185
运输到现场温度/℃，不低于		150	145	140	135
混合料摊铺温度/℃，不低于	正常施工	140	135	130	125
	低温施工	160	150	140	135
开始碾压料内温度/℃，不低于	正常施工	135	130	125	120
	低温施工	150	145	135	130
碾压终了的表面温度/℃，不低于	钢轮压路机	80	70	65	60
	轮胎压路机	85	80	75	70
	振动压路机	75	70	60	55
开放交通的路表温度/℃，不高于		50	50	50	45

2）沥青含量测定。沥青含量对沥青路面质量影响极大。一般每台拌和机每日必须抽查1次，其油石比允许偏差±0.3%，沥青含量检测的准确性与取样的代表性关系极大。取样时，粗颗粒含量多，沥青含量就少；细颗粒含量多，沥青含量就大。最好在摊铺机后面取样。沥青含量测定方法很多，仅部颁试验规程中就列有4种，而且国内的抽提仪也五花八门，可根据实践经验或使用习惯选择适当的试验方法。

3）矿料级配检验。矿料组成试验是沥青路面施工时重要的质量检查项目。它是用沥青混合料抽提沥青含量后的全部回收矿料进行的筛分试验，以检验其组成是否符合设计要求。它对保证马歇尔试验的各项技术指标和路面压实度达到设计要求起着至关重要的作用，一般每台拌和机每天至少要做1次。

从拌和站取样，用抽提后的矿料筛分应至少检查0.075mm、2.36mm、4.75mm、最大集料粒径及中间粒径等5个筛孔，中间粒径宜为细、中粒式9.5mm、粗粒式13.2mm（方孔筛，以下同）。检查中的允许误差（与配合比设计时的级配曲线比）为：0.075mm的为±2%，不大于2.36mm的为±6%，不小于4.75mm的为±7%。发现超差就应及时调整拌和站生产配合比，使之满足设计要求。

4）马歇尔稳定度试验。马歇尔试验是沥青混合料中最重要的一个试验项目，是沥青路面施工质量控制最重要的试验内容，其试验数据的真实性直接反映了沥青路面的内在质量。

目前，许多单位仍采用普通的马歇尔试验仪，由于操作人员的不同，加之数据采集和取舍容易出现差异，因此所测得的试验结果不一定能真实反映沥青混合料的质量。《公路工程沥青及沥青混合料试验规程》明确规定：对于高速公路和一级公路的沥青混合料，宜采用自动马歇尔试验仪，能自动显示或打印试验结果。

施工过程中的马歇尔试验应从拌和站取样后进行成型试验,每台拌和机每天必须取样一次,或上下午各取一次。各项技术指标必须满足表 1.1.7 要求。

表 1.1.7　　密级配沥青混凝土混合料马歇尔试验技术标准

(本表适用于公称最大粒径≤6.5mm 的密级配沥青混凝土混合料)

试验指标		单位	高速公路、一级公路				其他等级公路	行人道路
			夏炎热区(1-1、1-2、1-3、1-4区)		夏热区及夏凉区(2-1、2-2、2-3、2-4、3-2区)			
			中轻交通	重载交通	中轻交通	重载交通		
击实次数(双面)		次	75				50	50
试件尺寸		mm	$\phi 101.6mm \times 63.5mm$					
空隙率 V_V	深约90mm以内	%	3~5	4~6[注2]	2~4	3~5	3~6	2~4
	深约90mm以下	%	3~6	2~4	3~6	3~6	—	
稳定度 MS 不小于		kN	8				5	3
流值 FL		mm	2~4	1.5~4	2~4.5	2~4	2~4.5	2~5
矿料间隙率 VMA/%,不小于	设计空隙率/%	相应于以下公称最大粒径(mm)的最小 VMA 及 VFA 技术要求(%)						
		26.5	19	16	13.2	9.5	4.75	
	2	10	11	11.5	12	13	15	
	3	11	12	12.5	13	14	16	
	4	12	13	13.5	14	15	17	
	5	13	14	14.5	15	16	18	
	6	14	15	15.5	16	17	19	
沥青饱和度 VFA(%)			55~70		65~75		70~85	

注　1. 对空隙率大于 5%的夏炎热区重载交通路段,施工时应至少提高压实度 1%。
　　2. 当设计的空隙率不是整数时,由内插确定要求的 vma 最小值。
　　3. 对改性沥青混合料,马歇尔试验的流值可适当放宽。

马歇尔试验制作试件,不少单位采用压力机静压法,这种方法不符合路面成型的实际条件,一般不宜采用。现在多采用标准击实法,2000 年以后,美国推荐采用旋转碾压法。应该注意,马歇尔变异性与试件成型高度关系密切,尤其空隙率相差较大,因此要控制好试件高度,不符合高度要求应废弃。

5)路面压实度检查。沥青路面的压实度是评定沥青路面质量的一个重要指标。检测的压实度能否真实反映路面压实密度,存在两个方面的问题:一是路面压实本身的原因,另一个是路面标准密度的选择。

沥青路面许多单位以配合比设计时的马歇尔试验密度作为标准密度来计算压实度,显然不能适应施工变化。因此,JTG F40—2004《公路沥青路面施工技术规范》规定,沥青混合料的标准密度以沥青拌和厂取样试验的马歇尔密度为准。对于沥青碎石和粗粒式沥青混凝土混合料,可将试验段钻孔试件的平均密度作为标准密度。

沥青路面的压实度检查一般都采用钻芯取样,芯样直径不宜小于 100mm。压实度检查一般按每 2000m² 检查 1 次,每次至少钻 1 孔。

整理或上报压实度资料时，一般以施工段或 1km 为单元，列出所有压实度单点测值并进行数理统计，然后分别计算压实度的平均值、标准差、变异系数和代表值。

6）路面弯沉测定。进行弯沉测定时，应按每双车道评定路段（不超过 1km）检查 80~100 个点，多车道公路按车道数与双车道之比相应增加测点。每个评定路段的弯沉测定在结果整理时，应有平均弯沉值、标准差和代表弯沉值。

7）路面平整度检测。路面平整度是路面使用性能的最重要指标。平整度的检测有 3m 直尺检测和连续式平整度仪检测。前者一般用于施工过程的质量控制和路面平整度的初评；后者一般用于交工质量检查验收。

用平整度仪检测时，应全线按每车道连续检测，以每 100m 为一计算区间，以行车道一侧车轮轮迹带作为连续测点的标准位置。整理资料时，应列表报告每一评定路段内各区间的平整度标准差和评定路段平整度的平均值、标准差、变异系数、不合格的区间数。

8）建立动态质量管理图。公路工程施工，特别是高等级公路施工，周期较长，天气千变万化，材料千差万别，施工单位为了直观、形象地控制工程质量，均应采用施工质量动态管理办法，以便及时掌握工程质量波动情况，随时采取适当措施，确保竣工时向业主交出一条优质路。

最常用的施工质量动态管理方法是建立平均值和极差管理图（即 $\bar{x}-R$ 图）。施工结束后，施工单位应汇总全部数据，计算平均值、标准差、变异系数，并绘制整个工程施工质量直方图或正态分布曲线，作为下一个工程的企业管理目标。

1.1.4.8 分包工程的试验管理

（1）任何有关试验方面的业务技术问题，需同业主、监理接触的必须是项目经理部的试验人员，不允许分包单位直接同业主、监理打交道，这是一项原则。

（2）对整段分包的工程，项目试验室应派专人负责对分包工程的试验检测工作进行监督、检查，发现问题及时上报。

（3）所有分包工程的试验资料，需经项目试验室主任审核签认后，由项目试验室统一上报监理工程师或业主。

（4）分部、分项工程分包队应确定一名专职试验人员，负责同项目试验室的业务联系。项目试验室应对他的工作实行监督检查，并给予适当的技术指导。

（5）分部、分项工程分包队应配备一些简单的作为施工控制的试验设备，如混凝土坍落度筒及试模、压实度检测器具等。所有标准试验由项目试验室进行。

（6）对于分部、分项工程分包队伍的试验检测工作，包括原材料的检验程序和频率、施工过程的工序检测及施工控制等，原则上应同本单位一样管理。

1.1.4.9 试验记录

试验记录是考核工程质量的重要依据，也是计量支付的依据。

（1）试验记录是指试验过程中各项检测数据和过程的记录，是评定工程质量的原始记录。试验记录表格一般由监理工程师或业主提供。为提供可按试验工程所列表格应用。

（2）试验记录必须用钢笔或签字笔填写，可用蓝、黑两色，字迹要清晰，内容要完整，结论要明确。

（3）试验记录上所有项目不得空白，没有内容的栏目应划"/"或填"无"。

（4）试验数据的处理、修约应与试验规程的要求一致。

（5）试验数据如果出现错误，可在错误数据上面划"—"，并在其上方填写正确数据，不得胡乱涂改。

(6) 任何试验数据，必须实事求是地填写，决不允许任意编造，违者应追究其责任。

(7) 试验数据必须由试验人、计算人、复核人、试验室主任、试验监理工程师等签字方可有效，而且应有人认真复核，以免出现计算错误。

(8) 试验记录一旦丢失，应经试验室主任详细调查后方可补填，重要的试验记录需经总工调查批准后补填，决不允许随意编造，否则该试验重做。

(9) 试验记录一般一式三份（特殊除外），一份报监理工程师，一份交项目经营部门或工程部门，作为计量资料附件；一份试验室自留，已备随时查阅和留做竣工资料用。

(10) 每项试验完成并签字齐全后，实验记录应交项目试验室资料管理员统一编号、保管、上报。

1.1.4.10 工程完工后的试验管理工作

1. 整理竣工资料

(1) 每项工程在完工前，业主都要下发一份竣工资料编制办法，项目试验室在工程施工后期应安排人员按编制办法的要求进行试验资料的整理，不一定等工程全部完工才开始整理。

(2) 竣工试验资料包括以下内容：

1) 各种原材料试验记录及试验汇总表。

2) 混凝土及砂浆配合比试验报告及汇总表。

3) 混凝土及砂浆抗压强度试验记录及汇总表。

4) 标准击实试验报告及汇总表。

5) 压实度检查试验记录及汇总分析评价表。

6) 稳定土配合比试验报告及汇总表。

7) 稳定土强度试验记录及汇总表。

8) 石灰（水泥）剂量试验记录检测结果汇总表。

9) 马歇尔稳定度试验记录及试验结果汇总表。

10) 油石比试验检测记录及结果汇总表。

11) 路面平整度检测记录及汇总表。

12) 路面弯沉检测记录及汇总分析评定表。

13) 各种外购材料合格证书，材料质量报告单。

14) 隐蔽工程试验检测记录。

15) 其他各种试验记录报告。

(3) 路基工程、路面工程、排水工程、涵洞、砌筑工程一般按1~3km为一个单元整理资料。

(4) 每座小桥为一个单元，大桥、中桥分上部构造、下部构造和桥面铺装，分别处理。

(5) 匝道工程以每条匝道为单元整理资料。

(6) 对混凝土抗压强度、马歇尔稳定度的几项主要指标应进行梳理统计分析，一方面可据此对本工程的质量进行总体评价，另外也可为下一工程的施工提供必要的参考数据，为混凝土配合比设计及混凝土、沥青混凝土路面施工的控制所用。

1.1.4.11 工程总结和个人总结

1. 工程总结

每项工程完工后，项目试验室应认真总结本过程施工过程中的成功经验和失败教训，内容包括过程概括、施工特点、新材料的应用、新的检测试验项目及新的仪器设备的应用、试验工作中遇到的难点和疑点处理方法、试验管理中的新方法与新举措、试验管理方面的成功经验、同业主和监理工程师打交道的体会、试验工作中的失败教训、工程质量事故的原因分析及处理办法等等。

总之，本工程施工过程中与试验有关的、有特色的、值得记忆的东西都应该认真总结，并留下文字记录，以利于搞好下一个工程的试验工作。

2. 个人总结

试验室的每一个成员，特别是试验室主任和试验技术人员，在每一项工程完成后，应有个人的从业技术总结，包括本人在此项目施工过程中试验工作的体会、新技术与新仪器的应用经验，一些重要的试验项目的试验方法及有关数据也应详细抄录在自己的工作日记中，便于以后应用时查找。如果有可能，应该撰写论文，这些对自身业务水平的提高都有重要意义，要深刻认识到经验在于实践积累，要认真分析试验工作的难点、疑点，不断探索试验工作的规律，在专业技术上力争精益求精。要知道，随着科学技术的不断发展，新材料、新技术、新工艺不断涌现，试验工作上的探索是永无止境的。只要有初中文化，按照试验规程操作，项目的日常试验工作就可以做。但要熟练掌握试验技术，精通试验业务可不是一朝一夕的事，需要长期实践、潜心钻研，不断总结经验教训，干一个工程就要有一个工程的收获，这样才能不断进步。

1.1.4.12 常用材料的试验项目、取样方法、取样品率、取样数量及试验方法

为便于日常原材料试验，现将常用材料的试验项目、取样方法、取样品率、取样数量及试验方法见1.1.8。

表1.1.8 常用材料的试验项目、取样方法、取样品率、取样数量及试验方法

材料名称		试验项目		取样方法	取样品率	取样数量	试验方法
		必做项目	必要时做				
水泥		标准稠度、安定性、凝结时间、胶砂强度、细度	胶砂流动度	从20个以上不同部位取等量样品，试验时四分法提取	同厂别、同品种、同强度等级，每200t（散装500t）为一取样单位	不少于12kg	JTG E30—2005 GB/T 2419—2005 GB/T 1346—2011
砂		筛分、表观密度、堆积密度、含泥量、泥块含量、含水量	有机质含量、云母含量、轻物质含量	部位均布，先铲除表层，从8个不同部位取等量样品，试验时按四分法提取	同料厂、同品种、同规格，连续进料400m³或600t为一批，不足也算一批	不少于30kg	JTG E42—2005 GB/T 14684—2011
石子	水泥混凝土用	筛分、表观密度、堆积密度、含泥量、泥块含量、针片状含量	硫化物含量、压碎值、碱-集料反应、坚固性	部位均布，先铲除表层，5个取样点按上、中、下部共15份取等量样品	同料厂、同品种、同规格，连续进料400m³或600t为一批，不足也算一批	不少于60kg	JTG E42—2005
	沥青混凝土用	筛分、表观密度、堆积密度、含泥量、针片状含量、压碎值、与沥青的黏附性	磨光值、洛杉矶磨耗值	部位均布，先铲除表层，5个取样点按上、中、下部共15份取等量样品	使用前检测2个样品，以后每2000m³测2个样品，材料种类变化，重做2个样品	不少于60kg	JTG E42—2005

续表

材料名称		试验项目		取样方法	取样频率	取样数量	试验方法
		必做项目	必要时做				
钢筋	原材料	极限拉伸、屈服强度、伸长率、冷弯		任选2根切取，去掉端部50cm在切取	同一牌号、同一炉号、同一规格，不大于60t为一批	拉伸、冷弯各2根	GB 1499—2008
	电弧焊	极限拉伸		从焊接件上截取	同一焊工、同牌号、同形式接头，每300个接头为一批	拉伸3根	JGJ 18—2012
	闪光对焊	极限拉伸、冷弯		从焊接件上截取	同一台班，同一焊工、同牌号、同直径接头，每300个接头为一批	拉伸、冷弯各3根	JGJ 18—2012
土		含水量、液塑限、标准击实、颗粒分析	承载比（CBR）	先清除表层，然后在取样坑全层取样，不能取某一层或基层	每2000m³测2个样品，发生土质变化，应随时测	不少于30kg	JTG E40—2007
沥青		针入度、延度、软化点	沥青与粗集料黏附性、密度、闪点、燃点、含蜡量	按JTJ 052—2000规定的方法取样	每100t为一取样单位	不少于1.5kg	JTG E20—2011
石灰		有效钙镁含量和未熟化残渣含量	细度	从不同部位取等量样品，按四分法提取试样	每60t为一个取样单位，不足也算一批	不少于10kg	JTG E51—2009
矿粉		筛分、含水量	塑性指数	从不同部位取等量样品，按四分法提取试样	每50t为一个取样单位，不足也算一批	不少于3kg	JTG E42—2005
石料			抗压强度	选有代表性的试样		不少于6个试件	JTG E41—2005
钢绞线		最大负荷、屈服负荷、伸长率	松弛率	从每批中任选3盘，各截取1根试样	同牌号、同规格、同生产工艺，每60t为一批	3根	GB/T 5224—2014

1.1.4.13 施工过程中工程质量控制试验项目检测频率

为了方便施工过程中的质量控制，现将施工过程中工程质量控制试验项目检测频率列于表1.1.9。

表1.1.9　　　　施工过程中工程质量控制试验项目检测频率

	检测项目	检测频率
路基工程	压实度	每2000m³检测8个点，不足2000m³时，至少应检测2个点
	弯沉	双车道每50m检测4个点

续表

检测项目		检测频率
桥涵工程	混凝土强度	一般结构物每单元制作2组；连续浇筑大体积混凝土，每80～200m³或每台班制件2组，每片梁长16m以下制件1组，16～30m取2组，31～50m取3组，50m以上取5组；就地浇筑小桥涵混凝土，每台班每座制件2组
	坍落度	每台班至少2次
	砂石含水量	混凝土开盘前必检1次，天气变化应随时检测
	钢筋焊接件	同级别和直径、同焊工、同焊接参数，300个接头为一批，每批3个试件
	钻孔泥浆	每台班和清孔前必检1次，地质变化应随时检测
	孔道压浆强度	每台班制件不少于3组
	砂浆强度	每台班制件不少于2组（每组6个试件）
	台背回填压实度	每50m²检1点，不足也检1点
路面工程	基层、底基层 — 水泥石灰剂量	每2000m²测1次，至少6个样品，每台班至少一次
	基层、底基层 — 含水量	每次碾压前测1次
	基层、底基层 — 压实度	每作业段或不超过2000m²检查6点以上
	基层、底基层 — 抗压强度	每2000m²，细粒土6个试件，中粒土9个试件，粗粒土13个试件
	基层、底基层 — 弯沉值	每评定段（不超过1km）每车道40～50个测点
	基层、底基层 — 平整度	3m直尺每200m测2处，连续10尺
	基层、底基层 — 塑性指数	每1000m²检测1次，土质有变化应随时检测
	水泥混凝土路面 — 抗折强度	高速公路和一级公路每工作班制作2—4。日进度>1000m取4组，日进度>500m取3组，日进度<500m取2组。其他公路每工作班制作1—3组。日进度>1000m取3组，日进度>500m取2组，日进度<500m取1组
	水泥混凝土路面 — 坍落度	每台班至少2次
	水泥混凝土路面 — 平整度	用平整度仪，全线每车道连续测，每100m计算σ、IRI
沥青路面	测温 — 出厂	每车不少于1次
	测温 — 摊铺	每100m不少于1次
	测温 — 碾压	随时检测
	矿料筛分	每日每台拌和机1次或2次
	油石比	每日每台拌和机1次或2次
	马歇尔试验	每日每台拌和机1次或2次
	压实度	每2000m²检测1次，1次钻不少于一个孔
	平整度 — 标准差	平整度仪全线每车道连续测
	平整度 — 最大间隙	3m直尺每1km测10处，连续10尺
	弯沉 — 贝克曼梁	全线连续检测每20m测1点
	弯沉 — 自动弯沉仪	全线连续检测每5m测1点

1.1.4.14 试验资料的管理

（1）试验室应设专职试验资料管理员，负责试验室全部资料的收集、保管、上报、下发等工作。

（2）试验资料应分类管理，分别放入文件盒，并在盒外贴上标签，便于存放和查阅，试验资料一般分类为：

1）原材料试验资料，如砂、石、水泥、钢筋、钢绞线、土工、石灰、粉煤灰、沥青、石屑、石粉等，各设一个文件盒。对检测频率大的项目，如土工，可按液塑限、标准击实、颗粒分析等单独设盒。

2）水泥混凝土配合比、砂浆配合比、沥青混凝土配合比、基层和底基层配合比、标准击实等标准试验资料应分别各装一个文件盒。

3）一般大、中、小桥试验资料应分别一桥设一盒。

4）对特大桥，如基础、钻孔桩、系梁、承台、墩身、墩台帽、盖梁、大梁等，可先按部位分盒，待整理竣工资料时再统一整理。

5）涵洞、通道、路基、路面检测资料可按桩号1km设一个盒。

(3) 试验资料应设专柜保管，可在柜门贴上标签，按原材料、路基、桥涵、路面等分类存放，防止丢失，便于查阅。

(4) 试验资料在施工过程中，经常会分期、分批地上报监理工程师审批、签认。实践中有时会发生资料丢失现象，因此，项目试验室应建立试验资料报送台账。一方面避免丢失，另外可以随时查看上报资料的连续性，避免漏报。

(5) 外委试验资料应设专盒保管，包括外委台账。

(6) 任何人查阅资料后应自觉放回原处，以免弄乱和丢失。

(7) 试验资料的借阅必须通过试验室主任批准，由项目试验室资料管理员进行登记。

1.1.4.15 试验管理规章制度

1. 岗位职责

(1) 项目试验室主任岗位职责。

(2) 试验技术员岗位职责。

(3) 试验员岗位职责。

(4) 试验资料管理员岗位职责。

2. 试验仪器、设备管理制度

3. 技术性文件管理制度

4. 试验室安全管理制度

5. 标养室管理制度

6. 委托试验管理制度

1.1.4.16 试验台账

试验台账是试验管理的一种有效手段，它对整个施工过程中项目经理部试验方面的质量控制、试验资料的管理有着重要作用。许多建设项目要求试验室建立相应的台账。

1. 试验台账的作用

(1) 试验仪器、设备台账是购置、调配、报废的依据，是仪器、设备管理的重要一环。

(2) 计量仪器、设备台账是确保试验仪器、设备的计量量值准确性的重要一环，也是国家计量法规规定必须建立的台账。

(3) 在施工过程中，项目试验室经常要给监理工程师、业主、中心试验室等单位报送有关试验资料。建账即可防止资料丢失，又可保证报送资料的连续性。

(4) 各种原材料的试验台账不但可以简捷、直观地掌握、了解原材料的质量变动情况，而且可以随时检查各种原材料试验是否满足有关规定所要求的频率。

(5) 施工过程中质量检测的试验项目，如路基、路面压实度检查和弯沉检测、水泥混凝土、砂浆、无机结合料的抗压强度检测以及石灰（水泥）剂量测定等，建立了试验台账可保证试验检测和试验资料的完整性。

2．常用试验台账及台账样表。

(1) 常用试验台账（表1.1.10）。

表1.1.10 常用试验台账

序号	台账名称	序号	台账名称
1	试验仪器、设备台账	14	水泥混凝土配合比试验台账
2	试验计量仪器、设备台账	15	混凝土（砂浆）抗压强度试验台账
3	委托试验台账	16	混凝土抗折强度试验台账
4	实验资料报送台账	17	砂浆配合比试验台账
5	液塑限试验台账	18	石灰钙镁含量试验台账
6	标准击实试验台账	19	石灰标准曲线试验台账
7	路基（路面）压实度检验台账	20	石灰（水泥）剂量测定试验台账
8	路基（路面）弯沉检测试验台账	21	无机结合料击实试验台账
9	细集料试验台账	22	基层（底基层）配合比试验台账
10	粗集料台账	23	无机结合料抗压强度试验台账
11	水泥物理、力学性能试验台账	24	沥青试验台账
12	钢筋试验台账	25	沥青混凝土配合比试验台账
13	地基承载力检验台账	26	沥青混合料试验台账

(2) 试验台账表样（略）。

1.1.4.17 试验检测数据报告

公路试验检测数据报告分为公路试验检测试验记录（简称"试验记录"）和公路试验检测报告（简称"试验检测报告"）两种表格类型。

公路数据报告（包括试验记录和试验检测报告）作为试验检测工作最终成果的具体载体，其质量水平及共享程度无疑将直接影响到公路工程各个阶段的质量控制、数据分析与结果判定。如何提高数据报告的质量水平及共享程度已成为广大交通建设从业单位及人员广泛关注的重大现实问题，而数据报告格式编制的标准化将在很大程度上解决这一问题。

公路试验检测数据报告编制的标准化是规范公路工程质量管理的促进剂。通过统一试验记录表及检测报告的格式这项工作既有利于试验检测管理的科学与规范，也有利于试验技术资料的归档与交流，还有利于对试验检测假数据假报告的防范与遏制，是行业管理、勘察设计、质量监督、工程监理、施工企业、检测机构、材料供应等各方共同期望实现的目标，具有重要的现实意义。

1．格式与要素

公路试验检测数据报告格式由标题区、表格区、落款区三部分组成。其中表格区按照内容又可分为对象信息区、检验对象属性区（仅用于检测报告）、检验数据区和附加声明区等。常见的试验记录表和试验检测报告格式见表1.1.11和表1.1.12。

表 1.1.11　试验记录表格式
水泥混凝土抗压强度试验检测记录表（立方体）

试验室名称：××××试验检测中心　　　　　　　　　　　　　　记录编号：JL-2012-TYH-008

工程部位/用度	××××大桥×墩台	委托单/任务编号	PW-2012-008
试验依据	JTG E40—2005，T0553—2005	样品编号	YP-2012-TYH-008
试验条件	温度21℃，湿度61%	试验日期	2012-06-27—2012-07-25
样品描述	无掉边、无缺角		
主要仪器设备及编号	NYL-2000压力机（SB-007）；钢直尺（SB-028)		
混凝土种类	普通混凝土	养护条件	温度21℃，湿度96%

试件编号	成型日期	强度等级/MPa	试验日期	龄期/d	试件尺寸/mm	极限荷载/kN	抗压强度测值/MPa	抗压强度测定值/MPa	换算成标准度件抗压强度值/MPa
YP-2012-TYH-008-1	2012-06-27	30	2012-07-25	28	150×150×150	778.45	34.6	37.0	37.0
						894.54	39.8		
						820.45	36.5		
YP-2012-GYH-008-2	2012-06-27	30	2012-07-25	28	150×150×150	768.34	34.1	35.0	35.0
						800.56	35.6		
						791.34	35.2		
YP-2012-TYH-008-3	2012-06-27	30	2012-07-25	28	150×150×150	821.00	36.5	35.5	35.5
						795.67	35.4		
						777.34	34.5		
						/	/		
						/	/		
						/	/		
/						/		/	/

备注：

试验：　　　　　　　　　　　　　　　复核：　　　　　　　　　　　　　　　日期：　年　月　日

表 1.1.12　试验检测报告表格式
钢筋（材）焊接检测报告

试验室名称：　　　　　　　　　　　　　　　　　　　　　　　　　　　报告编号：

委托单位	××××工程实验有限公司	委托单编号	GH2007-0031
工程名称	/	种类牌号	22
工程部位	/	焊工姓名及证号	/
检测依据	JGJ 18—2003、JGJ/T 27—2001	报告日期	2007-02-06
环境条件	/	检测日期	2007-02-06
接头数量	300	焊接形式	闪光对焊
试验室地址	××××	邮政编码	272100

续表

检测编号	检测内容							
	直径/mm	实测直径/mm	面积/mm²	焊缝长度/mm	极限强度/(N/mm²)	断裂位置/mm	断裂特征	冷弯
1—1	22	/	380.1	/	560	85	塑断	完好
	22	/	380.1	/	560	70	塑断	完好
	22	/	380.1	/	560	105	塑断	完好
结论	所检项目符合标准要求							
结论								
结论								
备注	委托检验仅对来样负责 样品数量齐全 比对试验							

批准：　　　校核：　　　主检：　　　检测单位：(盖章)　　　签发日期：

公路试验检测数据报告按照内容属性，由管理要素和技术要素构成。其中管理要素包括标题区、落款区、检验对象信息区、附加声明区等内容；技术要素包括检验对象属性区、检验数据区等内容。各要素的构成、位置与表征内容见表1.1.13。

表 1.1.13　　　　　　　　要素的构成、位置与表征内容

要素名称	要素构成	编制位置	表征内容
管理要素	标题区，又称"表头"	表格区外部上方	记录表/检测报告表格的属性信息
	落款区	表格区外部下方	记录表/检测报告的签署信息
	检验对象信息区	表格区上部	被检对象信息及试验检测条件信息
	附加声明区，又称"备注"	表格区底部	试验过程中需补充说明的信息
技术要素	检验对象属性区 （仅用于检测报告）	表格区中部偏上位置	被检对象的专属信息
	检验数据区	表格区中部偏下位置， "附加声明区"上方	记录表：记录试验过程中的 原始数据与导出/处理结果 检测报告：检测结果与结论等信息

2. 试验记录表的编制要求

《公路试验检测数据报告编制导则》对试验记录表所涉及的管理要素与技术要素内容进行详细的规定，特别明确表格名称、唯一性编号、试验室名称的具体编写方式与管理规定，

相关要求见表 1.1.14。

表 1.1.14　　　　　　　　　试验记录表各要素编制要求

要素内容	信息明细	填写要求
标题区	表格名称	"项目名称"+"参数名称"+"试验记录表"的形式，同时对多测试方法、多项目、多参数等五种可能出现的特殊情况进行了规定
	唯一性标识编码	明确四段位的编码规则
	页码	仅当一页内无法完整表述整个试验记录时使用
	试验室名称	正确使用试验室名称； 工地试验室名称应能反映出其母体试验室及工程项目的信息
	记录编号	试验室自行编制，用于试验参数、试验过程的识别
检验对象信息区	工程部位/用途	为二选一填写项，明确被检对象在工程中的具体位置时，填桩号；当指明数据报告结果的具体用途时，填相关信息
	委托单编号	试验室自行编制，用于表示委托任务的唯一性编号
	样品描述	描述样品结构、形状、颜色、数量等
	样品编号	试验室自行编制，用于区分每件独立样品的唯一性编号
	试验条件	试验时的环境条件
	试验依据	试验时所依据的现行有效的标准、规程或其他技术文件
	主要仪器设备	试验时所用主要仪器设备信息
检验数据区	原始观测项目	要求信息充分，以便在接近原始的情况下能够重复
	数据处理过程项目	保留数据处理过程、导出过程、数据修约等
	试验结果	给出测试结果，需要时给出相关图表结果
附加声明区	备注	试验检测过程的特殊声明、其他鉴证方签认、需补充说明的事项等
落款区	表格签署人信息	试验、校核人员签名
	试验日期	试验记录表的完成日期

3. 试验记录报告的编制要求

《公路试验检测数据报告编制导则》对检测报告所涉及的管理要素与技术要素内容进行详细的规定，相关要求见表 1.1.15。

表 1.1.15　　　　　　　　　检测报告各要素编制要求

要素内容	信息明细	填写要求
标题区	表格名称	由单一记录表导出的检测报告，其命名方式同记录表，仅将"试验记录表"变更为"试验检测报告"； 由多个记录表导出的检测报告，依据试验参数具体组成，优先以项目名称命名检测报告名称
	唯一性标识编码	明确四段位的编码规则
	页码	仅当一页内无法完整表述整个检测报告时使用
	试验室名称	正确使用试验室名称； 工地实验室名称应能反映出其母体试验室及工程项目的信息
	报告编号	试验室自行制定，用于试验检测报告的识别

学习任务 1.2 试验检测数据处理

续表

要素内容	信息明细	填写要求
检验对象信息区	施工单位	实施工程建造与安装的单位名称
	工程名称	本检测报告测试范围内建设项目的名称
	工程部位/用途	为二选一填写项,明确被检对象在工程中的具体位置时,填桩号;当指明数据报告结果的具体用途时,填相关信息
	委托单编号	试验室自行编制,用于表示委托任务的唯一性编号
	样品描述	描述样品结构、形状、颜色、数量等
	样品编号	试验室自行编制,用于区分每件独立样品的唯一性编号
	试验依据	试验时所依据的现行有效的标准、规程或其他技术文件,标准、规程填写完整编号
	主要仪器设备及编号	试验时所用主要仪器设备信息
	判定依据	判定试验结果合格与否所依据的标准、规程或其他技术文件
检验数据区	检测项目	本报告包含的检测项目
	技术要求	判定依据中相应检测项目的要求
	检测结果	指本检测项目的单向测试结果
	结果判定	指本检测项目的单向结果的符合性判定
	检测结论	本检测报告所含测试项目的检测结果,应包含合格与否的判定
附加声明区	备注	试验检测过程的特殊声明、需补充说明的事项等
落款区	表格签署人信息	检测、审核和报告批准人签名
	批准日期	报告批准日期

【情景描述】

学习任务1.2 试验检测数据处理

1.2.1 抽样检验

1.2.1.1 总体与个体

抽样检验又称抽样检查,是从一批产品中随机抽取少量产品(样本)进行检验,据以判断该批产品是否合格的统计方法和理论。它与全面检验不同之处,在于后者需对整批产品逐个进行检验,把其中的不合格品拣出来,而抽样检验则根据样本中的产品的检验结果来推断整批产品的质量。如果推断结果认为该批产品符合预先规定的合格标准,就予以接收;否则就拒收。但是,经过抽样检验认为合格的一批产品中,还可能含有一些不合格品。

在工程质量检验中,通过抽取总体中的一小部分个体加以检验,以了解和分析总体质量状况,这是工程质量检验的主要方法。除特殊项目外,大多数质量检验采用抽样检验的方法,这就涉及总体、个体、样本和样品的概念。

总体又称母本,是统计分析中所研究对象的全体,而组成总体的每个单元称为个体。

从总体中抽取的一部分个体称为样本(又称字样),而组成样本的每一个个体即为样品。

例如,在沥青混合料拌和工地上需要确定某公司运来的一批沥青质量是否合格,从每一桶沥青中取两个试样，若该批沥青有100桶，则一共抽查了200个试样做试验，则这100桶沥青就称为总体，200个试样构成了样本，上述200个试样中的每一个试样都是该样本中的一个样品。

检验的基本意义在于：将用某种方法检验产品得出的结果与质量判定标准相比较，从而判断出各个产品是"优良品"还是"不良品"，或者与产品"批"的判定标准相比较，判断批是"合格批"还是"不合格批"。从此意义上讲，检验分为对"各个产品"的检验和对"批"的检验两种情况，其检验过程如图1.2.1所示。

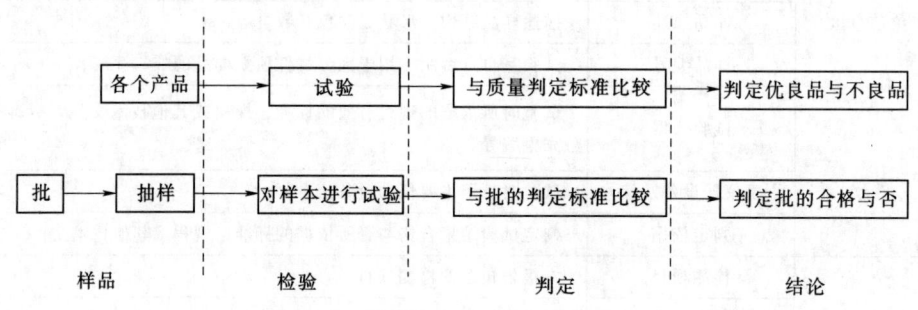

图1.2.1 对各个产品和批的检验过程

工程质量的评价是以试验检验数据为依据的，试验检测采集到的原始数据具有类多量大等特点，有时杂乱无章，甚至还出现错误。因此，必须对原始数据进行分析处理才能得到可靠的试验检测结果。

1.2.1.2 抽样检验中的基本概念

1. 单位产品

单位产品是为实施抽样检查的需要而划分的基本单位。有些产品可以自然划分，例如，1只灯泡、1台电视机可以作为一个单位产品。有些产品则不可能自然划分，而根据抽样检查的需要划分，例如，连续生产的棉布，可以是1尺布、1丈布甚至是1匹布作为单位。对于液体产品（如沥青）和散装产品（如水泥），则可按包装单位划分，例如，1桶沥青等。

2. 检验批

检验批是指按同一生产条件或按规定的方式汇总起来供检验用的，由一定数量样本组成的检验体。一个检验批通常是由在基本稳定的生产条件下，在同一生产周期内生产出来的同形式、同等级、同尺寸以及同成分的单位产品构成的。该批包含的单位产品数量，称为批量。通常用符号N表示。检验批是工程质量验收的基本单元（最小单位）。

检验批通常按下列原则划分：

（1）检验批内质量基本均匀一致，抽样应符合随机性和真实性的原则。

（2）贯彻过程控制的原则，按施工次序、便于质量验收和控制关键工序的需要划分检验批。

1.2.1.3 抽样检验的类型和评定方法

按检验特性值的属性，可以将抽样检验分为计数型抽样检验和计量型抽样检验两大类。

1. 计数型抽样检验

有些产品的质量特性，如焊点的不良数、测试坏品数以及合格与否，只能通过离散的尺度来衡量，把抽取样本后通过离散尺度衡量的方法称为计数型抽样检验。计数型抽样检验中对单位产品的质量采取计数的方法来衡量，对整批产品的质量一般采用平均质量来衡量。计数抽样检验包括计件（统计不合格品数）的抽样和计点（统计不合格数）的抽样。当以样本的不合格品数作为批合格的判定依据时，称为计件抽样检验；当以样本的不合格点数作为判定依据时，称为计点抽样检验。

2. 计量型抽样检验

有些产品的质量特性，如灯管寿命、棉纱拉力、炮弹的射程等，是连续变化的。用抽取样本的连续尺度定量地衡量一批产品质量的方法称为计量型抽样检验方法。它以样本单位的计量特征值为判定依据，只适合于单位产品的质量特征以计量的方式表示的场合，且对每个质量特征要分别检查。

1.2.1.4 抽样检验的方法

抽样检验是建立在随机原则的基础上，从总体中抽取部分单位进行调查，并根据概率估计原理，应用所得资料对总体的数量特征进行推断的一种调查方法。抽样方法的正确性是指抽样的代表性和随机性。代表性反映样本与检验批质量的接近程度，而随机性反映检验批中单位产品被抽入样本纯属偶然，即由随机因素决定。

由于抽样检验是以样本检验结果来推断检验批的好坏，故样本的代表性尤为重要。为使所抽取的样本能成为检验批的代表，通常采用如下几种方法。

1. 简单随机抽样

简单随机抽样是指一批产品共有 N 件，如其中任意 n 件产品都有同样的可能性被抽到（如抽奖时摇奖）的方法就是一种简单的随机抽样。简单随机抽样不同于随便抽样或随意抽样，必须注意不能有意识抽好的或差的，也不能为了方便只抽表面摆放的或容易抽到的，要保证总体中每个样品被抽到的概率相同。简单随机抽样可以利用随机表或者骰子等工具进行取样。

2. 分层抽样

一般地，当总体由差异明显的几部分组成时，为了使样本更客观地反映总体情况，常将总体中的个体按不同的特点分成层次比较分明的几部分，然后按照各部分所占的比例实施抽样，这种抽样方法称为分层抽样，其中所分成的各个部分叫作层。例如，有两台拌和机同时拌制原材料相同的同强度等级混凝土，为了检验生产混凝土的质量特性，可采取分层抽样的方法，对两台拌和机分别取样，这样便于了解不同"层"的产品质量特性，研究各层造成不良品率的原因，也可将甲、乙样品混合进行试验，了解混合样品的质量特性，如图 1.2.2 所示。

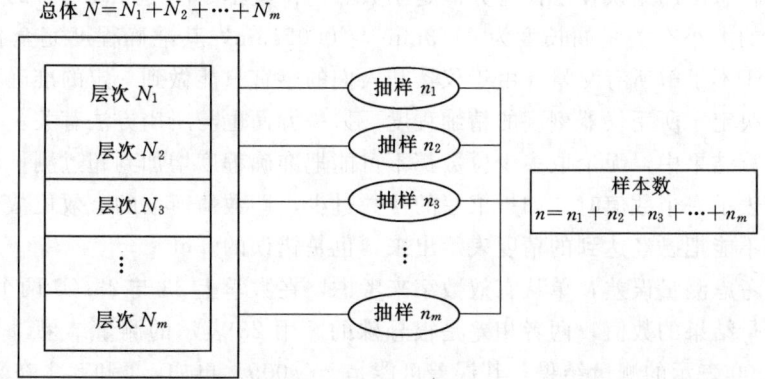

图 1.2.2 分层取样示意图

3. 两级或多级抽样

先从总体中先抽取范围较大的单元，称为一级抽样单元，再从抽中的一级单元中抽取范围较小的二级单元，这就是两级抽样。还可依次再抽取范围更小的单元，即为多级抽样。例如，当物品堆积在一起构成批量时，由于许多货箱堆积在一起，按单纯随机取样相当麻烦。此时可先对若干箱进行第一级随机取样，挑出部分箱物品，然后从已挑出的箱中再对其中的物品进行第二级随机取样，如图1.2.3所示。

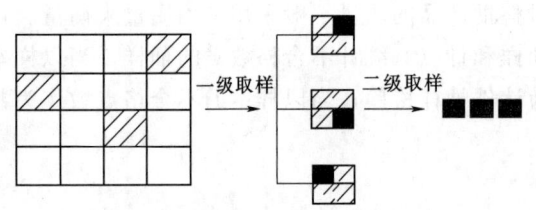

图1.2.3 两级取样示意图

4. 系统抽样

系统抽样也称为等距抽样、机械抽样、SYS抽样，它是首先将总体中各单位按一定顺序排列，根据样本容量要求确定抽选间隔，然后随机确定起点，每隔一定的间隔抽取一个单位的一种抽样方式。是纯随机抽样的变种。在系统抽样中，先将总体从$1\sim N$相继编号，并计算抽样距离$K=N/n$。式中N为总体单位总数，n为样本容量。然后在$1\sim K$中抽一随机数k_1，作为样本的第一个单位，接着取k_1+K，k_1+2K，…，直至抽够n个单位为止。

例如，现要求测定1000m路基的弯沉值，由于路基是连续体，可采取每20m或50m测定一点（或两点）的办法做抽样测定。这时可用掷骰子或其他随机方法确定起点位置，如从K0+010开始，然后分别测定K0+030、K0+050、…或K0+060、K0+110、…位置的弯沉值。

1.2.2 数据的修约规则

1.2.2.1 有效数字

在测量工作中，由于测量结果总会有误差，因此表示测量结果的位数不宜太多，也不宜太少，太多容易使人误认为测量精度很高，太少则会损失精度。

测量过程中，由于受到一系列不可控制和不可避免的主观和客观因素的影响，所获得的测量值必定含有误差，即获得的测量值仅仅是被测量的近似值。另一方面，在数据处理过程中引入的诸如n、e等一些常量，在大多数情况下，是以无穷小数形式来表示，这就需要确定一项原则，将测得的或计算的数截取到所需的位数。认为在一个数值中小数点后面的位数越多，这个数值就越准确；或者在计算中，保留的位数越多，这个数值就越准确的想法都是错误的，第一种想法的错误在于没有弄清楚小数点的位置不是决定准确与否的标准，而仅与所用计量单位的大小有关。如长度为21.3mm与0.0213m，其准确程度完全相同；第二种想法的错误在于不了解所有测量，由于仪器和人们的感官只能做到一定的准确程度。这个准确程度一方面决定于所用仪器刻度的精细程度；另一方面也与所用方法有关。

因此在计算结果中，无论取多少位数都不可能把准确程度增加到超过测量误差所允许的范围；反之，表示一个数值时，如果书写的位数过少，即数值所取的有效位数少于实际所能达到的精度，不能把已经达到的精度表示出来，也是错误的。

例如，不考虑测量误差，单从有效数字来考虑，在数学上23与23.00两个数是相等的。而作为表示测量结果的数值，两者相差是很悬殊的。用23表示的测量结果，其误差可能为±0.5；而23.00表示的测量结果，其误差可能是±0.005。再如，1和0.1在数值上相差10倍，单从数值上看两数是不等的，而作为测量结果可能因所用单位不同，所表示的测量结果和所达到的精度是相同的。

因此，在对测量数据的处理中，掌握有效数字的有关知识是十分重要的。

有效数字的概念可表述为：由数字组成的一个数，除最末一位数字是不确切值或可疑值外，其他数字皆为可靠值或确切值，则组成该数的所有数字包括末位数字称为有效数字，除有效数字外其余数字为多余数字。

对于"0"这个数字，它在数中的位置不同，可能是有效数字，也可能是多余数字。整数前面的"0"无意义，是多余数字。对纯小数，在小数点后，数字前的"0"只起定位，决定数量级的作用（相当于所取的测量单位不同），所以，也是多余数字。

处于数中间位置的"0"是有效数字。

处于数后面位置的"0"是否算有效数字可分三种情况：

（1）数后面的"0"，若把多余数字的"0"用10的乘幂来表示，使其与有效数字分开，这样在10的乘幂前面所有数字包括"0"皆为有效数字。

（2）作为测量结果并注明误差值的数值，其表示的数值等于或大于误差值的所有数字，包括"0"皆为有效数字。

（3）上面两种情况外的数后面的"0"则很难判断是有效数字还是多余数字，因此，应避免采用这种不确切的表示方法。一个数，有效数字占有的位数，即有效数字的个数，为该数的有效位数。

例如，00713、0.0715、7.03、7.03×10^2 这四个数的有效位数均为3，有效数字都是3个。

再如，测量某一试件面积，得其有效面积 $A = 0.0501502 \mathrm{m}^2$，测量的极限误差 = $0.000005 \mathrm{m}^2$。则测量结果应当表示为 $A = (0.050150 \pm 0.000005) \mathrm{m}^2$。误差的有效数字为1位，即5；而有效面积的有效数字应为5个，即5、0、1、5、0；因2小于误差的数量级，故为多余数字。

若给出的数值为71300，为不确切的表示方法。它可能是 713×10^2，也可能是 7.130×10^4，也可能是 7.1300×10^4。即有效数字可能是3个、4个或5个。若无其他说明，则很难判定其有效数字究竟是几个。

在测量或计量中应取多少位有效数字，可根据下述准则判定：

（1）对不需要标明误差的数据，其有效位数应取到最末一位数字为可疑数字（也称不确切或参考数字）。

（2）对需要标明误差的数据，其有效位数应取到与误差同一数量级。

1.2.2.2 数据的修约规则

1. 修约间隔

修约间隔是指确定修约保留位数的一种方式。修约间隔的数值一经确定，修约值即应为该数值的整数倍。

例如指定修约间隔为0.1，修约值即应在0.5的整数倍中选取，相当于将数值修约到一位小数。又如指定修约间隔为100，修约值即应在100的整数倍中选取，相当于将数值修约到"百"数位。

0.5单位修约（半个单位修约）是指修约间隔为指定数位的0.5单位，即修约到指定数位的0.5单位。一般将拟修约数值乘以2，按指定数位依修约间隔为1的规则进行修约，所得数值再除以2。

例如，将60.25修约到个数位的0.5

$$60.25 \rightarrow 120.50 \rightarrow 120 \rightarrow 60.0$$

0.2单位修约是指修约间隔为指定数位的0.2单位，即修约到指定数位的0.2单位。一般将拟修约数值乘以5，按指定数位依修约间隔为1的规则进行修约，所得数值再除以5。

例如，将830修约到"百"数位的0.2

$$830 \rightarrow 4150 \rightarrow 4200 \rightarrow 840$$

最基本的修约间隔是$10n$（n为正整数、负整数或0），它等同于确定修约到某数位。

2. 数值修约进舍规则

数据获得后，还涉及数据的定位问题，也就是出现了对规定精度范围之外的数字如何取舍的问题。在工程检测过程中，一般常用的数据修约规则（奇升偶舍法）如下：

拟舍弃的数字中，其最左面的第一位数字小于5时，则舍去，即保留的各位数字不变。

例如，将29.1332修约只保留一位小数时，其拟舍去的数字中最左面的第一位数字是3，则舍去，保留的各位数字不变，即为29.1。

拟舍弃的数字中，其最左面的第一位数字大于5时，则进1，即所留下的末位数字加1。

例如，将27.8963修约只保留一位小数时，其拟舍去的数字中最左面的第一位数字是9，则进1，即为27.9。

拟舍弃的数字中，其最左面的第一位数字等于5，而后面的数字并非全部为0时，则进1，即所留下的末位数字加1。

例如，将56.1500008修约只保留一位小数时，其拟舍去的数字中最左面的第一位数字是5，5后面的数字还有0008，则进1，即为56.2。

拟舍弃的数字中，其最左面的第一位数字等于5，而后面的数字全部为0时，所保留的数字末位数如为奇数（1、3、5、7、9）则进1，如为偶数（0、2、4、6、8）则舍去。

例如，将下列各数字修约只保留一位小数时，其拟舍弃的数字中最左面的第一位数字是5，后面无数字，根据所留末位数的奇偶关系，结果为：

修约前	修约后
22.05	22.0（因为"0"是偶数）
22.15	22.2（因为"1"是奇数）
22.25	22.2（因为"2"是偶数）
22.35	22.4（因为"3"是奇数）

拟舍弃的数字并非单独一个数字时，不得对该数值连续进行修约，而是根据拟舍弃最左面的第一个数字的大小，依据上述各条规则一次修约完成。

例如，将13.4648修约成整数时，不应按照13.4648→13.465→13.46→13.5→14进行，而应按13.4648→13进行修约。

上述数值修约规则（"奇升偶舍法"）与常用的"四舍五入"的方法区别在于，用"四舍五入"法对数值进行修约，从很多修约后的数值中得到的均值偏大。而用上述的修约规则，进舍的状况具有平衡性，进舍误差也具有平衡性，若干数值经过这种修约后，修约值之和变大的可能性与变小的可能性是一样的。

为便于记忆，将上述规则归纳为以下几句口诀：

四舍六入五考虑，五后非全零则进一，五后全零视奇偶，奇升偶舍要注意，修约一次要到位。

1.2.2.3 运算法则

1. 加减运算

应以各数中有效数字末位数的数位最高者为准（小数即以小数部分位数最少者为准），其余数均比该数向右多保留一位有效数字。

例如，有4个凑整后的数字相加 41.3＋3.012＋0.322，应写为 41.3＋3.01＋0.32＝44.33。

由此可知：若干个直接测量值进行加法或减法计算时，选用精度相同的仪器最为合理。

2. 乘除运算

对于乘除类型的运算，由于运算结果的相对不确定度总是大于或等于有效数字位数最小的分量的相对不确定度，所以应以各数中有效数字位数最少者为准，其余数均多取一位有效数字，所得积或商也多取一位有效数字。

例如，在 0.0122×26.52×1.06892 中，因第一个数 0.0122 的有效数字位数最少（3位），因此，第二、第三个数的有效数字位数取4位，所得积也取4个有效数字，由此得

$$0.0122 \times 26.52 \times 1.069 = 0.3459$$

由此可知：测量的若干个量，若是进行乘法除法运算，应按照有效位数相同的原则来选择不同精度的仪器。

3. 乘方或开方运算

运算结果可比原数多保留一位有效数字。例如，$585^2 = 3.422 \times 10^5$。

4. 对数运算

所取对数位数应与真数有效数字位数相等。

在所有计算式中，常数 n，e 的数值以及因子等的有效数字位数，可认为无限制，需要几位就取几位。表示精度时，一般取参与运算的量中有效数字位数最少的位数相同或者多取一位。

1.2.3 数据的统计特征和分布特征

在公路工程施工过程中，不论是原材料还是施工中的质量控制检验，都会取得大量的数据。对这些数据进行科学的分析，可以更好地评价原材料和工程质量。在公路质量检验评定标准中，也分别提出了许多数理统计的特征值。因此，项目试验人员应具备数理统计的基本知识。在进行试验成果的分析整理时，必须坚持理论与实际统一的原则。以现场和工程具体条件为依据，以测试所得的实际数据为基础，以数理统计分析为手段，区别不同统计，针对不同要求采取不同方法。下面简要介绍常用数理统计方法和数据处理方法。

1.2.3.1 数据的统计特征

1. 算术平均值

这是最常用的一种方法，用于了解一批数据的平均水平，度量这些数据的中间位置，其计算公式为

$$\overline{X} = (X_1 + X_2 + X_3 + \cdots + X_n)/n = \sum_{i=1}^{n} X/n$$

式中　　$\overline{X}$——算术平均值；

$X_1, X_2, \cdots, X_n$ ——各试验数据值;

$\sum_{i=1}^{n} X$ ——各试验数据值的总和;

n ——试验数据个数。

【例 1.2.1】 某路段沥青混凝土面层抗滑性能检测,摩擦系数的检测值(共 10 个测点)分别为 57、55、60、54、49、56、52、61、58、59(摆值)。求摩擦系数的算术平均值。

解: 由上式可知,摩擦系数的算术平均值为

$$\overline{F}_B = \frac{57+55+60+54+49+56+52+61+58+59}{10} = 56.1 (摆值)$$

2. 加权平均值

加权平均值是各试验数据和它的对应数的算术平均值。其计算公式为

$$m = \frac{X_1 g_1 + X_2 g_2 + \cdots + X_n g_n}{g_1 + g_2 + \cdots + g_n} = \frac{\sum_{i=1}^{n} X_i g_i}{\sum_{i=1}^{n} g_i}$$

式中　　m ——加权平均值;

$X_1, X_2, \cdots, X_n$ ——各试验数据值;

$g_1, g_2, \cdots, g_n$ ——和试验数据对应数;

$\sum Xg$ ——各试验数据值和它对应数乘积的总和;

$\sum g$ ——各对应数的总和。

加权平均值也可以随机的试验数据值与其对应各值概率的乘积之和来计算,其公式为

$$m = X_1 g_2 + X_2 g_2 + \cdots + X_n g_n$$

式中　　m ——加权平均值;

$X_1, X_2, \cdots, X_n$ ——各试验数据值;

$g_1, g_2, \cdots, g_n$ ——和试验数据对应各值的概率。

3. 中位数

在一组数据 $x_1, x_2, \cdots, x_n$ 中,按其大小次序排序,以排在正中间的一个数表示总体的平均水平,称之为中位数,或称中值,用 $\widetilde{X}$ 表示。n 为奇数时,正中间的数只有 1 个;n 为偶数时,正中间的数有 2 个,则取这两个数的平均值作为中位数,即

$$\widetilde{X} = \begin{cases} x_{\frac{n+1}{2}} & (n \text{ 为奇数}) \\ \frac{1}{2}(x_{\frac{n}{2}} + x_{\frac{n}{2}+1}) & (n \text{ 为偶数}) \end{cases}$$

【例 1.2.2】 检测值同例 1.2.1,求中位数。

解: 检测数据按大小顺序排列为:61、60、59、58、57、56、55、54、52、49(摆值),由上式可知,中位数为

$$\widetilde{F}_B = \frac{F_{B(5)} + F_{B(6)}}{2} = \frac{57+56}{2} = 56.5 (摆值)$$

4. 极差

在一组数据中最大值与最小值之差,称为极差,记作 R:

$$R = x_{\max} - x_{\min}$$

极差没有充分利用数据的信息，但计算十分简单，仅适用于样本容量较小（$n<10$）的情况。

5. 标准偏差

标准偏差有时也称标准离差、标准差或称均方差，它是衡量样本数据波动性（离散程度）的指标。在质量检验中，总体的标准偏差 σ 一般不易求得。样本的标准偏差 S 按下式计算：

$$S = \sqrt{\frac{(x_1-\overline{x})^2+(x_2-\overline{x})^2+\cdots+(x_n-\overline{x})^2}{n-1}} = \sqrt{\frac{1}{n-1}\sum_{i=1}^{n}(x_i-\overline{x})^2}$$

标准差表示一组试验数据对于其平均值的离散程度，亦即数据的波动情况，具有与平均值相同的量纲。在相同平均值条件下，标准差大表示数据离散程度大，即波动大；反之，亦然。

【例 1.2.3】 仍用例 1.2.1 的数据，求样本的标准偏差 S。

解： 由上式可知，样本的标准偏差为

$$S = \sqrt{\frac{(57-56.1)^2+(55-56.1)^2+\cdots+(59-56.1)^2}{10-1}} = 4.41（摆值）$$

6. 变异系数

标准偏差是反映样本数据的绝对波动状况，当测量较大的量值时，绝对误差一般较大；而测量较小的量值时，绝对误差一般较小，因此，用相对波动的大小，即变异系数更能反映样本数据的波动性。

变异系数用 C_v 表示，是标准偏差 S 与算术平均值 $\overline{X}$ 的比值，即

$$C_v = \frac{S}{\overline{X}} \times 100\%$$

【例 1.2.4】 若甲路段沥青混凝土面层的摩擦系数算术平均值为 56.1（摆值），标准偏差为 4.26（摆值）；乙路段沥青混凝土面层的摩擦系数算术平均值为 58.4（摆值），标准偏差为 4.38（摆值），求两路段的变异系数。

解： 由上式可知，两路段的变异系数分别为

甲路段 $$C_{v甲} = \frac{S_甲}{\overline{X}_甲} \times 100\% = \frac{4.26}{56.1} \times 100\% = 7.59\%$$

乙路段 $$C_{v乙} = \frac{S_乙}{\overline{X}_乙} \times 100\% = \frac{4.38}{58.4} \times 100\% = 7.50\%$$

从标准偏差看，$S_甲 < S_乙$，但从变异系数分析，$C_{v甲} > C_{v乙}$。说明甲路段沥青混凝土面层的摩擦系数相对波动比乙路段沥青混凝土面层的大，面层抗滑稳定性较差。

1.2.3.2 统计数据的分布特征

1. 直方图

它是表示资料数据变化情况的一种主要工具。用直方图可以解析出资料数据的规则性，比较直观地看出产品质量特性的分布状态，对于资料数据分布状况一目了然，便于判断其总体质量分布情况。在制作直方图时，牵涉统计学的概念，首先要对资料数据进行分组，因此如何合理分组是其中的关键问题。按组距相等的原则进行的两个关键数位是分组数和组距，如图 1.2.4 所示。

2. 正态分布

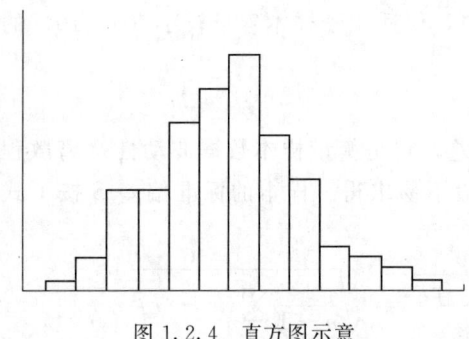

图 1.2.4 直方图示意

正态分布是应用最多、最广泛的一种概率分布曲线，而且，是其他概率分布的基础。正态分布的概率密度函数 $f(x)$ 和概率分布函数 $F(x)$ 分别为

$$f(x) = \frac{1}{\sigma\sqrt{2\pi}} e^{-\frac{(x-\mu)^2}{2\sigma^2}}$$

$$F(x) = \frac{1}{\sigma\sqrt{2\pi}} \int_{-\infty}^{x} e^{-\frac{(x-\mu)^2}{2\sigma^2}} dx$$

以 X 的取值 x 为横坐标，以概率密度函数 $f(x)$ 为纵坐标，正态分布的图像如图 1.2.5 所示。图中的曲线即为概率密度函数 $f(x)$，积分区间内的曲线与横轴之间所包含的面积就是概率分布函数 $F(x)$，亦即随机变量的概率。

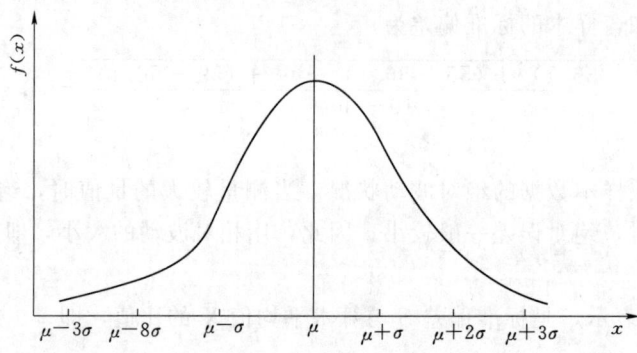

图 1.2.5 正态分布图示意

正态分布具有以下特点：

1）正态分布曲线对称于 $x = \mu$，即以平均值为中心。

2）当 $x = \mu$ 时，曲线处于最高点、当 x 向左右偏离时，曲线逐渐降低，整个曲线呈中间高、两边低的形状。

3）曲线与横坐标轴所围成的面积等于 1。

由此我们可以计算出，正态分布中的三个重要概率值：

$$P(u-\sigma < X \leqslant u+\sigma) = 0.6826$$
$$P(u-2\sigma < X \leqslant u+2\sigma) = 0.9545$$
$$P(u-3\sigma < X \leqslant u+3\sigma) = 0.9973$$

3. t 分布

正态分布适用于较大统计样本的统计数据，对小样本数据不能用正态分布的理论来处理，一般用类似正态分布的 t 分布，如图 1.2.6 所示。

当 t 分布的样本容量 n 趋于无穷大时，t 分布趋于正态分布。

当 n 较小时，二者差距较大，且 t 分布的尾部比在标准正态分布的尾部有更大的概率。

当总体标准偏差未知时，可用样本的 S 代替总体的标准偏差 σ，则有

$$T = \frac{\overline{x} - \mu}{S/\sqrt{n}} \sim t(n-1)$$

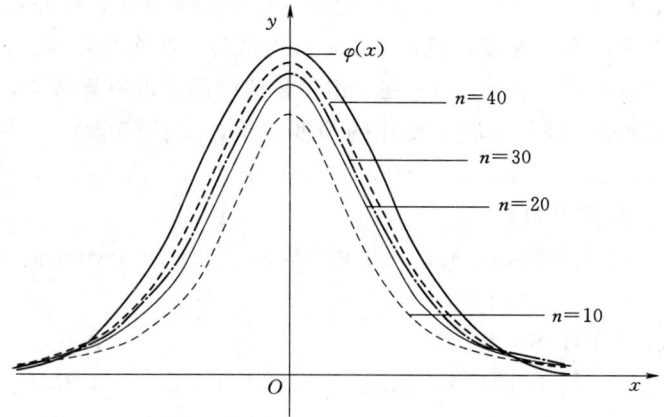

图 1.2.6　t 分布图示意

则平均值 μ 的双边置信区间为

$$\left(\overline{x} - t_{1-\frac{\beta}{2}(n-1)}\frac{S}{\sqrt{n}}, \overline{x} + t_{1-\frac{\beta}{2}(n-1)}\frac{S}{\sqrt{n}}\right)$$

单边置信区间为

$$\mu > \overline{x} - t_{1-\beta}(n-1)\frac{S}{\sqrt{n}}$$

$$\mu < \overline{x} + t_{1-\beta}(n-1)\frac{S}{\sqrt{n}}$$

1.2.4　可疑数据的取舍方法

在一组条件完全相同的重复试验中，个别的测量值可能会出现异常。如测量值过大或过小，这些过大或过小的测量数据是不正常的，或称为可疑的。对于这些可疑数据应该用数理统计的方法判别其真伪，并决定取舍。常用的方法有拉依达法（Pauta criterion）、肖维纳特（Chavenet）法、格拉布斯（Grubbs）法等。

1.2.4.1　拉依达法

当试验次数较多时，可简单地用 3 倍标准偏差（3S）作为确定可疑数据取舍的标准。

当某一测量数据（x_i）与其测量结果的算术平均值 $\overline{x}$ 之差大于 3 倍标准偏差时，用公式表示为

$$|x_i - \overline{x}| > 3S$$

则该测量数据应舍弃。

这是美国混凝土标准中所采用的方法，由于该方法是以 3 倍标准偏差作为判别标准，所以亦称 3 倍标准偏差法，简称 3S 法。

取 3S 的理由是：根据随机变量的正态分布规律，在多次试验中，测量值落在 $\overline{x}-3S$ 与 $\overline{x}+3S$ 之间的概率为 99.73%，出现在此范围之外的概率仅为 0.27%，也就是在近 400 次试验中才能遇到一次，这种事件为小概率事件，出现的可能性很小，几乎是不可能。因而在实际试验中，一旦出现，就认为该测量数据是不可靠的，应将其舍弃。

另外，当测量值与平均值之差大于 2 倍标准偏差（即 $|x_i - \overline{x}| > 2S$）时，则该测量值应

保留,但需存疑。如发现生产(施工)、试验过程有可疑的变异时,该测量值则应予舍弃。

拉依达法简单方便,不需查表,但要求较宽,当试验检测次数较多或要求不高时可以应用,当试验检测次数较少时(如 $n<10$)在一组测量值中即使混有异常值,也无法舍弃。

【例 1.2.5】 试验室内进行混凝土配比的强度试验,试验结果为($n=10$):23.0MPa、24.5MPa、26.0MPa、25.0MPa、24.8MPa、27.0MPa、25.5MPa、31.0MPa、25.4MPa、25.8MPa,试用 3S 法决定其取舍。

解: 分析上述 10 个测量数据,$x_{\min}=23.0$MPa 和 $x_{\max}=31.0$MPa 最可疑。故应首先判别 $x_{\min}$ 和 $x_{\max}$。

经计算:$\bar{x}=25.8$MPa,$S=2.10$MPa

$$|x_{\max}-\bar{x}|=|31.0-25.8|=5.2\text{MPa}<3S=6.3\text{MPa}$$
$$|x_{\min}-\bar{x}|=|23.0-25.8|=2.8\text{MPa}<3S=6.3\text{MPa}$$

故上述测量数据均不能舍弃。

1.2.4.2 肖维纳特法

进行 n 次试验,其测量值服从正态分布,以概率 $1/(2n)$ 设定一判别范围($-K_nS$, K_nS),当偏差(测量值 x_i 与其算术平均值 $\bar{x}$ 之差)超出该范围时,就意味着该测量值 x_i 是可疑的,应予舍弃。肖维纳特法可疑数据舍弃的标准为

如果 $\dfrac{|x_i-\bar{x}|}{S}\geqslant K_n$,则将 x_i 剔除。其中,K_n 为肖维纳特系数,与试验次数 n 有关,见表 1.2.1。

表 1.2.1 肖维纳特系数 K_n

n	K_n	n	K_n	n	K_n	n	K_n	n	K_n	n	K_n
3	1.38	8	1.86	13	2.07	18	2.20	23	2.30	50	2.58
4	1.53	9	1.92	14	2.12	19	2.22	24	2.31	75	2.71
5	1.65	10	1.96	15	2.13	20	2.24	25	2.33	100	2.81
6	1.73	11	2.00	16	2.15	21	2.26	30	2.39	200	3.02
7	1.80	12	2.03	17	2.17	22	2.28	40	2.49	500	3.20

【例 1.2.6】 试验结果同[例 1.2.5],试用肖维纳特法进行判别。

解: 查表,当 $n=10$ 时,$K_n=1.96$。对于测量值 31.0,则有

$$\frac{|x_i-\bar{x}|}{S}=\frac{|31.0-25.8|}{2.1}=2.48\geqslant K_n=1.96$$

说明测量数据 31.0 是异常的,应予舍弃。这一结论与用拉依达法的结果是不一致的。对于测量值 23.0,则有

$$\frac{|x_i-\bar{x}|}{S}=\frac{|23.0-25.8|}{2.1}=1.33<K_n=1.96$$

说明测量数据 23.0 是正常的,应予保留。这一结论与用拉依达法的结果是一致的。

1.2.4.3 格拉布斯法

假定测量结果服从正态分布,根据顺序统计量来确定可疑数据的取舍。

进行 n 次重复试验,试验结果为 $X_1,X_2,\cdots,X_n$ 而且 x_i 服从正态分布。

为了检验 x_i（$i=1, 2, \cdots, n$）中是否有可疑值，可将 x_i 按其值由小到大顺序重新排列，得：$x_{(1)} \leqslant x_{(2)} \leqslant \cdots \leqslant x_{(n)}$

根据顺序统计原则，得出标准化顺序统计量 $g_{(i)}$：

$$g_{(i)} = \frac{|x_{(i)} - \overline{x}|}{S}$$

式中　$\overline{x}$——测量值的算术平均值；

　　　S——测量值的标准偏差。

根据格拉布斯法统计量的分布，在指定的显著性水平 α（一般 $\alpha=0.05$）下，求得临界值 $g_0(\alpha, n)$，格拉布斯法的判别标准为：取 $g(i)$ 中最大值 $\max[g_{(i)}]$ 与临界值 $g_0(g, n)$ 比较。

$$\max[g_{(i)}] \geqslant g_0(\alpha, n)$$

则测量值 $x(i)$ 是异常的，应予舍去。格拉布斯系数 $g_0(\alpha, n)$ 的值列于表 1.2.2 中。

表 1.2.2　　　　　　　　格拉布斯系数 $g_0(\alpha, n)$

n \ α	0.01	0.05	n \ α	0.01	0.05	n \ α	0.01	0.05
3	1.15	1.15	12	2.55	2.29	21	2.91	2.58
4	1.49	1.46	13	2.61	2.33	22	2.94	2.60
5	1.75	1.67	14	2.66	2.37	23	2.96	2.62
6	1.94	1.82	15	2.70	2.41	24	2.99	2.64
7	2.10	1.94	16	2.74	2.44	25	3.01	2.66
8	2.22	2.03	17	2.78	2.47	30	3.10	2.74
9	2.32	2.11	18	2.82	2.50	40	3.24	2.87
10	2.41	2.18	19	2.85	2.53	50	3.34	2.96
11	2.48	2.24	20	2.88	2.56	100	3.59	3.17

利用上述三种方法每次只能舍弃一个可疑值，若有两个以上的可疑数据，应该一个一个数据地舍弃，舍弃第一个数据后，试验次数由 n 变为 $n-1$，均值和标准偏差要重新计算，以此为基础再判别第二个可疑数据是否应舍去。

【例 1.2.7】 试用格拉布斯法判别［例 1.2.5］测量数据的真伪。

解：（1）测量数据按从小到大次序排列如下：23.0、24.5、24.8、25.0、25.4、25.5、25.8、26.0、27.0、31.0。

（2）计算数据特征值：

$$\overline{x} = 25.8\text{MPa}, \quad S = 2.1\text{MPa}$$

（3）计算统计特征量：

$$g_{(1)} = \frac{|x_{(1)} - \overline{x}|}{S} = \frac{|23.0 - 25.8|}{2.1} = 1.33$$

$$g_{(10)} = \frac{|x_{(10)} - \overline{x}|}{S} = \frac{|31.0 - 25.8|}{2.1} = 2.48$$

（4）选定显著性水平 $\alpha=0.05$，并根据 $\alpha=0.05$ 和 $n=10$，可得格拉布斯系数 $g_0(0.05, 10) = 2.18$。

(5) 判别。

由于 $g_{(1)} < g_{(10)}$，首先应判别 $x_{(10)} = 31.0$ 是否可疑。

$g_{(10)} = 2.48 > g_0$ （0.05, 10）$= 2.18$，所以 $x_{(10)} = 31.0$ 是异常的，应予舍去。上述结论与肖维纳特法的结论是一致的。

仿照上述方法继续对保留下的 9 个数据进行判别，经计算没有异常值。

1.2.5 数据的表达方法

通过试验检测获得一系列数据，如何对这些数据进行深入的分析，以便得到各参数之间的关系，甚至用数学解析的方法，导出各参数之间的函数关系，这是数据处理的任务之一。测量数据的表达方法通常有表格法、图示法和经验公式法等 3 种。

1.2.5.1 表格法

用表格来表示函数的方法，在自然科学和工程技术上用得特别多。在科学试验中一系列测量数据都是首先列成表格，然后再进行其他的处理。表格法简单方便，但要进行深入的分析，表格就不能胜任了。首先，尽管测量次数相当多，但它不能给出所有的函数关系；其次，从表格中不易看出自变量变化时函数的变化规律，而只能大致估计出函数是递增的、递减的或是周期性变化的等。列成表格是为了表示出测量结果，或是为了以后的计算方便，同时也是图示法和经验公式法的基础。

表格有两种：一种是试验检测数据记录表，另一种是试验检测结果表。

试验检测数据记录表是该项试验检测的原始记录表，它包括的内容应有试验检测目的、内容摘要、试验日期、环境条件、检测仪器设备、原始数据、测量数据、结果分析以及参加人员和负责人等。

试验检测结果表只反映试验检测结果的最后结论，一般只有几个变量之间的对应关系。试验检测结果表应力求简明扼要，能说明问题。

1.2.5.2 图示法

在自然科学和工程技术中用图形来表示测量数据是最普遍的一种方法。图示法的最大优点是一目了然，即从图形中可非常直观地看出函数的变化规律，如递增性或递减性，最大值或最小值，是否具有周期性变化规律等。但是，从图形上只能得到函数变化关系而不能进行数学分析。

图示法的基本要点如下：

(1) 在直角坐标系中绘制测量数据的图形时，应以横坐标为自变量，以纵坐标为对应的函数量。

(2) 坐标纸的大小与分度的选择应与测量数据的精度相适应。分度过粗时，影响原始数据的有效数字，绘图精度将低于试验中参数测量的精度；分度过细时会高于原始数据的精度。

坐标分度值不一定自零起，可用低于试验数据的某一数值作起点和高于试验数据的某一数值作终点，曲线以基本占满全幅坐标纸为宜。

(3) 坐标轴应注明分度值的有效数字和名称、单位，必要时还应标明试验条件，坐标的文字书写方向应与该坐标轴平行，在同一图上表示不同数据时应该用不同的符号加以区别。

(4) 曲线平滑方法。测量数据往往是分散的，如果用短线连接各点得到的就不是光滑的曲线，而是折线。由于每一个测点总存在误差，按带有误差的各数据所描的点不一定是真实值的正确位置。根据足够多的测量数据，完全有可能做出一光滑曲线，决定曲线的走向应考虑曲线应尽可能通过或接近所有的点，但曲线不必强求通过所有的点，尤其是两端的点，当不可能时，则应移动曲线尺，顾及到所绘制的曲线与实测值之间的误差的平方和最小。此时曲线两边的点数接近于相等。

1.2.5.3 经验公式法

测量数据不仅可用图形表示出函数之间的关系，而且可用与图形对应的一个公式来表示所有的测量数据，当然这个公式不可能完全准确地表达全部数据。因此，常把与曲线对应的公式称为经验公式，在回归分析中则称为回归方程。

把全部测量数据用一个公式代替，不仅有紧凑扼要的优点，而且可以对公式进行必要的数学运算，以研究各自变量与函数之间的关系。

根据一系列测量数据，如何建立公式，建立什么形式的公式，这是首先需要解决的问题。所建立的公式能正确表达测量数据的函数关系，往往不是一件容易的事情，在很大程度上取决于试验人员的经验和判断能力，而且建立公式的过程比较繁琐，有时还要多次反复才能得到与测量数据更接近的公式。

建立公式的步骤大致可归纳如下：

（1）描绘曲线。以自变量为横坐标，函数量为纵坐标，将测量数据描绘在坐标纸上，并把数据点描绘成测量曲线（详见图示法）。

（2）对所描绘的曲线进行分析，确定公式的基本形式。如果数据点描绘的基本上是直线，则可用一元线性回归方法确定直线方程。如果数据点描绘的是曲线，则要根据曲线的特点判断曲线属于何种类型。判断时可参考现成的数学曲线形状加以选择，对选择的曲线则按一元非线性回归方法处理。如果测量曲线很难判断属于何种类型，则可按多项式回归处理。

（3）曲线化直。如果测量数据描绘的曲线被确定为某种类型的曲线，则可先将该曲线方程变换为直线方程，然后按一元线性回归方法处理。

（4）确定公式中的常量。代表测量数据的直线方程或经曲线化直后的直线方程表达式为 $y=a+bx$，可根据一系列测量数据确定方程中的常量 a 和 b，其方法一般有图解法、端值法、平均法和最小二乘法等。

（5）检验所确定的公式的准确性，即用测量数据中自变量值代入公式计算出函数值，看它与实际测量值是否一致，如果差别很大，说明所确定的公式基本形式可能有错误，则应建立另外形式的公式。

1.2.5.4 回归分析

若两个变量 x 和 y 之间存在一定的关系，并通过试验获得 x 和 y 的一系列数据，用数学处理的方法得出这两个变量之间的关系式，这就是回归分析，也就是工程上所说的拟合问题，所得关系式称为经验公式，或称回归方程、拟合方程。

如果两变量 x 和 y 之间的关系是线性关系，就称为一元线性回归或称直线拟合。如果两变量之间的关系是非线性关系，则称为一元非线性回归或称曲线拟合。对于非线性问题，可以通过坐标变换转化为线性回归问题进行处理。

1. 一元线性回归分析

若有一组数据 $(x_1, y_1)(x_2, y_2)\cdots(x_n, y_n)$，理论上通过这 n 个点的直线有无数条，回归直线则是一切直线中最接近所有试验点的直线 $y=ax+b$，其中 a、b 为回归系数。

即以这条直线来代表 x 与 y 的关系与实际数据的误差比其他任何直线都要小。最小二乘法的原理就是使各观测点离该直线纵坐标的偏差平方和为小。利用微积分中的极值原理,经数学推导,可得回归系数 a、b 的计算公式:

$$a = \frac{\sum x_i y_i - \frac{1}{n} \sum x_i \sum y_i}{\sum x_i^2 - \frac{1}{n} (\sum x_i)^2}$$

$$b = \bar{y} - a\bar{x}$$

式中 $\bar{x} = \frac{1}{n} \sum x_i$,$\bar{y} = \frac{1}{n} \sum y_i$。

由此所得回归直线必定通过点 $(\bar{x}, \bar{y})$。

为简便计,令

$$l_{xx} = \sum (x_i - \bar{x})^2 = \sum x_i^2 - \frac{1}{n} (\sum x_i)^2$$

$$l_{yy} = \sum (y_i - \bar{y})^2 = \sum y_i^2 - \frac{1}{n} (\sum y_i)^2$$

$$l_{xy} = \sum (x_i - \bar{x})(y_i - \bar{y}) = \sum x_i y_i - \frac{1}{n} \sum x_i \sum y_i$$

则回归系数 a 可写作

$$a = \frac{l_{xy}}{l_{xx}}$$

【例1.2.8】 工程检测中测得八组水泥混凝土试块快速抗压强度 $R_{快}$ 与 28d 标准抗压强度 $R_{标}$ 的对应数据见表 1.2.3,试用最小二乘法建立标准强度 $R_{标}$ 与快速强度 $R_{快}$ 的回归方程。

表 1.2.3　　　　　　　　　　水泥混凝土试块抗压强度　　　　　　　　　　单位:MPa

序号	1	2	3	4	5	6	7	8
x($R_{快}$)	6.3	40.9	12.5	38.6	19.5	21.5	25.2	31.9
y($R_{标}$)	26.1	62.6	29.0	58.4	37.1	41.7	45.7	52.6

解: 先列表(表 1.2.4)计算 $\sum x_i$、$\sum y_i$、$\sum x_i y_i$、x_i^2、$\bar{x}$、$\bar{y}$、n 等值,然后再代入上述公式计算出回归系数。

表 1.2.4　　　　　　　$\sum x_i$、$\sum y_i$、$\sum x_i y_i$、x_i^2 计算表

n	y_i($R_{标}$)	x_i($R_{快}$)	$x_i y_i$	x_i^2
1	26.1	6.3	164.43	39.69
2	62.6	40.9	2560.34	1672.81
3	29.0	12.5	362.5	156.25
4	58.4	38.6	2254.24	1489.96
5	37.1	19.6	727.16	384.16

续表

n	$y_i(R_{标})$	$x_i(R_{快})$	x_iy_i	x_i^2
6	41.1	21.5	883.65	462.25
7	45.7	25.2	1151.64	635.04
8	52.6	31.9	1677.64	1017.61
Σ	352.6	196.5	9781.90	5857.77

$$n=8$$

$$\bar{x}=\frac{196.5}{8}=24.56$$

$$\bar{y}=\frac{352.6}{8}=44.075$$

代入公式可求得回归系数：

$$a=\frac{9781.90-196.5\times352.6/8}{5857.77-196.5^2/8}=1.087$$

$$b=44.075-1.087\times24.56=17.378\approx17.4$$

由此可得回归方程：

$$y=1.087x+17.4$$

即

$$R_{标}=1.087R_{快}+17.4$$

2. 相关系数

上述求回归方程的计算过程中，并不需要事先假定两个变量之间一定具有相关关系。也就是说，就方法本身而言，即使在平面图上一堆杂乱无章的散点，也能用最小二乘法求出一条直线。显然，这样的直线是毫无意义的。那么，究竟什么样的回归直线才有意义呢？在数理统计中，一般用相关系数来定量地描述两个变量之间线性相关的密切程度。

定义相关系数 r 为

$$r=\frac{l_{xy}}{\sqrt{l_{xx}l_{yy}}}=\frac{\sum(x_i-\bar{x})(y_i-\bar{y})}{\sqrt{\sum(x_i-\bar{x})^2\sum(y_i-\bar{y})^2}}$$

上例中，可计算出 $r=0.99$。

相关系数 r 表示了两个变量 x 和 y 之间线性相关程度。$|r|$ 越接近于 1，x 与 y 的相关性越好；反之，$|r|$ 越接近于 0，x 与 y 的相关性越差。注意，相关系数只表达了 x 与 y 的线性相关程度。当 $|r|$ 很小，甚至等于 0 时，并不一定表示 x 与 y 之间就不存在其他相关关系，只不过这种关系不是线性关系而已。

由上述讨论可知，只有当相关系数 r 的绝对值大到一定程度，才可以用回归直线来近似地表示 x 与 y 之间的关系，此时，称相关系数显著。那么，相关系数究竟要多大其回归方程才有意义呢？

一般来讲，由于抽样误差的影响，使相关系数 r 达到显著的值与抽样个数 n 有关。表 1.2.5 给出了对于不同的 n，在两种显著性水平 α（0.05 及 0.01）下，相关系数达到显著的

临界值 r_a。例如，若抽样数 $n=17$，则表 1.2.5 中，在自由度 $\nu=n-2=15$ 时，$\alpha=0.05$ 水平下的 r_a 值为 0.482，$\alpha=0.01$ 水平下的 r_a 值为 0.606。当回归方程的相关系数 $|r|\geqslant 0.482$，称 r 在 0.05 水平上显著；当回归方程的相关系数 $|r|\geqslant 0.606$，称 r 在 0.01 水平上显著。否则，称 r 不显著，此时 x 与 y 线性不相关，所配回归直线无意义。

表 1.2.5　　　　　　　　　　　相关系数的临界值表

$\nu=n-2$	α 0.05	0.01	$\nu=n-2$	α 0.05	0.01	$\nu=n-2$	α 0.05	0.01
1	0.997	1.000	15	0.482	0.606	29	0.355	0.456
2	0.950	0.990	16	0.468	0.590	30	0.349	0.449
3	0.878	0.959	17	0.456	0.575	35	0.325	0.418
4	0.881	0.917	18	0.444	0.561	40	0.304	0.393
5	0.745	0.874	19	0.433	0.549	45	0.288	0.372
6	0.707	0.834	20	0.423	0.537	50	0.273	0.354
7	0.666	0.798	21	0.413	0.526	60	0.250	0.325
8	0.632	0.765	22	0.404	0.515	70	0.232	0.302
9	0.602	0.735	23	0.396	0.505	80	0.217	0.283
10	0.576	0.708	24	0.388	0.496	90	0.205	0.267
11	0.553	0.684	25	0.381	0.487	100	0.195	0.254
12	0.532	0.661	26	0.374	0.478	150	0.159	0.208
13	0.514	0.641	27	0.367	0.470	200	0.138	0.181
14	0.490	0.623	28	0.361	0.463	300	0.113	0.148

需要强调的是，回归方程的适用范围一般仅限于原来观测数据的变动范围，不能随便外推。当然，在某种必须进行外推估计的情况下，也可利用回归方程，但须十分小心，必须在实际应用中检验所得结果是否合理。

3. 一元非线性回归分析

如果两个变量 x 和 y 之间的关系是非线性关系，即某种曲线关系，则可先将曲线方程变换为直线方程，然后按一元线性回归方法处理。

先做相关图以确定非线性函数的类型，即找到一条拟合曲线，然后看能否用变量置换使之线性化。常见的非线性函数线性变化方法见表 1.2.6。

表 1.2.6　　　　　　　　常见的非线性函数线性变化方法

非 线 性 函 数	变 量 置 换	线 性 函 数
双曲线 $\dfrac{1}{y}=a+\dfrac{b}{x}$	令 $y'=\dfrac{1}{y}$，$x'=\dfrac{1}{x}$	$y'=a+bx'$
指数函数 $y=ce^{bx}$	令 $y'=\ln y$，$x'=x$，$a=\ln c$	$y'=a+bx'$
幂函数 $y=cx^b$	令 $y'=\lg y$，$x'=\lg x$，$a=\lg c$	$y'=a+bx'$
对数函数 $y=a+b\lg x$	令 $y'=y$，$x'=\lg x$	$y'=a+bx'$

学习任务 1.3　公路工程质量检验评定方法

【情景描述】

学习任务 1.3　公路工程质量检验评定方法

1.3.1　一般规定

根据建设任务、施工管理和质量检验评定的需要，应在施工准备阶段按 JTG F80/1—2012《公路工程质量检验评定标准》将建设项目，划分为单位工程、分部工程和分项工程。施工单位、工程监理单位和建设单位应按相同的工程项目划分进行工程质量的监控和管理。

单位工程是指在建设项目中，根据签订的合同，具有独立施工条件的工程。

在单位工程中，应按结构部位、路段长度及施工特点或施工任务划分为若干个分部工程。

在分部工程中，应按不同的施工方法、材料、工序及路段长度等划分为若干个分项工程。

一般建设项目的工程划分见表 1.3.1。

表 1.3.1　　　　　　　　　　　一般建设项目的工程划分

单位工程	分 部 工 程	分 项 工 程
路基工程（每 10km 或每标段）	路基土石方工程*①（1～3km 路段）②	土方路基*，石方路基*，软土地基*，土工合成材料处治层* 等
	排水工程（1～3km 路段）	管节预制，管道基础及管节安装*，检查（雨水）井砌筑*，土沟，浆砌排水沟*，盲沟，跌水，急流槽，水簸箕，排水泵站等
	小桥及符合小桥标准的通道*，人行天桥，渡槽（每座）	基础及下部构造*，上部构造预制、安装或浇筑*，桥面*，栏杆，人行道等
	涵洞、通道（1～3km 路段）	基础及下部构造*，主要构件预制、安装或浇筑*，填土，总体等
	砌筑防护工程（1～3km 路段）	挡土墙*，墙背填土，抗滑桩*，锚喷防护*，锥、护坡，导流工程，石笼防护等
	大型挡土墙*，组合式挡土墙*（每处）	基础*，墙身*，墙背填土，构件预制*，构件安装*，筋带，锚杆、拉杆，总体* 等
路面工程（每 10km 或每标段）	路面工程（1～3km 路段）*	底基层，基层*，面层*，垫层，连接层，路缘石，人行道，路肩，路面边缘排水系统等
桥梁工程③（特大桥、大中桥）	基础及下部构造*（每桥或每墩、台）	扩大基础，桩基*，地下连续墙*，承台，沉井*，桩的制作*，钢筋加工及安装，墩台身（砌体）浇筑*，墩台身安装*，墩台帽*，组合桥台*，台背填土，支座垫石和挡块等
	上部构造预制和安装*	主要构件预制*，其他构件预制，钢筋加工及安装，预应力筋的加工和张拉*，梁板安装，悬臂拼装*，顶推施工梁*，拱圈节段预制*，拱的安装*，转体施工拱*，劲性骨架安装*，钢管拱肋制作*，钢管拱肋安装，吊杆制作和安装*，钢梁制作*，钢梁安装，钢梁防护* 等

续表

单位工程	分部工程	分项工程
桥梁工程③（特大桥、大中桥）	上部构造现场浇筑*	钢筋加工及安装，预应力筋的加工和张拉*，主要构件浇筑*，其他构件浇筑，悬臂浇筑*，劲性骨架混凝土*，钢管混凝土拱*等
	总体、桥面系和附属工程	桥梁总体*，桥面防水层施工，桥面铺装*，钢桥面铺装*，支座安装，搭板，伸缩缝安装，大型伸缩缝安装*，栏杆安装，混凝土护栏，人行道铺设，灯柱安装等
	防护工程	护坡*，护岸*④，导流工程*，石笼防护，砌石工程等
	引道工程	路基*，路面*，挡土墙*，小桥*，涵洞*，护栏等
互通立交工程	桥梁工程*（每座）	桥梁总体，基础及下部构造*，上部构造预制、安装或浇筑*，支座安装，支座垫石，桥面铺装*，护栏，人行道等
	主线路基路面工程*（1～3km路段）	见路基、路面等分项工程
	匝道工程（每条）	路基*、路面*、通道*、护坡、挡土墙*、护栏等
隧道工程	总体	隧道总体*等
	明洞	明洞浇筑、明洞防水层、明洞回填*等
	洞口工程	洞口开挖，洞口边仰坡防护，洞门和翼墙的浇（砌）筑，截水沟、洞口排水沟等
	洞身开挖	洞身开挖*，（分段）等
	洞身衬砌	（钢纤维）喷射混凝土支护、锚杆支护、钢筋网支护、仰拱、混凝土衬砌*、钢支撑、衬砌钢筋等
	防排水	防水层，止水带、排水沟等
	隧道路面	基层*、面层*等
	装饰	装饰工程
	辅助施工措施	超前锚杆，超前钢管等
环保工程	声屏障（每处）	声屏障
	绿化工程（1～3km路段或每处）	中央分隔带绿化，路侧绿化，互通立交绿化，服务区绿化，取、弃土场绿化等
交通安全设施（每20km或每路段）	标志*（5～10km路段）	标志*
	标线、突起路标（5～10km路段）	标线*、突起路标等
	护栏*、轮廓标（5～10km路段）	波形梁护栏*、缆索护栏*、混凝土护栏*、轮廓标等
	防眩设施（5～10km路段）	防眩板、网等
	隔离栅、防落网（5～10km路段）	隔离栅、防落网等
机电工程	监控设施	车辆检测器、气象检测器、闭路电视监视系统、可变标志、光电缆线路、监控（分）中心设备安装及软件调测、大屏幕投影系统、地图板、计算机监控软件与网络等
	通信设施	通信管道与光电缆线路、光纤数字传输系统、数字程控交换系统、紧急电话系统、无线移动通信系统、通信电源等

续表

单位工程	分部工程	分项工程
机电工程	收费设施	入口车道设备、出口车道设备、收费站设备及软件、收费中心设备及软件、IC卡及发卡编码系统、闭路电视监视系统、内部有线对讲及紧急报警系统、收费站内光、电缆及塑料管道、收费系统计算机网络等
	低压配电设施	中心（站）内低压配电设备、外场设备电力电缆线路等
	照明设施	照明设施
	隧道机电设施	车辆检测器、气象检测器、闭路电视监视系统、紧急电话系统、环境检测设备、报警与诱导设施、可变标志、通风设施、照明设施、消防设施、本地控制器、隧道监控中心计算机控制系统、隧道监控中心计算机网络、低压供配电等
房屋建筑工程	按其专业工程质量检验评定标准评定	

注 ①表内标注 * 号者为主要工程，评分时给以 2 的权值；不带 * 号者为一般工程，权值为 1。
②按路段长度划分的分部工程，高速公路、一级公路宜取低值，二级及二级以下公路可取高值。
③斜拉桥和悬索桥可参照 JTGF 80/1—2012《公路工程质量检验评定标准》附表 A-2 进行划分。
④护岸参照挡土墙。

施工单位应对各分项工程按 JTG F80/1—2012《公路工程质量检验评定标准》所列基本要求、实测项目和外观鉴定进行自检，按标准中"分项工程质量检验评定表"及相关施工技术规范提交真实、完整的自检资料，对工程质量进行自我评定。

工程监理单位应按规定要求对工程质量进行独立抽检，对施工单位检评资料进行签认，对工程质量进行评定。

建设单位根据对工程质量的检查及平时掌握的情况，对工程监理单位所做的工程质量评分及等级进行审定。

质量监督部门、质量检测机构可依据本标准对公路工程质量进行检测评定。

1.3.2 公路工程质量评分方法

工程质量检验评分以分项工程为单元，采用 100 分制进行。在分项工程评分的基础上，逐级计算各相应分部工程、单位工程、合同段和建设项目评分值。

工程质量评定等级分为合格与不合格，应按分项、分部、单位工程、合同段和建设项目逐级评定。

1.3.2.1 分项工程质量评分

分项工程质量检验内容包括基本要求、实测项目、外观鉴定和质量保证资料四个部分。只有在其使用的原材料、半成品、成品及施工工艺符合基本要求的规定，且无严重外观缺陷和质量保证资料真实并基本齐全时，才能对分项工程质量进行检验评定。

涉及结构安全和使用功能的重要实测项目为关键项目，其合格率不得低于 90%（属于工厂加工制造的交通工程安全设施及桥梁金属构件不低于 95%，机电工程为 100%），且检测值不得超过规定极值，否则必须进行返工处理。

实测项目的规定极值是指任一单个检测值都不能突破的极限值，不符合要求时该实测项目为不合格。

采用数理统计分析方法进行评定的关键项目，不符合要求时则该分项工程评为不合格。

分项工程的评分值满分为100分，按实测项目采用加权平均法计算。存在外观缺陷或资料不全时，须予减分。

$$分项工程得分 = \frac{\sum(检查项目得分 \times 权值)}{\sum 检查项目权值}$$

权值（weight number）是指对工程项目或检测指标根据其重要程度所赋予的数值。

$$分项工程评分值 = 分项工程得分 - 外观缺陷减分 - 资料不全减分$$

1. 基本要求检查

分项工程所列基本要求，对施工质量优劣具有关键作用，应按基本要求对工程进行认真检查。经检查不符合基本要求规定时，不得进行工程质量的检验和评定。

2. 实测项目计分

对规定检查项目采用现场抽样方法，按照规定频率和下列计分方法对分项工程的施工质量直接进行检测计分。

检查项目除按数理统计方法评定的项目以外，均应按单点（组）测定值是否符合标准要求进行评定，并按合格率计分。

$$检查项目合格率(\%) = \frac{检查合格的点（组）数}{该检查项目的全部检查点（组）数}$$

$$检查项目得分 = 检查项目合格率 \times 100$$

3. 外观缺陷减分

对工程外表状况应逐项进行全面检查，如发现外观缺陷，应进行减分。对于较严重的外观缺陷，施工单位须采取措施进行整修处理。

4. 资料不全减分

分项工程的施工资料和图表残缺，缺乏最基本的数据，或有伪造涂改者，不予检验和评定。资料不全者应予减分，减分幅度可按 JTG F80/1—2012《公路工程质量检验评定标准》第3.3.4条所列各款逐款检查，视资料不全情况，每款减1～3分。

1.3.2.2 分部工程和单位工程质量评分

分项工程和分部工程区分为一般工程和主要（主体）工程，分别给以1和2的权值。进行分部工程和单位工程评分时，采用加权平均值计算法确定相应的评分值。

$$分部（单位）工程评分 = \frac{\sum[分项（分部）工程评分 \times 相应权值]}{\sum 分项（分部）工程权值}$$

1.3.2.3 合同段和建设项目工程质量评分

合同段和建设项目工程质量评分值按《公路工程竣（交）工验收办法》计算。

1.3.2.4 质量保证资料

施工单位应有完整的施工原始记录、试验数据、分项工程自查数据等质量保证资料，并进行整理分析，负责提交齐全、真实和系统的施工资料和图表。工程监理单位负责提交齐全、真实和系统的监理资料。质量保证资料应包括以下六个方面：

(1) 所用原材料、半成品和成品质量检验结果。
(2) 材料配比、拌和加工控制检验和试验数据。
(3) 地基处理、隐蔽工程施工记录和大桥、隧道施工监控资料。
(4) 各项质量控制指标的试验记录和质量检验汇总图表。
(5) 施工过程中遇到的非正常情况记录及其对工程质量影响分析。
(6) 施工过程中如发生质量事故,经处理补救后,达到设计要求的认可证明文件等。

1.3.3 公路工程质量等级评定

1.3.3.1 分项工程质量等级评定

分项工程评分值不小于75分者为合格;小于75分者为不合格;机电工程、属于工厂加工制造的桥梁金属构件不小于90分者为合格,小于90分者为不合格。

评定为不合格的分项工程,经加固、补强或返工、调测,满足设计要求后,可以重新评定其质量等级,但计算分部工程评分值时按其复评分值的90%计算。

1.3.3.2 分部工程质量等级评定

所属各分项工程全部合格,则该分部工程评为合格;所属任一分项工程不合格,则该分部工程为不合格。

1.3.3.3 单位工程质量等级评定

所属各分部工程全部合格,则该单位工程评为合格;所属任一分部工程不合格,则该单位工程为不合格。

1.3.3.4 合同段和建设项目质量等级评定

合同段和建设项目所含单位工程全部合格,其工程质量等级为合格;所属任一单位工程不合格,则合同段和建设项目为不合格。

1.3.4 公路工程质量评定实例

××至××高速公路CP2合同段(起讫桩号:K162+300～K190+040)为路面标,共划分为6个单位工程。由××交通工程公司承建,下面以分项工程沥青混凝土面层(K162+300～K164+000)为例说明分部工程质量检验评定,以单位工程路面工程(K162+300～K172+000)为例说明单位工程质量检验评定,以CP2合同段为例说明合同段的工程质量评分和工程质量等级评定方法。

根据JTG F80/1—2012《公路工程质量检验评定标准》,沥青混凝土面层基本要求如下:

(1) 沥青混合料的矿料质量及矿料级配应符合设计要求和施工规范的规定。

(2) 严格控制各种矿料和沥青用量及各种材料和沥青混合料的加热温度,沥青材料及混合料的各项指标应符合设计和施工规范要求。沥青混合料的生产,每日应做抽提试验、马歇尔稳定度试验。矿料级配、沥青含量、马歇尔稳定度等结果的合格率应不小于90%。

(3) 拌和后的沥青混合料应均匀一致,无花白,无粗细料分离和结团成块现象。

(4) 基层必须碾压密实,表面干燥、清洁、无浮土,其平整度和路拱度应符合要求。

(5) 摊铺时应严格控制摊铺厚度和平整度,避免离析,注意控制摊铺和碾压温度,碾压至要求的密实度。

沥青混凝土面层和沥青碎(砾)石面层实测项目见JTG F80/1—2012《公路工程质量检验评定标准》表7.3.2。

沥青混凝土面层外观鉴定:

(1) 表面应平整密实，不应有泛油、松散、裂缝和明显离析等现象，对于高速公路和一级公路，有上述缺陷的面积（凡属单条的裂缝，则按其实际长度乘以 0.2m 宽度，折算成面积）之和不得超过受检面积的 0.03%，其他公路不得超过 0.05%。不符合要求时每超过 0.03% 或 0.05% 减 2 分。

半刚性基层的反射裂缝可不计作施工缺陷，但应及时进行灌缝处理。

(2) 搭接处应紧密、平顺，烫缝不应枯焦。不符合要求时，累计每 10m 长减 1 分。

(3) 面层与路缘石及其他构筑物应密贴接顺，不得有积水或漏水现象。不符合要求时，每一处减 1~2 分。

分项工程、分部工程、单位工程、合同段的工程质量评分及工程质量等级评定分别见表 1.3.2~表 1.3.5。

表 1.3.2 分项工程质量检验评定表

分项工程名称：沥青混凝土面层 所属分部工程名称： 路面工程所属建设项目：
工程部位：(K162+300~K164+000) 施工单位： 监理单位：

项次检查项目			规定值或允许偏差	实测值或实测偏差/分	质量评定			
					平均、代表值	合格率/%	权值	得分
实测项目	1△	压实度/%	最大理论密度的 92%(*94%)	100		100	3	300
	2	平整度 σ/mm	1.2	100		100	2	200
		IRI/(m/km)	2.0	100		100		
	3	弯沉值/0.01mm	符合设计要求	100		100	2	200
	4	渗水系数	300mL/min	100		100	2	200
	5	抗滑 摩擦系数	符合设计要求	100		100	2	200
		构造深度		100		100		
	6△	厚度/mm 代表值	总厚度：-8%H 上面层：-10%H	100		100	3	300
		极值	总厚度：-10%H 上面层：-20%H 时 -15%H	100		100		
	7	中线平面偏位/mm	20	100		100	1	100
	8	纵断高程/mm	±10	98		98	1	98
	9	宽度/mm	±20	100		100	1	100
	10	横坡/%	±0.3	100		100	1	100
合　计						99.9		
外观鉴定			面层与路缘石有一处不够密贴	减分	1	监理意见	评定合格	
质量保证资料			齐全、完整	减分	0			
工程质量等级评定			合格	评分	998.9	质量等级	合格	

检验负责人：××× 检测：××× 记录：××× 复核：××× ××××年××月××日

学习任务 1.3 公路工程质量检验评定方法

表 1.3.3 　　　　　　　　　　　　**分部工程质量检验评定表**

分部工程名称：　　　　　　　路面工程所属单位工程：

所属建设项目：××至××高速公路　　工程部位：K162+300~K164+000

施工单位：　　　　　　　　　监理单位：

施工单位	分项工程					备注
	工程名称	质量评定				
		实得分	权值	加权得分	等级	
××交通工程公司	K162+300~K164+000 底基层	98.50	1	98.5	合格	
	K162+300~K164+000 下基层	98.30	2	196.6	合格	
	K162+300~K164+000 中基层	98.70	2	197.4	合格	
	K162+300~K164+000 面层	98.90	2	197.8	合格	
	K162+300~K164+000 路缘石	98.00	1	98.00	合格	
	K162+300~K164+000 过渡板	97.10	1	97.10	合格	
	K162+300~K164+000 路肩干砌片石	97.80	1	97.80	合格	
	K162+300~K164+000 雨水井预制	98.00	1	98.00	合格	
	K162+300~K164+000 雨水井安装	97.00	1	97.00	合格	
	K162+300~K164+000 桥面防水层	99.00	1	99.00	合格	
	K162+300~K164+000 路肩	98.70	1	98.70	合格	
质量等级	合格			加权平均分		98.28
评定意见	本分部工程所属的各分项工程质量全部合格					

检验负责人：×××　　　　计算：×××　　　　复核：×××　　　　××××年××月××日

表 1.3.4 　　　　　　　　　　　　**单位工程质量检验评定表**

单位工程名称：　　　　　　　所属建设项目：××至××高速公路

路线名称：　　　　　　　　　工程地点、桩号：K162+300~K172+000

施工单位：　　　　　　　　　监理单位：

施工单位	分部工程					备注
	工程名称	质量评定				
		实得分	权值	加权得分	等级	
××交通工程公司	K162+300~K164+000	98.28	2	196.56	合格	
	K164+000~K165+600	98.11	2	196.22	合格	
	K165+600~K167+000	98.62	2	197.24	合格	
	K167+000~K168+840	98.04	2	196.08	合格	
	K168+840~K169+798	98.08	2	196.16	合格	
	AK1+238.367~AK1+728.101	98.71	2	197.42	合格	
	BK1+223.222~BK1+548.893	98.86	2	197.72	合格	
	K169+798~K170+943	98.70	2	197.40	合格	
	K170+943~K172+000	98.25	2	196.50	合格	
质量等级	合格			加权平均分		98.40
评定意见	本单位工程所属的各分部工程质量全部合格					

检验负责人：×××　　　　计算：×××　　　　复核：×××　　　　××××年××月××日

表 1.3.5　　　　　　　　　　项目建设（合同段）质量检验评定表

项目名称：××至××高速公路　　　　路线名称：××至××高速公路CP2标

施工单位	单 位 工 程			备注
	工程名称	实得分	投资额/元	
××交通工程公司	K162+300～K172+000	98.40	79108891	
××交通工程公司	K172+000～K181+860	98.20	71514091	
××交通工程公司	K181+860～K189+200	98.30	61166525	
××交通工程公司	K180+400～K181+860 互通立交	98.50	28275167	
××交通工程公司	K187+084～K187+274.47 隧道	98.00	585254	
××交通工程公司	K189+200～K190+040 交通枢纽	98.70	20842869	
质量等级	合格		加权平均分	98.35
评定意见	本合同段所属的各单位工程质量全部合格			

起讫桩号：K162+300～K190+040　　　　　　　　　　　　　完工日期：
检验负责人：×××　　　计算：×××　　　复核：×××　　　××××年××月××日

复习思考题

1. 加强试验检测工作，对工程质量有何意义？
2. 公路工程试验检测数据报告中试验记录表编制要求有哪些？
3. 抽样检验的类型有哪些？各自是如何进行测试结果评定的？
4. 何谓总体、样本？何谓有效数字和有效位数？
5. 质量数据的统计特征值有哪些？其物理意义是什么？
6. 随机抽样的方法有哪几种？
7. 某路段沥青混凝土面层抗滑性能检测，摩擦系数的检测值（共10个测点）分别为 58.9、56.3、60.1、53.4、48.9、54.2、50.5、61.3、57.6、55.5，求摩擦系数的平均值、中位数、极差、标准偏差、变异系数（摆值）。
8. 某路段二灰碎石基层无侧限抗压强度试验结果（单位：MPa）为：0.792、0.306、0.968、0.804、0.447、0.894、0.702、0.424、0.498、1.075、0.815，请分别用拉依达法、肖维纳特法和格拉布斯法对上述数据进行取舍判别。
9. 简述公路工程质量评分及质量等级评定办法。

学习项目2 常用混合料强度检测

【项目描述】

以合肥市某新建道路常用混合料强度检测为项目载体,介绍路面基层材料的测定方法,介绍结构混凝土强度的试验方法以及沥青混合料的试验方法,同时进行一些施工检测现场的实训。

【学习目标】

学生通过本学习项目的学习,掌握水泥石灰剂量的测定方法,无机结合料无侧限抗压强度的试验方法;掌握回弹仪法、超声回弹法、钻芯法以及射钉法测定水泥混凝土强度;掌握沥青混合料马歇尔试验及热稳定性、水稳定性的检测。

【情境描述】

学习任务2.1 路面基层材料试验方法

2.1.1 概述

公路路面基层、底基层按材料力学行为划分为半刚性类、柔性类和刚性类,按材料组成可划分为有机结合料稳定类和无黏结类。高等级公路路面基层、底基层目前采用较广泛的是无机结合料稳定类,即半刚性基层、底基层材料。本任务主要讨论无机结合料稳定类基层材料的试验检测方法。

无机结合料稳定材料常用作路面基层材料,是在粉碎或原状的土(或砂砾)中掺入一定量的无机胶结材料和适量的水,经拌和、压实与养生后,得到的具有较高后期强度,整体性和水稳定性均较好的材料。由于无机结合料稳定材料耐磨性差,具有较大的变形能力,刚度介于柔性路面材料和刚性路面材料之间,故常将这类材料称为半刚性材料,以此修筑的基层或底基层也称半刚性基层(或底基层)。

2.1.1.1 无机结合稳定材料的分类

1. 根据无机结合稳定材料组成的集料分

(1)稳定土类:在粉碎或原状松散的土中掺入一定量的无机结合材料形成的称为稳定土类,例如,水泥稳定土、石灰稳定土。

(2)稳定粒料类:在松散的碎石或砂砾中掺入一定量的无机结合材料形成的称为稳定粒料类,例如,水泥稳定碎石、水泥稳定砂砾等。

2. 按无机胶结材料的种类分

(1)用水泥稳定的混合料称为水泥稳定类,例如,水泥稳定土、水泥稳定砂砾等。

(2)用石灰稳定的混合料称为石灰稳定类,例如,石灰稳定土(石灰土)、天然砂砾土(石灰砂砾土)、天然碎石土(石灰碎石土)以及石灰土稳定级配砂砾(砂砾中无土)、级配碎石和矿渣等。

(3) 同时用水泥和石灰稳定的混合料称为综合稳定类，如综合稳定土、综合稳定砂砾等。

(4) 用一定量的石灰和工业废渣稳定的混合料称为石灰工业废渣稳定类（主要是石灰粉煤灰）。使用较为广泛的工业废渣是粉煤灰，石灰粉煤灰通常被称为二灰，二灰稳定细粒土简称为二灰土，二灰稳定砂砾、碎石等简称为二灰稳定集料。

其中水泥稳定材料、石灰粉煤灰稳定材料适用于各级公路的基层、底基层，但水泥或石灰、粉煤灰稳定细粒土不能用作高等级路面的基层。冻雨地区、多雨潮湿地区，石灰粉煤灰稳定材料宜用于高速公路、一级公路的下基层或底基层。石灰稳定材料宜用于各级公路的底基层以及三级、四级公路的基层。

2.1.1.2 无机结合料稳定土的概念

在粉碎的或原来松散的土（包括各种粗粒、中粒、细粒土）中，掺入足量的水泥和水，经拌和压实得到的混合料在压实及养生后，当其抗压强度符合规定的要求时，称为水泥稳定土。如果用石灰代替水泥掺入土中，则称石灰稳定土。

同时用水泥和石灰稳定某种土得到的混合料，简称综合稳定土。

一定数量石灰和粉煤灰或石灰和煤渣与其他集料相配合，加入适量的水（通常为最佳含水量），经拌和、压实及养生后得到的混合料，当其抗压强度符合规定的要求时，称石灰工业废渣稳定土（简称石灰工业废渣）。

2.1.1.3 无机结合料稳定土组成材料要求

1. 土

(1) 水泥稳定土。凡能被经济地粉碎的土都可用水泥稳定，其最大颗粒和颗粒组成应满足规范的要求。对细粒土而言，土的均匀系数应大于5，液限不应超过40，塑性指数不应大于17。

集料的压碎值要求如下：

1) 对于二级和二级以下公路基层不大于35%。

2) 对于二级和二级以下公路底基层不大于40%。

3) 对于高速公路和一级公路不大于30%。

(2) 石灰稳定土。塑性指数15~20的黏性土以及含有一定数量黏性土的中粒土和粗粒土（如天然砂砾土和砾石土、旧级配砾石和泥结碎石路面等）均适宜用石灰稳定。

用石灰稳定不含黏性土或无塑性指数的级配砂砾、级配碎石和未筛分碎石时，应添加15%左右的黏性土。硫酸盐含量超过0.8%的土和有机质含量超过10%的土，不宜用石灰稳定。

石灰稳定土中集料压碎值要求如下：

1) 一般公路的底基层不大于40%。

2) 高速公路和一级公路的底基层、二级以下公路的基层不大于35%。

3) 二级公路的基层不大于30%。

(3) 石灰工业废渣稳定土。宜采用塑性指数12~20的黏性土（亚黏土），有机质含量超过10%的土不宜选用。最大颗粒和颗粒组成应满足规范的要求，集料压碎值要求同水泥稳定土。

2. 水泥

普通水泥、矿渣水泥、火山灰水泥等都可使用，但应选用终凝时间较长（宜在 6h 以上）的水泥，快硬水泥、早强水泥以及已受潮变质的水泥不应使用。宜采用强度等级较低（如标号为 32.5MPa）的水泥。

3. 石灰

石灰质量应符合规定的Ⅲ级以上的生石灰或消石灰的技术指标，要尽量缩短石灰的存放时间，石灰在野外堆放时间较长时，应覆盖防潮。

使用等外石灰、贝壳石灰、珊瑚石灰等，应通过试验，只要石灰稳定土混合料的强度符合标准，就可以使用。

对于高速公路和一级公路，宜采用磨细生石灰粉。

4. 粉煤灰

粉煤灰中 SiO_2、Al_2O_3 和 Fe_2O_3 的总含量应大于 70%，烧失量不应超过 20%；其比面积宜大于 $2500cm^2/g$。

干粉煤灰和湿粉煤灰都可以应用。干粉煤灰如堆在空地上应加水，防止飞扬造成污染。湿粉煤灰的含水量不宜超过 35%。使用时应将凝固的粉煤灰块打碎或过筛，同时清除有害杂质。

5. 煤渣

煤渣是煤经锅炉燃烧后的残渣，它的主要成分是 SiO_2 和 Fe_2O_3，它的松干密度在 700～1100kg/m^3 之间。煤渣的最大粒径不应大于 30mm，颗粒组成宜有一定级配且不宜含杂质。

6. 强度标准

无机结合料稳定土强度标准应符合有关规范的要求。

2.1.1.4 组成设计步骤

无机结合料稳定类材料的组成设计步骤是：首先对原材料（各种土和稳定剂）的技术性质进行测定，对于粗粒土和中粒土，应做筛分或压碎值试验；对于稳定剂，主要测定石灰的有效氧化钙和氧化镁含量和水泥的胶砂强度及凝结时间；然后拟定混合料配合比。按规范建议的剂量（表 2.1.1 和表 2.1.2）制备同一种土样的混合料试件若干个（至少做三组不同石灰或水泥剂量，即最小剂量、中间剂量和最大剂量），通过击实试验确定混合料的最佳含水量和最大干密度。按最佳含水量和最大干密度与工地预定达到的压实度制备试件，进行 7d 无侧限抗压强度试验，然后根据规范中规定的强度标准选定合适的石灰或水泥剂量。

表 2.1.1　　　　　　　　　混合料的配制水泥剂量　　　　　　　　　　　　　　%

层位	土　类	水泥稳定土				
基层	中、粗粒土	3	4	5	6	7
	塑性指数小于 12 的细粒土	5	7	8	9	11
	其他细粒土	8	10	12	14	16
底基层	中、粗粒土	3	4	5	6	7
	塑性指数小于 12 的细粒土	4	5	6	7	9
	其他细粒土	6	8	9	10	12

表 2.1.2　　　　　　　　　　　混合料的配制石灰剂量　　　　　　　　　　　　　　　%

层位	土 类	水 泥 稳 定 土				
基层	砂砾土和碎石土	3	4	5	6	7
	塑性指数小于12的细粒土	10	12	13	14	15
	塑性指数大于12的细粒土	5	7	9	11	12
底基层	塑性指数小于12的细粒土	8	10	11	12	14
	塑性指数大于12的细粒土	5	7	8	9	11

2.1.2　水泥或石灰剂量测定方法

2.1.2.1　EDTA 滴定法

1．目的和适用范围

(1) 本方法适用于在工地快速测定水泥和石灰稳定材料中水泥和石灰的剂量，并可用于检查现场拌和和摊铺的均匀性。

(2) 本方法适用于在水泥终凝之前的水泥含量测定，现场土样的石灰剂量应在路拌后尽快测试，否则需要用相应龄期的 EDTA 二钠标准溶液消耗量的标准曲线确定。

(3) 本方法也可以用来测定水泥和石灰综合稳定材料中结合料的剂量。

2．仪器设备

(1) 滴定管（酸式）：50mL，1 支。

(2) 滴定台：1 个。

(3) 滴定管夹：1 个。

(4) 大肚移液管：10mL，10 支。

(5) 锥形瓶（即三角瓶）：200mL，20 个。

(6) 烧杯：2000mL（或 1000mL），1 只；300mL，10 只。

(7) 容量瓶：1000mL，1 个。

(8) 搪瓷杯：容量大于 1200mL，10 只。

(9) 不锈钢棒（或粗玻璃棒）：10 根。

(10) 量筒：100mL 和 5mL 各 1 只；50mL，2 只。

(11) 棕色广口瓶：60mL，1 只（装钙红）。

(12) 电子天平：量程不小于 1500g，感量 0.01g。

(13) 秒表：1 只。

(14) 表面皿：ϕ49cm，10 个。

(15) 研钵：ϕ12～13cm，1 个。

(16) 土样筛：筛孔 2.0mm 或 2.5mm，1 个。

(17) 洗耳球（1 两或 2 两）：1 个。

(18) 精密试纸：pH 值为 12～14。

(19) 聚乙烯桶：20L，1 个（装蒸馏水）；10L，2 个（装氯化铵及 EDTA 二钠标准液）；5L，1 个（装氢氧化钠）。

3．试剂

(1) 0.1mol/m³ 乙二胺四乙酸二钠（简称 EDTA 二钠）标准溶液（简称 EDTA 二钠标准溶液）：准确称取 EDTA 二钠（分析纯）37.23g，用 40～50℃的无二氧化碳蒸馏水溶解，待全部溶解并冷至室温后，定容至1000mL。

(2) 10%氯化铵（NH_4Cl）溶液：将500g氯化铵（分析纯或化学纯）放在10L聚乙烯桶内，加蒸馏水4500mL，充分振荡，使氯化铵完全溶解。也可以分批在1000mL的烧杯内配制，然后倒入塑料桶内摇匀。

(3) 1.8%氢氧化钠（内含三乙醇胺）溶液：用电子天平称18g氢氧化钠（NaOH）（分析纯），放入洁净干燥的1000mL烧杯中，加入1000mL蒸馏水使其全部溶解，待溶解并冷至室温后，加入2mL三乙醇胺（分析纯），搅拌均匀后储于塑料桶中。

(4) 钙红指示剂：将0.2g钙试剂羟酸钠（分子式$C_{21}H_{13}N_2NaO_7S$，分子量460.39）与20g预先在105℃烘箱中烘1h的硫酸钾混合，一起放入研钵中，研成极细粉末，储于棕色广口瓶中，以防吸潮。

4．准备标准曲线

(1) 取样。取工地用石灰和土，风干后用烘干法测其含水量（如为水泥，可假定其含水量为0）。

(2) 混合料组成的计算。

公式：干料质量＝湿料质量/(1＋含水量)

计算步骤：

1) 混合料质量＝湿混合料质量/(1＋最佳含水量)。
2) 干土质量＝干混合料质量/(1＋石灰或水泥剂量)。
3) 干石灰或水泥质量＝干混合料质量－干土质量。
4) 湿土质量＝干土质量×(1＋土的风干含水量)。
5) 湿石灰质量＝干石灰质量×(1＋石灰的风干含水量)。
6) 石灰土中应加入的水＝湿混合料质量－湿土质量－湿石灰质量。

(3) 准备5种试样，每种两个样品（以水泥稳定材料为例），如为水泥稳定中、粗粒土，每个样品取1000g左右（如为细粒土，则可称取300g左右）准备试验。为了减少中、粗粒土的离散，宜按设计级配单份掺配的方法备料。

5种混合料的水泥剂量应为：水泥剂量为0%，最佳水泥剂量左右、最佳水泥剂量±2%和4%❶，每种剂量取两个（为湿质量）试样，共10个试样，并分别放在10个大口聚乙烯桶（如为稳定细粒土，可用搪瓷杯或1000mL具塞三角瓶；如为粗粒土，可用5L的大口聚乙烯桶）内。土的含水量应等于工地预期达到的最佳含水量，土中所加的水应与工地所用的水相同。

(4) 取一个盛有试样的盛样器，在盛样器内加入两倍试样质量（湿料质量）体积的10%氯化铵溶液（如湿料质量为300g，则氯化铵溶液为600mL；如湿料质量为1000g，则氯化铵溶液为2000mL）。料为300g，则搅拌3min（每分钟搅拌110～120次）；料为1000g，则搅拌5min。如用1000mL具塞三角瓶，则手握三角瓶（瓶口向上）用力振荡3min（每分钟120次±5次，以代替搅拌棒搅拌）。放置沉淀，10min❷，然后将上部清液转移到300mL

---

❶ 在此，准备标准曲线的水泥剂量可为0.2%、4%、6%、8%。如水泥剂量较高或较低，应保证工地实际所用水泥或石灰剂量位于标准曲线所用剂量的中间。

❷ 如10min后得到的是浑浊悬浮液，则应增加放置沉淀时间，直到出现无明显悬浮液为止，并记录所需时间。以后所有该种水泥（或石灰）稳定材料的试验，均应以同一时间为准。

烧杯内,搅匀,加盖表面皿待测。

(5) 用移液管吸取上层(液面上 1~2cm) 10.0mL 放入 200mL 的三角瓶内,用量管量取 1.8%氢氧化钠(内含三乙醇胺)溶液 50ml 倒入三角瓶中,此时溶液 pH 值为 12.5~13.0(可用 pH 值为 12~14 精密试纸检验),然后加入钙红指示剂(质量约为 0.2g),摇匀,溶液呈玫瑰红色。记录滴定管中 EDTA 二钠标准溶液体积 V_1,然后用 EDTA 二钠标准溶液滴定,边滴定边摇匀,并仔细观察溶液的颜色溶液颜色变为紫色时,放慢滴定速度,并摇匀,直到纯蓝色为终点,记录滴定管中 EDTA 二钠标准溶液体积 V_2(以 mL 计,读至 0.1mL)。计算 V_1-V_2,即为 EDTA 二钠标准溶液的消耗量。

(6) 对其他几个盛样器中的试样,用同样的方法进行试验,并记录 EDTA 二钠标准溶液的消耗量。

(7) 以同一水泥或石灰剂量稳定材料 EDTA 二钠标准溶液消耗量(mL)的平均值为纵坐标,以水泥或石灰剂量(%)为横坐标制图。两者的关系应是一条顺滑的曲线。如图 2.1.1 所示,如素土、水泥或石灰剂量改变,必须重做标准曲线。

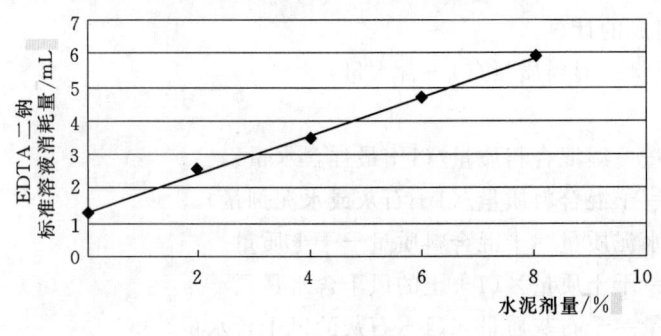

图 2.1.1 标准曲线图

5. 试验步骤

(1) 选取有代表性的无机结合料稳定材料,对稳定中、粗粒土取试样约 3000g,对稳定细粒土取试样约 1000g。

(2) 对水泥或石灰稳定细粒土,称 300g 放在搪瓷杯中,用搅拌棒将结块搅散,加 10%氯化铵溶液 600mL,然后如前述步骤那样进行试验。

(3) 利用所绘制的标准曲线,根据所消耗的 EDTA 二钠标准溶液,确定混合料中的水泥或石灰剂量。

6. 注意事项

(1) 每个样品搅拌的时间、速度和方式应力求相同,以增加试验的精度。

(2) 做标准曲线时,如工地实际水泥剂量较大,素集料和低剂量水泥的试样可以不做,而直接用较高的剂量做试验,但应有两种剂量大于实用剂量,以及两种剂量小于实用剂量。

(3) 配制的氯化铵溶液最好当天用完,不要放置过久,以免影响试验的精度。

7. 结果整理

本试验应进行两次平行测定,取算术平均值,精确至 0.1mL。允许重复性误差不得大于均值的 5%;否则,重新进行试验。

8. 报告

试验报告应包括以下内容:

(1) 无机结合料稳定材料名称。
(2) 试验方法名称。
(3) 试验数量 n。
(4) 试验结果极小值和极大值。
(5) 试验结果平均值 $\overline{X}$，标准差 S，变异系数 C_v 等。

【案例 2.1.1】

某路面改造项目施工场地水泥和石灰稳定材料的水泥（石灰）剂量测定试验记录表见表 2.1.3。

表 2.1.3　　　　　水泥（石灰）剂量测定试验记录表（EDTA 法）

承包单位：××交通工程集团公司　　　　　　　　合同段：
监理单位：××交通建设工程监理所　　　　　　　本表编号：

工程名称		路面工程	施工路段	K08+500—K22+384.062	试验单位	××路面改造项目部工地试验室
取样地点		试验室	试样名称	水泥稳定碎石混合料	试验规程	JTG E51—2009
试样描述		均匀、无离析	用途	底基层、基层水泥剂量标准	试验室负责人	
结构层名称		底基层		混合料配合比/%	24%∶29%∶20%∶27%	
取样桩号	滴定次数	EDTA 初读数	EDTA 终读数	消耗量/mL	平均值/mL	水泥（石灰）剂量/%	备注
	1	4.0	13.7	9.7	9.7	0.0	
	2	13.7	23.3	9.6			
	3						
	1	23.3	32.6	9.3	9.4	0.0	
	2	32.6	42.1	9.5			
	3						
	1	2.8	12.6	9.8	9.9	0.0	
	2	12.6	22.6	10.0			
	3						
标准曲线	EDTA 消耗量/mL	1	5.2	9.2	12.5	15.2	
	水泥（石灰）剂量/%	0	2	4	6	8	

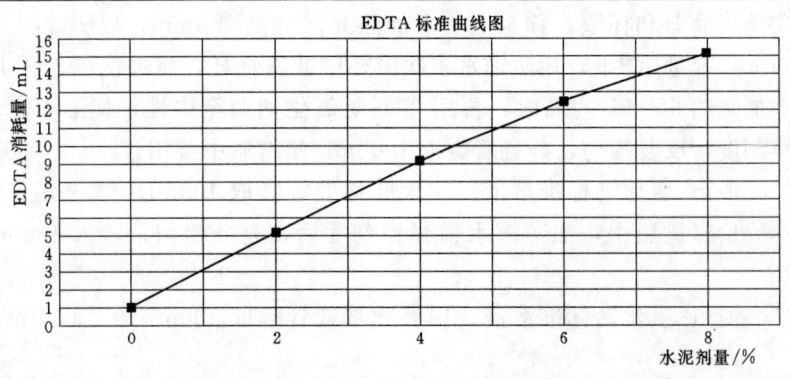

结论：	备注：

2.1.2.2 直读式测钙仪法

1. 目的和适用范围

本试验方法适用于测定新拌石灰土中石灰的剂量

2. 仪器设备

(1) 钙离子选择性电极（PVC薄膜）：1支。

(2) 饱和甘汞电极：(232或330)型1支。

(3) 直读式测钙仪：1台。

(4) 架盘天平：感量0.1g及0.5g，各1台。

(5) 量筒：1000mL、200mL、50mL，各1只。

(6) 具塞三角瓶：1000mL，10个（或搪瓷杯10个）；500mL，4个。

(7) 烧杯：2000mL，1个；300mL，10个；50mL，15个。

(8) 容量瓶：1000mL，1个。

(9) 塑料瓶（桶）：10L，2个；1000mL，3个；250mL，2个。

(10) 土壤筛：2mm或2.5mm筛孔，1个。

(11) 大肚移液管：100mL，1支。

(12) 干燥器：1个。

(13) 表面皿：90mm，10个；50mm，15个。

(14) 计时器：2只。

(15) 搅拌子：20只。

(16) 电炉、石棉网：各1个。

(17) 洗瓶：500mL，1个。

(18) 其他：吸水管，洗耳球，粗、细玻璃棒，试剂勺。

3. 制备溶液

(1) 10%氯化铵溶液。将100mg氯化铵放入大烧杯中，加水（饮用水即可）900mL，搅拌均匀后，存放于塑料桶内保存。

(2) 10^{-1} mol/m³ 氯化钙标准溶液。将分析纯碳酸钙（$CaCO_3$）在180℃烘箱中烘2h后，取出放入干燥器内冷却45min。用万分之一天平或千分之一天平准确称取已冷却的碳酸钙10.009g放入300mL烧杯中，盖上表面皿。用少许蒸馏水润湿后，从杯口用吸水管沿杯壁逐滴滴入1:5稀盐酸（18mL盐酸加90mL蒸馏水）并轻摇杯子，使碳酸钙全部溶解。然后用洗瓶吹洗表面皿和杯壁，移至电炉上加热并保持微沸5min，以驱除二氧化碳。冷却后转移至1000mL容量瓶❶中，用蒸馏水多次沿杯壁冲洗烧杯，将冲洗的水一并倒入容量瓶中。当蒸馏水加到约950mL左右时，再用20%氢氧化钠调至中性，使pH值为7。最后用蒸馏水稀释至刻度，反复摇匀，静置后倒入1000mL塑料瓶中备用。

(3) 10^{-2} mol/m³ 氯化钙标准溶液。用大肚移液管吸取100mL 10^{-1} mol/m³ 氯化钙标准溶液放入1000mL容量瓶中，加蒸馏水稀释到刻度后，充分摇匀；转入1000mL塑料瓶中备用。

(4) 10^{-3} mol/m³ 氯化钙标准溶液。用大肚移液管吸取100mL 10^{-2} mol/m³ 氯化钙标准

---

❶ 装有各种溶液的塑料瓶（桶）均应贴上标签，写明浓度、溶液名称和配制日期。

溶液放入1000mL容量瓶中,加蒸馏水稀释到刻度后,充分摇匀;转入1000mL塑料瓶中备用。

(5) 氯化钾饱和溶液。用感量为0.1g的架盘天平称分析纯氯化钾(KCl)70g,放入300mL烧杯中,用量筒取200mL蒸馏水倒入烧杯内,用玻璃棒充分搅动,溶液中应留有结晶(溶液呈过饱和状态),移入塑料瓶中备用。

(6) 20%氢氧化钠溶液。用感量0.1g的架盘天平迅速称取40g分析纯氢氧化钠(NaOH)放入300mL烧杯中,加入160mL新煮沸并冷却的蒸馏水。用玻璃棒充分搅匀后,转入塑料瓶中备用(若用玻璃瓶装,瓶塞改用橡皮塞,避免因久放瓶塞打不开)。

4. 准备仪器和电极

(1) 钙电极。在测定的前一天,应将内参比电极从套管中取出,向管中滴入10^{-1} mol/m³氯化钙标准溶液15滴左右,再将内参比电极装回管内。在每天进行测定之前,将钙电极有薄膜的一端放在10^{-2} mol/m³氯化钙标准溶液中浸泡2h,使电极活化。使用前取出电极,用水冲洗并以软纸吸干电极上的水分。

(2) 甘汞电极。检查内液面是否与上部加液口平,若内液面低时,拔去加液口橡皮帽并用滴管添加氯化钾饱和溶液。测定时拔去上端加液口橡皮帽和下端橡皮帽,用水冲洗并以软纸吸干水分。

(3) 仪器。在测定前接通钙仪电源,使仪器预热20min。

5. 准备石灰土标准剂量浸提液

(1) 土样。将现场土通过孔径2mm或2.5mm的筛。

(2) 石灰。将现场所用石灰通过孔径2mm或2.5mm的筛后,储入具塞的容器内备用。

(3) 测定土和石灰的风干含水量。

(4) 确定石灰土的最佳含水量。

(5) 计算6%、14%石灰土中石灰、土和水的质量。

(6) 石灰土标准剂量浸提液的制备。用准备好的土和石灰配制6%、14%的石灰土标准剂量浸提液供标定仪器用。用感量为0.1g和0.5g的架盘天平按第(5)条计算得到的量分别称取准备好的土样和石灰,制备以上两种剂量的石灰土混合料各300g,分别放入1000mL具塞三角瓶(或搪瓷杯)中,混匀,用刻度吸管(或量筒)加入第(5)条计算得到的水量,再用量筒加入10%氯化铵溶液600mL。盖紧塞子用手振荡(或用不锈钢棒搅拌)2min保持每分钟(120±5)次,静止4min后将上部清液倒入干燥、洁净的500mL具塞三角瓶中,摇匀,瓶外加贴标签,供以后标定仪器时用。当石灰品种、土质和水质相同时,制备的6%、14%石灰土标准剂量浸提液可供连续标定10d之用。

6. 标定仪器

将上述制备好的标准液分别倒出25~30mL并置于干燥、洁净的50mL烧杯中,各加入一只搅拌子。先将6%标准液放在直读式测钙仪上,待仪器开始搅拌后放入钙电极和甘汞电极,停止搅拌后,调整校正Ⅰ旋钮,使之显示6.0采样读数结束。将电极提起,取下6%标准液,用水冲洗电极并用软纸吸干电极上的水。再将装有14%标准液的烧杯放在直读式测钙仪上,开始搅拌后,放入钙电极和甘汞电极。停止搅拌后,调整校正Ⅱ旋钮,使之显示14.0。如此重复2~3次。每次用6%和14%标准液校正均能显示6.0和14.0时,仪器标定即完毕。

7. 试验步骤

(1) 从施工现场同一位置取约1000g具有代表性的石灰土试样。经进一步拌匀之后，使其全部通过2mm或2.5mm筛孔。

(2) 用感量0.5g的架盘天平称取两份石灰土试样各300g，并分别放入两个1000mL具塞三角瓶中，每个三角瓶中加10%氯化铵溶液600mL。盖紧塞子用手振荡（或用不锈钢棒搅拌2min，保持每分钟（120±5）次。静止4min后将25～30mL待测液倒入干燥、洁净的50mL烧杯中。加入一只搅拌子并放在直读式测钙仪上，仪器开始搅拌后，放入钙电极和甘汞电极，待停止搅拌后，仪器显示的数值即为该样品的石灰剂量。再重复测试一次，取两次测试结果的平均值。

8. 注意事项

(1) 在计算6%和14%混合料的组成时，应使混合料的最佳含水量与施工碾压时的最佳含水量相近。

(2) 若土、石灰或水质有变化时，必须重新配制6%和14%（或16%、18%）石灰土标准剂量浸提液，并用它标定仪器。

(3) 制备每个样品的浸提液时，搅拌的时间、速度和方式应力求相同，配制的氯化铵溶液当天用完，不宜放置过久。

(4) 所用器具必须用水冲洗干净。

(5) 每测完一个样品应用蒸馏水或自来水冲洗电极，并用软纸吸干后再测一个样品。

(6) 若进行全天测试，午间休息时可将钙电极薄膜端浸泡在10^{-3} mol氯化钙标准溶液中，下午测定前不必进行活化。下午测定结束后应用水冲洗电极，并用软纸将水吸干，套上橡皮帽，然后挂起干放保存，次日用前再进行活化。

(7) 在连续使用时，钙电极的内参比液应每周更换一次，以保证试验的稳定性。

2.1.3 无机结合料无侧限抗压强度试验方法

2.1.3.1 无机结合料稳定材料取样方法

1. 适用范围

本方法适用于无机结合料稳定材料室内试验、配合比设计以及施工过程中的质量抽查等。本方法规范了无机结合料及稳定材料的现场取样操作。

2. 分料

可以用下列方法之一将整个样品缩小到每个试验所需材料的合适质量。

(1) 四分法。需要时应加清水使主样品变湿。充分拌和主样品：在一块清洁、平整、坚硬的表面上将试样堆成一个圆锥体，用铲翻动此锥体并形成一个新锥体，这样重复进行3次。在形成每一个锥体堆时，铲中的料要放在锥顶，使滑落到边的那部分料尽可能分布均匀，使锥体的中心不移动。

将平头铲反复交错垂直插入最后一个锥体的顶部，使锥体顶变平，每次插入后提起铲时不要带有试料。沿两个垂直的直径，将已变成平顶的锥体料堆分成四部分，尽可能使这四部分料的质量相同。

将对角的一对料（如一、三象限为一对，二、四象限为另一对）铲到一边，将剩余的一对料铲到一起。重复上述拌和以及缩小的过程，直到达到要求的试样质量。

(2) 分料器法。如果集料中含有粒径2.36mm以下的细料，材料应该是表面干燥的。

将材料充分拌和后通过分料器,保留一部分,将另一部分再次通过分料器。这样重复进行,直到将原样品缩小到需要的质量。

3. 料堆取料

在料堆的上部、中部和下部各取一份试样,混合后按四分法分料取样。

4. 试验室分料

目标配合比阶段各种石料应逐级筛分,然后按设定级配进行配料。

生产配合比阶段可采用四分法分料,并且取料总质量应大于分料取样后每份质量的4~8倍。

5. 施工过程中混合料取样

在进行混合料验证时,宜在摊铺机后取料,且取料应分别来源于3~4台不同的料车,然后混合到一起进行四分法取样,进行无侧限抗压强度成型及试验。

在评价施工离散性时,宜在施工现场取料。应在施工现场的不同位置按随机性取样原则分别取样品,对于结合料剂量还需要在同一位置的上层和下层分别取样,试验应单独成型。

2.1.3.2 无机结合料稳定材料击实试验方法

1. 适用范围

(1) 本方法适用于在规定的试筒内,对水泥稳定材料(在水泥水化前)、石灰稳定材料及石灰(或水泥)粉煤灰稳定材料进行击实试验,以绘制稳定材料的含水量-干密度关系曲线,从而确定其最佳含水量和最大干密度。

(2) 试验集料的公称最大粒径宜控制在37.5mm以内(方孔筛)。

(3) 试验方法类别。本试验方法分三类,各类击实方法的主要参数列于表2.1.4中。

表2.1.4　　　　　　　　试验方法类别

类别	锤的质量/kg	锤击面直径/cm	落高/cm	试筒尺寸			锤击层数	每层锤击次数	平均单位击实功/J	容许最大公称粒径/mm
				内径/cm	高/cm	容积/cm³				
甲	4.5	5.0	45	10.0	12.7	997	5	27	2.687	19.0
乙	4.5	5.0	45	10.0	15.2	2177	5	59	2.687	19.0
丙	4.5	5.0	45	10.0	15.2	2177	5	98	2.687	37.5

2. 仪器设备

(1) 击实筒。小型,内径100mm、高127mm的金属圆筒,套环高50mm,底座;大型,内径152mm、高170mm的金属圆筒,套环高50mm,直径151mm和高50mm的筒内垫块,底座。

(2) 多功能自控电动击实仪。击锤的底面直径50mm,总质量4.5kg。击锤在导管内的总行程为450mm。可设置击实次数,并保证击锤自由垂直落下,落高应为450mm,锤迹均匀分布于试样面。

(3) 电子天平。量程4000g,感量0.01g。

(4) 电子天平。量程15kg,感量0.1g。

(5) 方孔筛。孔径53mm、37.5mm、26.5mm、19mm、4.75mm、2.36mm的筛各1个。

学习项目2 常用混合料强度检测

(6) 量筒。50mL、100mL 和 500mL 的量筒各 1 个。

(7) 直刮刀。长 200~250mm、宽 30mm 和厚 3mm，一侧开口的直刮刀，用以刮平和修饰粒料大试件的表面。

(8) 刮土刀。长 150~200mm、宽约 20mm 的刮刀，用以刮平和修饰小试件的表面。

(9) 工字型刮平尺。30mm×50mm×310mm，上下两面和侧面均刨平。

(10) 拌和工具。约 400mm×600mm×70mm 的长方形金属盒，拌和用平头小铲等。

(11) 脱模器。

(12) 测定含水量用的铝盒、烘箱等其他用具。

(13) 游标卡尺。

3. 试验准备

(1) 将具有代表性的风干试料（必要时，也可以在 50℃烘箱内烘干）用木槌捣碎或用木碾碾碎。土团均应破碎到能通过 4.75mm 的筛孔。但应注意不使粒料的单个颗粒破碎或不使其破碎程度超过施工中拌和机械的破碎率。

(2) 如试料是细粒土，将已破碎的具有代表性的土过 4.75mm 筛备用（用甲法或乙法做试验）。

(3) 如试料中含有大于 4.75mm 的颗粒，则先将试料过 19mm 筛，如存留在 19mm 筛上的颗粒的含量不超过 10%，则过 26.5mm 筛，留做备用（用甲法或乙法做试验）。

(4) 如试料中粒径大于 19mm 的颗粒含量超过 10%，则将试料过 37.5mm 筛；如果存留在 37.5mm 筛上的颗粒含量不超过 10%，则过 53mm 筛备用（用丙法做试验）。

(5) 每次筛分后，均应记录超尺寸颗粒的百分率 P。

(6) 在预定做击实试验的前一天，取有代表性的试料测定其风干含水量。对于细粒土，试样应不少于 100g；对于中粒土，试样应不少于 1000g；对于粗粒土的各种集料，试样应不少于 2000g。

(7) 在试验前用游标卡尺准确测量试模的内径、高和垫块的厚度，以计算试筒的容积。

4. 试验步骤

(1) 准备工作。在试验前应将试验所需要的各种仪器准备齐全，测量设备应满足精度要求；调试击实仪器，检查其运转是否正常。

(2) 甲法。

1) 将已筛分的试样用四分法逐次分小，至最后取出约 10~15kg 试料。再用四分法将已取出的试料分成 5~6 份，每份试料的干质量为 2.0kg（对于细粒土）或 2.5kg（对于各种中粒土）。

2) 预定 5~6 个不同含水量，依次相差 0.5%~1.5%，并且其中至少有两个大于和两个小于最佳含水量。

在此说明：对于中、粗粒土，在最佳含水量附近取 0.5%，其余取 1%，对于细粒土，取 1%，但对于黏土，特别是重黏土，可能要取 2%。

3) 按预定含水量制备试样。将 1 份试样平铺于金属盘内，将事先计算好的该份试料中应加水量均匀地喷洒在试料上，用小铲将试料充分拌和到均匀状态（如为石灰稳定材料、石灰粉煤灰综合稳定材料、水泥粉煤灰综合稳定材料和水泥、石灰综合稳定材料，可将石灰、粉煤灰和试料一起拌匀），然后装入密闭容器或塑料口袋内浸润备用。

浸润时间要求：黏质土 12～24h，粉质土 6～8h，砂类土、砂砾土、红土砂砾、级配砂砾等可以缩短到 4h 左右，含土很少的未筛分碎石、砂砾和砂可缩短到 2h。浸润时间一般不超过 24h。

应加水量可按式（2.1.1）计算：

$$m_w = \left(\frac{m_n}{1+0.01w_n} + \frac{m_c}{1+0.01w_c}\right) \times 0.01w - \frac{m_n}{1+0.01w_n} \times 0.01w_n - \frac{m_c}{1+0.01w_c} \times 0.01w_c$$

(2.1.1)

式中 m_w——混合料中应加的水量，g；

m_n——混合料中素土（或集料）的质量，g，其原始含水量为 w_n，即风干含水量，%；

m_c——混合料中水泥或石灰的质量，g，其原始含水量为 w_c，%；

w——要求达到的混合料含水量，%。

4）将所需要的稳定剂水泥加到浸润后的试样中，并用小铲、泥刀或其他工具充分拌和到均匀状态。水泥应在土样击实前逐个加入。加有水泥的试样拌和后，应在 1h 内完成下述击实试验。拌和后超过 1h 的试样，应予作废（石灰稳定材料和石灰粉煤灰稳定材料除外）。

5）试筒套环与击实底板应紧密联结。将击实筒放在坚实地面上，用四分法取制备好的试样 400～500g（其质量应使击实后的试样等于或略高于筒高的 1/5）倒入筒内，整平其表层并稍加压紧，然后将其安装到多功能自控电动击实仪上，设定所需锤击次数，进行第 1 层试样的击实。第 1 层击实完后，检查该层高度是否合适，以便调整以后几次的试样用量。

用刮土刀或螺丝刀将已击实层的表面"拉毛"，然后重复上述做法，进行其余 4 层试样的击实。最后一层试样击实后，试样超出筒顶的高度不得大于 6mm，超出高度过大的试件应作废。

6）用刮土刀沿套环内壁削挖（使试样于套环脱离）后，扭动并取下套环。齐筒顶细心刮平试样，并拆除底板。如试样底面略突出筒外或有孔洞，则应细心刮平或修补。最后用工字形刮平尺齐筒顶和筒底将试样刮平。擦净试筒的外壁，称其质量 m_1。

7）用脱模器推出筒内试样。从试样内部从上至下取两个有代表性的样品（可将脱出试件用锤打碎后，用四分法采取），测定其含水量，计算至 0.1%。两个试样的含水量的差值不得大于 1%。所取样品的质量见表 2.1.5（如只取一个样品测定含水量，则样品的质量应为表列数值的两倍）所列。擦净试筒，称其质量 m_2。

表 2.1.5　　　　　　　　检测稳定材料含水量的样品质量

公称最大粒径/mm	样品质量/g	公称最大粒径/mm	样品质量/g
2.36	约 50	37.5	约 1000
19	约 300		

烘箱的温度应事先调整到 110℃左右，以使放入的试样能立即在 105～110℃的温度下烘干。

8）按本方法 3）～7）的步骤进行其余含水量下稳定材料的击实和测定工作。凡已用过的试样，一律不再重复使用。

(3) 乙法。在缺乏内径 10cm 的试筒时以及在需要与承载比试验结合起来进行时，采用乙法进行击实试验。本法更适宜公称最大粒径达 19mm 的集料。

1) 将已过筛的试料用四分法逐次分小，至最后取出约 30kg 试料。再用四分法将所取的试料分成 5～6 份，每份试料的干质量约为 4.4kg（细粒土）或 5.5kg（中粒土）。

2) 以下各步的做法与甲法相同，但应该先将垫块放入筒内底板上，然后加料击实。所不同的是，每层需取制备好的试样约 900g（对于水泥或石灰稳定细粒土）或 1100g（对于稳定中粒土），每层锤击次数为 59 次。

(4) 丙法。

1) 将已过筛的试料用四分法逐次分小，至最后取约 33kg 试料，再用四分法将所取试料分成 6 份（至少 5 份），每份质量约 5.5kg（风干质量）。

2) 预定 5～6 个不同含水量，依次相差 0.5%～1.5%。在估计最佳含水量左右可只差 0.5%～1%。

在此说明：对于水泥稳定类材料，在最佳含水量附近取 0.5%；对于石灰、二灰稳定类材料，根据具体情况在最佳含水量附近取 1%。

3) 同甲法 3)。

4) 同甲法 4)。

5) 将试筒、套环与夯击底板紧密的联结在一起，并将垫块放在筒内底板上。击实筒应放在坚实地面上，取制备好的试样 1.8kg 左右 [其量应使击实后的试样略高于（高出 1～2mm）筒高的 1/3] 倒入筒内，整平其表面，并稍加压紧。然后将其安装到多功能自控电动击实仪上，设定所需锤击次数，进行第 1 层试样击实。第 1 层击实完后检查该层的高度是否合适，以便调整以后两层的试样用量。用刮土刀或螺丝刀将已击实的表面"拉毛"，然后重复上述做法，进行其余两试样的击实。最后一层试样击实后，试样超出试筒顶的高度不得大于 6mm。超出高度过大的试件应该作废。

6) 用刮土刀沿套环内壁削挖（使试样于套环脱离）后，扭动并取下套环。齐筒顶细心刮平试样，并拆除底板，取走垫块。擦净试筒的外壁，称其质量 m_1。

7) 用脱模器推出筒内试样。从试样内部从上至下取两个有代表性的样品（可将脱出试件用锤打碎后，用四分法采取），测定其含水量，计算至 0.1%。两个试样的含水量的差值不得大于 1%。所取样品的数量不应少于 700g，如只取一个样品测定含水量，则样品的质量应不少于 1400g。烘箱的温度应事先调整到 110℃ 左右，以使放入的试样能立即在 105～110℃ 的温度下烘干。擦净试筒，称其质量 m_2。

8) 按本方法 3)～7) 的步骤进行其余含水量下稳定材料的击实和测定工作。凡已用过的试样，一律不再重复使用。

5. 计算

(1) 稳定材料湿密度计算。按式 (2.1.2) 计算每次击实后稳定材料的湿密度。

$$\rho_w = \frac{m_1 - m_2}{V} \tag{2.1.2}$$

式中 ρ_w——稳定材料的湿密度，g/cm³；

m_1——试筒与湿试样的总质量，g；

m_2——试筒的质量，g；

V——试筒的容积，cm^3。

(2) 稳定材料干密度计算。按式 (2.1.3) 计算每次击实后稳定材料的干密度。

$$\rho_d = \frac{\rho_w}{1+0.01w} \tag{2.1.3}$$

式中 ρ_d——试样的干密度，g/cm^3；

w——试样的含水量，%。

(3) 制图。

1) 以干密度为纵坐标、含水量为横坐标，绘制含水量-干密度曲线。曲线必须为凸形的，如试验点不足以连成完整的凸形曲线，则应进行补充试验。

2) 将试验各点采用二次曲线方法拟合曲线，曲线的峰值点对应的含水量和干密度即为最佳含水量和最大干密度。

6. 结果整理

(1) 应做两次平行试验，取两次试验的平均值作为最大干密度和最佳含水量。两次重复性试验最大干密度的差不应超过 0.05g/cm³（稳定细粒土）和 0.08g/cm³（稳定中和粗粒土），最佳含水量的差不应超过 0.5%（最佳含水量小于 10%）和 1.0%（最佳含水量大于 10%）。超过上述规定值，应重做试验，直到满足精度要求。

(2) 混合料密度计算应保留小数点后 3 位有效数字，含水量应保留小数点后 1 位有效数字。

7. 报告

试验报告应包括以下内容：

(1) 试样的最大粒径、超尺寸颗粒的百分率。

(2) 无机结合料类型及剂量。

(3) 所用试验方法类别。

(4) 最大干密度（g/cm³）。

(5) 最佳含水量（%），并附击实曲线。

【案例 2.1.2】

某公路段路基填筑工程无机结合稳定材料击实试验检测记录表见表 2.1.6。

表 2.1.6　　　　无机结合稳定材料击实试验检测记录表

试验室名称：××工地实验室　　　　　　　　　　　　　　　记录编号：ZJG-A2-TG-0037

工程部位/用途	K5+915～K10+900 路基填筑					委托/任务编号	—	
试验依据	JTG E51-2009(T0804—1994)					样品编号	ZJG-A2-TG-0037	
样品描述	素土　黄色　无臭味　无杂质　干燥200kg					样品名称	10%石灰稳定土	
试验条件	温度20℃，湿度42%					试验日期	2014-03-04—2014-03-05	
主要仪器设备及编号	击实仪(TG-003)、烘箱(TG-005)等							
结合料剂量	10%					结合料种类	10%石灰土	
击锤质量/kg	4.5	每层击数	27	落距/cm	45	大于40mm 颗粒含量/%	—	
试样相对密度	—	大于40mm 颗粒毛体积比重		—		大于40mm 颗粒吸水率/%		

续表

	试验次数	1	2	3	4	5	—
干密度	筒容积/cm³	997	997	997	997	997	—
	筒质量/g	3282	3290	3282	3290	3282	—
	筒+湿土质量/g	5168	5234	5301	5314	5285	—
	湿土质量/g	1886	1944	2019	2024	2003	—
	湿密度/(g/cm³)	1.892	1.950	2.025	2.030	2.009	—
	干密度/(g/cm³)	1.690	1.713	1.740	1.724	1.684	—
含水率	盒号	129	130	131	132	133	134	135	136	375	376	—	—
	盒质量/g	24.59	24.13	25.46	26.54	25.49	24.14	25.51	24.63	25.07	25.13	—	—
	盒+湿土质量/g	231.91	201.33	204.15	213.95	201.32	217.41	200.14	201.11	215.39	201.4	—	—
	盒+干土质量/g	210.3	182.05	182.79	190.91	176.22	190.51	174.21	174.06	184.53	172.91	—	—
	水质量/g	21.61	19.27	21.36	23.04	25.1	26.9	25.93	27.05	30.86	28.49	—	—
	干土质量/g	185.71	157.93	157.33	164.37	150.73	166.37	148.7	148.43	159.46	147.78	—	—
	含水率/%	11.6	12.2	13.6	14.0	16.7	16.2	17.4	18.1	19.4	19.3	—	—
	平均含水率/%	11.9		13.8		16.4		17.8		19.3		—	
	最大干密度/(g/cm³)	1.740			最佳含水率/%			16.4					
击实曲线													
备注:													

2.1.3.3 无机结合料稳定材料养生试验方法

1. 适用范围

(1) 本方法适用于水泥稳定材料和石灰、二灰稳定材料类的养生。

(2) 标准养生方法是指无机结合料稳定类材料在规定的标准温度和湿度环境下强度增长的过程。快速养生是为了提高试验效率,采用提高养生温度缩短养生时间的养生方法。

(3) 本方法规定了无机结合料稳定类材料在规定的标准温度和湿度环境下强度增长的过程。快速养生是为了提高试验效率,采用提高养生温度缩短养生时间的养生方法。

2. 仪器设备

(1) 标准养护室。标准养护室温度(200±2)℃,相对湿度在95%以上。

(2) 高温养护室。能保持试件养生温度(60±1)℃,相对湿度95%以上。容积能满足试验要求。

3. 试验步骤

（1）标准养生方法。

1）试件从试模内脱出并量高、称质量后，中试件和大试件应装入塑料袋内。试件装入塑料袋后，将袋内的空气排除干净，扎紧袋口，将包好的试件放入养护室。

2）标准养生的温度为（20±2）℃，相对湿度不小于95%。试件宜放在铁架或木架上，间距至少10～20mm。试件表面应保持一层水膜，并避免用水直接冲淋。

3）对无侧限抗压强度试验，标准养生龄期是7d，最后一天浸水。对弯拉强度、间接抗拉强度试验，水泥稳定材料类的标准养生龄期是90d，石灰稳定类材料类的标准养生龄期是180d。

4）在养生期的最后一天，将试件取出，观察试件的边角有无磨损和缺块，并量高、称质量，然后将试件浸泡于（20±2）℃水中，应使水面在试件顶部约2.5cm。

（2）快速养生方法。

1）快速养生龄期的确定。将一组无机结合料稳定材料，在标准养生条件［(20±2)℃，湿度不小于95%］下养生180d（石灰稳定类材料养生180d，水泥稳定材料类养生90d）测试抗压强度值。

将同一组无机结合料稳定材料，在高温养生条件［(60±1)℃，湿度不小于95%］下养生7d、14d、21d、28d等，进行不同龄期的抗压强度试验，建立高温养生条件下强度-龄期的相关关系。

在强度-龄期的关系曲线上，找出标准养生长龄期强度对应的高温养生的短龄期。并以此作为快速养生的龄期。

2）快速养生试验步骤。将高温养护室的温度调至规定的温度（60±1）℃，湿度也保持在95%以上，并能自动控温、控湿。

将制备的试件量高、称质量后，小心装入塑料袋内，试件装入塑料袋后，将袋内的空气排除干净，并将袋口扎紧，将包好的试件放入养护箱中。

养生期的最后一天，将试件从高温养护室内取出，晾至室温（约2h），再打开塑料袋取出试件，观察试件有无缺损，量高、称质量后，浸入（20±2）℃恒温水槽中，水面高出试件顶2.5cm。浸水24h后，取出试件，用软布擦去可见自由水，称质量、量高后，立即进行相关试验。

4. 结果整理

（1）如养生期间有明显的边角缺损，试件应该作废。

（2）对养生7d的试件，在养生期间，试件质量损失应符合下列规定：小试件不超过1g；中试件不超过4g；大试件不超过10g。质量损失超过此规定的试件，应予作废。

（3）对养生90d和180d的试件，在养生期间，试件质量损失应符合下列规定：小试件不超过1g；中试件不超过10g；大试件不超过20g。质量损失超过此规定的试件，应予作废。

5. 报告

试验报告应包括以下内容：

（1）材料的颗粒组成。

(2) 水泥的种类和强度等级，或石灰的等级。

(3) 重型击实的最佳含水量（%）和最大干密度（g/cm³）。

(4) 无机结合料类型及剂量。

(5) 试件干密度（保留小数点后3位，g/cm³）或压实度。

(6) 该材料在高温下龄期与强度的对应关系。

(7) 与标准长龄期强度所对应的快速养生的龄期。

6. 记录

本试验根据所养生的试件类型，采取相应的梁式试件和圆柱形试件的记录表格。在记录内容里增加养生的起始日期和终止日期，养生的温度、湿度和养生结束后的试验内容。

2.1.3.4 无机结合料稳定材料无侧限抗压强度试验方法

1. 适用范围

本试验方法适用于测定无机结合料稳定土（包括稳定细粒土、中粒土和粗粒土）试件的无侧限抗压强度。

2. 仪器设备

(1) 标准养护室。

(2) 水槽。深度应大于试件高度50mm。

(3) 压力机或万能试验机（也可用路面强度试验仪和测力计）：压力机应符合现行GB/T 3722—1992《液压式压力试验机》及GB/T 2611—2007《试验机通用技术要求》中的要求，仪器测量精度为±1%，同时应具有加载速度指示装置或加载速率控制装置。上下压板平整并有足够刚度，可以均匀地连续加载卸载，可以保持固定荷载。开机停机均灵活自如，能够满足试件吨位要求且压力机加载速率可以有效控制在1mm/min。

(4) 电子天平。量称15kg，感量0.1g；量称4000g，感量0.01g。

(5) 量筒、拌和工具、漏斗、大小铝盒、烘箱等。

(6) 球型支座。

(7) 机油。若干。

3. 试件制备和养护

(1) 细粒土，试模的直径×高＝φ50mm×50mm；中粒土，试模的直径×高＝φ100mm×100mm；粗粒土，试模的直径×高＝φ150mm×150mm。

(2) 按照无机结合料稳定材料试件制作方法成型径高比为1:1的圆柱体试件。

(3) 按照无机结合料稳定材料试件的标准养生方法进行7d的标准养生。

(4) 将试件两顶面用刮刀刮平，必要时可用快凝水泥砂浆抹平试件顶面。

(5) 为保证试验结果的可靠性和准确性，每组试件的数目要求为：小试件不少于6个；中试件不少于9个；大试件不少于13个。

4. 试验步骤

(1) 根据试验材料的类型和一般的工程经验，选择合适量程的测力环和压力机，试件破坏荷载应大于测力量程的20%且小于测力量程的80%。球形支座和上下顶板涂上机油，使球形支座能够灵活转动。

(2) 将已浸水一昼夜的试件从水中取出，用软布吸试件表面的可见自由水，并称试件的

质量 m_4。

(3) 用游标卡尺量试件的高度 h，准确到 0.1mm。

(4) 将试件放到路面材料强度试验仪或压力机上，并在升降台上先放一扁球座，进行抗压试验。试验过程中，应保持加载速率约为 1mm/min。记录试件破坏时的最大压力 P(N)。

(5) 从试件内部取有代表性的样品（经过打破）测定其含水量 w。

5. 计算

试件的无侧限抗压强度按式 (2.1.4) 计算：

$$R_c = \frac{P}{A} \tag{2.1.4}$$

$$A = \frac{1}{4}\pi D^2$$

式中 R_c——试件的无侧限抗压强度，MPa；

P——试件破坏时的最大压力，N；

A——试件的截面积，mm^2；

D——试件的直径，mm。

6. 结果整理

(1) 抗压强度保留 1 位小数。

(2) 同一组试件试验中，采用 3 倍均方差方法剔除异常值，小试件可以允许有 1 个异常值，中试件 1～2 个异常值，大试件 2～3 个异常值。异常值数量超过上述规定的试验重做。

(3) 同一组试验的变异系数 C_v（%）符合下列规定，方为有效试验：小试件 C_v 不大于 6%；中试件 C_v 不大于 10%；大试件 C_v 不大于 15%。如不能保证试验结果的变异系数小于规定的值，则应按允许误差 10% 和 90% 概率重新计算所需的试件数量，增加试件数量并另做新试验。新试验结果与老试验结果一并重新进行统计评定，直到变异系数满足上述规定。

7. 报告

试验报告应包括以下内容：

(1) 材料的颗粒组成。

(2) 水泥的种类和强度等级，或石灰的等级。

(3) 重型击实的最佳含水量（%）和最大干密度（g/cm^3）。

(4) 无机结合料类型及剂量。

(5) 试件干密度（保留 3 位小数，g/cm^3）或压实度。

(6) 吸水量以及测抗压强度时的含水量（%）。

(7) 抗压强度，保留 1 位小数。

(8) 若干个试验结果的最小值和最大值、平均值 $\overline{R}_c$、标准差 S、变异系数 C_v 和 95% 保证率的值 $R_{c0.95}$（$R_{c0.95} = \overline{R}_c - 1.645S$）。

【案例 2.1.3】

某公路段路面基层材料无侧限抗压强度试验记录表见表 2.1.7。

表 2.1.7 无侧限抗压强度试验记录表

合同号：　　　　　　　　　　试验日期：

工程名称	××段公路工程		
监理单位	××建设监理有限公司		
施工单位	××路桥有限责任公司		
试样名称	水泥稳定砂砾	取样地点	拌和厂
工程部位	路面基层	试样描述	

制件日期：		浸水日期：		最大干密度/(g/cm³)：2.25					
成型含水量/%	6		结合料剂量/%	4.5			试件直径 D/mm		150

试件编号	试件成型后养生前		养生后质量/g	养生前后质量差/g	试件浸水后			无侧限抗压试验		
	质量/g	高度/mm			质量/g	高度 H/mm	吸水量/g	应力环读数/10^{-12}mm	轴向荷载 P/kN	强度值 R_c/MPa
1	6401.7	151	6396.3	5.4	6469.5	152	73.2	254	60.8	3.4
2	6401.8	150	6398.6	3.2	6472.5	152	73.9	239	54.9	3.1
3	6401.5	150	6396.2	5.3	6468.6	151	72.4	232	52.1	3.0
4	6400.9	151	6396.4	4.5	6467.9	153	71.5	234	52.9	3.0
5	6401.0	150	6397.6	3.4	6468.5	152	70.9	256	61.6	3.5
6	6401.1	150	6396.1	5.0	6475.2	152	79.1	245	57.3	3.2
7	6401.2	150	6396.6	4.6	6470.0	151	73.4	243	56.5	3.2
8	6402.7	151	6398.4	4.3	6469.5	152	71.1	251	59.6	3.4
9	6402.3	151	6397.7	4.6	6482.4	153	84.7	259	62.8	3.6

强度平均值 $\overline{R}$/MPa	3.3	应力环系数/(kN/10⁻²mm)	
均方差 σ/MPa	0.218	偏差系数 C_v/%	0.066
设计强度 R_c/MPa	≥2.5	试件数量 n	9
强度代表值 R/MPa	2.7	保证率系数 Z_a	1.282
备注			
结论	此组试件强度符合要求		

7. 强度评定

如为现场检测，需按下述方法对无侧限抗压强度进行评定。

（1）评定路段试样的平均强度 $\overline{R}_c$。应满足规范要求：

$$\overline{R}_c \geqslant \frac{R_d}{(1-Z_a C_v)} \tag{2.1.5}$$

式中 R_d——设计抗压强度,MPa;

C_v——试验结果的偏差系数(以小数计);

Z_a——标准正态分布表中随保证率而变的系数,高速公路、一级公路:保证率95%,$Z_a=1.645$;其他公路:保证率90%,$Z_a=1.282$。

(2)评定路段内无机结合料稳定材料强度评为合格时得满分,若强度评为不合格时相应分项工程为不合格,不合格时得零分。

【情境描述】

学习任务2.2　结构混凝土强度试验方法

混凝土是指由胶凝材料将集料胶结成整体的工程复合材料的统称。通常讲的混凝土是指用水泥做胶凝材料,砂、石作集料,与水(可含外加剂和掺合料)按一定比例配合,经搅拌而得的水泥混凝土。水泥混凝土的分类方法比较多,可以按组成、特性和功能等从不同角度进行分类。

按胶结材料分类,可分为水泥混凝土和聚合物混凝土等。

按表观密度分类,可分为轻混凝土(干表观密度可轻达1900kg/cm³)、普通混凝土(干表观密度约为20000~2800kg/cm³)、重混凝土(干表观密度可达3200kg/cm³)。

按强度分类,可分为低强度混凝土(抗压强度小于20MPa)、中强度混凝土(抗压强度20~60MPa)、高强度混凝土(抗压强度大于60MPa)。

为便利工程需要,混凝土还可以按坍落度分为干硬性混凝土(坍落度小于10mm,且须用维勃稠度表示稠度)、塑性混凝土(坍落度为10~90mm)、流动性混凝土(坍落度为100~150mm)、大流动性混凝土(坍落度等于或大于160mm)。

此外,还可根据工程的特殊要求,配制各种特种混凝土,例如,加气混凝土、抗冻混凝土、抗渗混凝土、泵送混凝土、防水混凝土、道路混凝土、水工混凝土、纤维加筋混凝土、补偿收缩混凝土、高强混凝土、高性能混凝土、大体积混凝土等。

水泥混凝土是道路与桥梁工程建设中用量最大,应用最广泛的一种建筑材料。在现代公路建设中,水泥混凝土已发展成为高等级路面的主要建筑材料之一,钢筋混凝土则作为桥梁建筑的主导材料得以广泛应用。

为了加强对混凝土质量的监测和控制,作为结构工程质量检测,其中主要的内容之一就是检测混凝土的强度。混凝土强度等级的确定通常以立方体试件的抗压强度来反映,当对某一方面的检验内容产生怀疑时,如构件的强度离散大、强度不足、振捣不密实或存在其他缺陷时,还需采用测定强度的技术方法。

混凝土测定强度的技术按其对混凝土结构的影响程度分为部分破损法和非破损法。部分破损法以不影响结构或构件的承载能力为前提,在结构或构件上直接进行局部破坏性试验,或直接钻取芯样进行破坏性试验。主要方法有钻芯法、拔出法、射击法等。此类方法较直观可靠,测试结果易为人们接受,但对混凝土结构造成局部破坏,不宜大范围检测,且费用较高,因而受到种种限制。非破损(无损)法以混凝土强度与某些物理量之间的相关性为基础,检测时在不影响结构或构件混凝土任何性能的前提下测试这些物理量,然后根据相关关系推算被测混凝土的强度推定值。其主要方法有回弹法、超声法、超声回弹综合法、射线法、成熟度法等。此类方法所用仪器简单、操作方便、费用低廉，同时便于大范围检测，在有严格的测强曲线的条件下，其测试精度较高。

钻芯法、回弹法、超声法、超声回弹综合法和拔出法是结构混凝土质量的常见检测方法，在我国应用较普遍，各种测试方法的测定内容、适用范围及优缺点见表2.2.1。本任务就其中主要的方法进行简单介绍。

表 2.2.1　　　　　　　　　　　　　无损检测方法的比较

种类	测定内容	使用范围	特　点	缺　点
回弹法	测定混凝土表面硬度	混凝土抗压强度、均质性	测试简单、快速、被测物的形状尺寸一般不受限制	测定部位仅限于混凝土表面，同一处不能再次使用
超声法	超声波传播速度、波幅和频率	混凝土抗压强度及内部缺陷	被测构件形状与尺寸不限，同一处可反复测试	探头频率较高时，声波衰减大，测定精度较差
超声回弹综合法	混凝土表面硬度值和超声波传播速度	混凝土抗压强度	测试比较简单，精度比单一法高	比单一法费事
钻芯法	从混凝土中钻取一定尺寸的芯样	混凝土抗压强度、抗劈强度、内部缺陷	对混凝土有一定损伤，检测后续进行修补	设备笨重，成本较高，对混凝土有损伤，需修补
拔出法	预埋或后装于混凝土中锚固件，测定拔出力	混凝土抗压强度	测强精度较高	对混凝土由一定损伤，检测后需进行修补

2.2.1　回弹仪测定水泥混凝土强度的试验方法

回弹法是用一弹簧驱动的重锤，通过弹击杆，弹击混凝土表面，并测出重锤被反弹回来的距离，以回弹值作为与强度相关指标来推定混凝土强度的一种方法。

回弹仪的基本原理是：用弹簧驱动重锤，重锤以恒定的动能撞击与混凝土表面垂直接触的弹击杆，使局部混凝土发生变形并吸收一部分能量，另一部分能量转化为重锤的反弹动能，当反弹动能全部转化成势能时，重锤反弹达到最大距离，仪器将重锤的最大反弹距离以回弹值（最大反弹距离与弹簧初始长度之比）的名义显示出来。水泥混凝土的回弹值是用回弹仪（图2.2.1）在混凝土表面测得，并经碳化深度修正后的回弹值，无量纲。

回弹法的优点在于操作简单，检测过程比较快而且成本也相对较低。缺点在于和其他检测手段比起来精准度要相对差一点，如果在混凝土表面硬度和强度质量存在一定差异性的情况下，例如，说受到了化学腐蚀、其他自然因素干扰等状况之下，则不应该优先选择这种方法进行检测。因为混凝土材料属于一种不均质材料，混凝土的硬度和水泥的种类、骨料粗细程度以及粒径有直接的关系，同时加上碳化作用的干扰，常常导致强度检测结果失准的情况。

1. 技术规定和一般要求

（1）有下列情况之一时，方可用回弹法评定混凝土强度。

1）缺乏同条件试块或标准试块数量不足。

2）试块的质量缺乏代表性。

3）试块的试压结果不符合现行标准、规范、规程所规定的要求，并对该结果持有怀疑。

（2）混凝土有下列情况之一时，方可按回弹法评定其强度。

1）测试前表层遭受短期湿润的混凝土，应经风干后测试。

学习任务2.2 结构混凝土强度试验方法

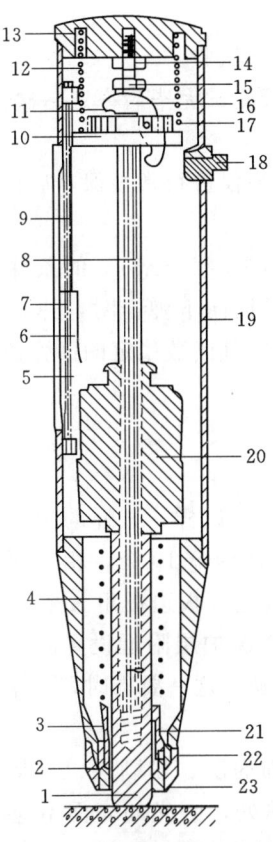

图2.2.1 混凝土回弹仪的结构

1—弹击杆；2—盖帽；3—缓冲压簧；4—弹击拉簧；5—刻度尺；6—指针片；7—指针块；8—中心导杆；9—指针轴；10—导向法兰；11—挂钩压簧；12—压簧；13—尾盖；14—紧固螺母；15—调零螺丝；16—挂钩；17—挂钩销子；18—按钮；19—外壳；20—弹击重锤；21—拉簧座；22—卡环；23—密封毡圈

2) 遭受冻结的混凝土，应待解冻后测试。

3) 蒸汽养护的混凝土，应在构件出池经自然养护14d后测试。

4) 体积小、刚度差或测试部位厚度小于100mm的构件，当测试中不能确保其无颤动时，均应设置支撑加以可靠的固定后测试。

2. 目的与适用范围

（1）本方法适用于在现场对水泥混凝土路面及其他构筑物的普通混凝土抗压强度的快速评定，所试验的水泥混凝土厚度不得小于100mm，温度不应低于10℃。

（2）回弹法试验可作为试块强度的参考，不得用于代替混凝土的强度评定，不适于作为仲裁试验或工程验收的最终依据。

3. 仪具与材料技术要求

本方法需要下列仪具和材料：

（1）混凝土回弹仪。指针直读式的混凝土回弹仪，构造和主要零件名称如图2.2.1所示，也可采用数字显示式或自记录式的回弹仪。回弹仪应符合下列标准：

1) 水平弹击时，在弹击锤脱钩的瞬间，回弹仪的标称动能应为2.207J。

2) 弹击锤与弹击杆碰撞的瞬间，弹击拉簧处于自由状态，此时弹击锤起点应位于刻度尺的零点处。

3) 在洛氏硬度为HRC60±2的钢砧上，回弹仪的率定值应为80±2。

（2）酚酞酒精溶液。浓度1%。

（3）手提式砂轮。

（4）钢砧。洛氏硬度HRC60±2。

（5）其他。卷尺、游标卡尺、凿子、锤、吸耳球等。

4. 回弹仪检定与保养

（1）回弹仪有下列情况之一时，应送检定单位校验。检验合格的回弹仪应具有检定合格证，其有效期为半年。

1) 累计弹击次数超过6000次。

2) 弹击拉簧座、弹击杆、缓冲压簧、中心导杆、导向法兰、弹击锤、指针轴、指针片、指针块、挂钩及调零螺丝等主要零件之一经更换后。

3) 弹击拉簧前端不在拉簧原孔位或调零螺丝松动。

4）遭受严重撞击或其他损害。

（2）回弹仪有下列情况之一时，应在钢砧上进行率定试验。

1）进行构件测试前后，如连续数天测试，可在每天测试完毕后率定一次。

2）测定过程中对回弹值有怀疑时。

如率定试验结果不在规定的80±2范围内，应对回弹仪进行常规保养后再行率定；如再次率定仍不合格，应送检定单位检验。

（3）回弹仪率定步骤。回弹仪率定试验，宜在室温为（20±5）℃的条件下进行。率定时，钢砧应稳固地平放在刚度大的混凝土地坪上，回弹仪向下弹击时，弹击杆应分4次旋转，每次旋转约90°，弹击3～5次，取其中最后连续3次且读数稳定的回弹值的平均值作为率定值。

5. 测试步骤

（1）测区和测点布置。

1）当为水泥混凝土路面时，将一块混凝土板作为一个试样，试样的选择按公路路基路面现场测试随机选点的方法进行。每个试样的测区数不宜少于10个，相邻两测区的间距不宜大于2m；测区宜在试样的可测表面上均匀分布，并宜避开板边板角。

2）对其他混凝土构造物，测区应避开位于混凝土内保护层附近设置的钢筋，测区宜在试样的两相对表面上有两个基本对称的测试面，如不能满足这一要求时，一个测区允许只有一个测面。

3）测区表面应清洁、干燥、平整，不应有接缝、饰面层、粉刷层、浮浆、油垢以及蜂窝、麻面等，必要时可用砂轮清除表面的杂物和不平整处，磨光的表面不应有残留粉尘或碎屑。

4）一个测区的面积宜不小于200mm×200mm，每一测区宜测定16个测点，相邻两测点的间距宜不小于3cm，测点距路面边缘或接缝的距离应不小于5cm。

5）对龄期超过3个月的硬化混凝土，应测定混凝土表层的碳化深度进行回弹值修正，也可用砂轮将碳化层打磨掉以后进行测定，但经打磨的与未经打磨的回弹值不得混在一起计算或与试块强度比较（未打磨）。

（2）回弹值测定。

在测试过程中，回弹仪的轴线应始终垂直于混凝土表面，具体操作应符合下列规定：

1）将回弹仪的弹击杆顶住混凝土表面，轻压仪器，使按钮松开，弹击杆徐徐伸出，并使挂钩挂上弹击锤。

2）手持回弹仪对混凝土表面缓慢均匀施压，待弹击锤脱钩，冲击弹击杆后，弹击锤即带动指针向后移动到达一定位置，指针刻度线在刻度尺上的示值即为该点的回弹值。

3）使用上述方法在混凝土表面依次读数并记录回弹值，如条件不利于读数，可按下按钮，锁住机芯，将回弹仪移至他处读数，准确至1个单位。

4）使用完毕后应将完毕后应将弹击杆压入仪器内，经弹击后按下按钮锁锁住机芯，待下一次使用。

（3）碳化深度测定。

1）对龄期超过3个月的混凝土，回弹值测量完毕后，可在每个测区上选择一处测量混凝土的碳化深度值。当相邻测区的混凝土生产工艺条件相同，龄期基本相同时，则该测区测得的碳化深度值也可代表相邻测区的碳化深度值。

2）测量碳化深度值时，可用合适的工具在测区表面形成直径约为 15mm 的孔洞（其深度略大于混凝土的碳化深度），然后用吸耳球吹去孔洞中的粉末和碎屑（不得用液体冲洗），并立即用浓度为 1% 酚酞酒精溶液洒在孔洞内壁的边缘处，当已碳化与未碳化界限清楚时（未碳化部分变成紫红色），用游标卡尺测量已碳化与未碳化交界面至混凝土表面的垂直距离 1～2 次，该距离即为混凝土的碳化深度值，每次测读精确至 0.5mm。

6. 计算

(1) 对一个测区的 16 个测点的回弹值，去掉 3 个最大值及 3 个最小值，将其余 10 个回弹值按式 (2.2.1) 计算测区平均回弹值：

$$\overline{N}_s = \frac{\sum N_i}{10} \tag{2.2.1}$$

式中 $\overline{N}_s$——测区平均回弹值，准确至 0.1；

N_i——第 i 个测点的回弹值。

(2) 当回弹仪非水平方向测试混凝土浇筑侧面时，应根据回弹仪轴线与水平方向的角度将测得的数据按式 (2.2.2) 进行修正，计算非水平方向测定的回弹修正值。当测定水泥混凝土路面为向下垂直方向时，测试角度-90°。回弹值修正值 ΔN 见表 2.2.2：

$$\overline{N} = \overline{N}_s + \Delta N \tag{2.2.2}$$

式中 $\overline{N}$——经非水平测定修正的测区平均回弹值；

$\overline{N}_s$——回弹仪实测的测区平均回弹值；

ΔN——非水平方向测定的修正回弹值，由表 2.2.2 或内插法求得，准确至 0.1。

(3) 平均碳化深度按式 (2.2.3) 计算：

$$\overline{L} = \frac{1}{n}\sum_{i=1}^{n} L_i \tag{2.2.3}$$

式中 $\overline{L}$——平均碳化深度，mm；

L_i——第 i 测点碳化深度，mm；

n——测点数。

表 2.2.2　　　　　　　　　　　非水平方向测定的修正回弹值

$\overline{N}_s$	ΔN 与水平方向所成的角度							
	+90°	+60°	+45°	+30°	-30°	-45°	-60°	-90°
20	-6.0	-5.0	-4.0	-3.0	+2.5	+3.0	+3.5	+4.0
30	-5.0	-4.0	-3.5	-2.5	+2.0	+2.5	+3.0	+3.5
40	-4.0	-3.5	-3.0	-2.0	+1.5	+2.0	+2.5	+3.0
50	-3.0	-3.0	-2.5	-1.5	+1.0	+1.5	+2.0	+2.5

注　表中未列入的 $\overline{N}_s$ 可用内插法求得。

如平均碳化深度值 $\overline{L}$ 不大于 0.4mm 时，按无碳化处理（即平均碳化深度为 0）；如等于或大于 6.0mm 时，取 6.0mm。对新浇混凝土龄期不超过 3 个月者，可视为无碳化。

(4) 混凝土强度推算。

1) 当需要将回弹值换算为混凝土强度时，宜采用下列方法：

a. 有试验条件时，宜通过试验建立实际的测强曲线，但测强曲线仅适用于材料质量、成型、养护和龄期等条件基本相同的混凝土。混凝土标准试块尺寸为 15cm×15cm×15cm，采用 1.5、1.75、2.0、2.25、2.50 五个灰水比，以便得到不少于 30 对数据。试件与被测对象有相同的养护条件，到达龄期后，将试块用压力机加压至 30~50kN 稳住，用回弹仪在两侧面分别测定 8 个测点，按式（2.2.1）计算平均回弹值，然后进行抗压强度试验，最小二乘法建立二者相关关系的推定式。推定式可为直线式或其他适当的形式，相关数不得小于 0.90。然后根据测区平均回弹值利用测强曲线推定混凝土抗压强度。

b. 当无足够的试验数据或相关关系的推定式不够满意时，可按式（2.2.4）推算混凝土抗压强度：

$$R = 0.025 \overline{N^2} \qquad (2.2.4)$$

式中 R——水泥混凝土的抗压强度，MPa；

$\overline{N}$——测区混凝土平均回弹值。

2) 在没有条件通过试验建立实际的测强曲线时，每个测区混凝土的抗压强度值 R_i 可按平均回弹值 $\overline{N}$ 及平均碳化深度值 $\overline{L}$ 根据测区混凝土抗压强度值换算表 2.2.3 查出。

3) 按检测路段数据整理方法计算测定对象全部测区的推定混凝土抗压强度的平均标准差、变异系数。

表 2.2.3　　　　　　　测区混凝土抗压强度值换算表

平均回弹值 $\overline{N}$	测区混凝土抗压强度值 R_i/MPa											
	平均碳化深度值 L/mm											
	0	0.5	1	1.5	2	2.5	3	3.5	4	4.5	5	5.5	6
20	10.3	9.9											
21	11.4	10	10.5	10.1									
22	12.5	12	11.5	11	10.6	10.2	9.8						
23	13.7	13.1	12.6	12.1	11.6	11.1	10.7	10.2	9.8				
24	14.9	14.3	13.7	13.2	12.6	12.1	11.6	11.2	10.7	10.3	9.8		
25	16.2	15.5	14.9	14.3	13.7	13.1	12.6	12.1	11.6	11.1	10.7	10.3	9.9
26	17.5	16.8	16.1	15.4	14.8	14.2	13.7	13.1	12.6	12.1	11.6	11.1	10.7
27	18.9	18.1	17.4	16.7	16	15.8	14.7	14.1	13.6	13	12.5	12	11.5
28	20.3	19.5	18.7	17.9	17.2	16.5	15.8	15.2	14.6	14	13.4	12.9	12.4
29	21.8	20.9	20.1	19.2	18.5	17.7	17	16.3	15.7	15	14.4	13.8	13.3
30	23.3	22.4	21.5	20.6	19.8	19	18.2	17.5	16.8	16.1	15.4	14.8	14.2
31	24.9	23.9	22.9	22	21.1	20.3	19.4	18.7	17.9	17.2	16.5	15.8	15.2
32	26.5	25.5	24.4	23.5	22.5	21.6	20.7	19.9	19.1	18.3	17.6	16.9	16.2
33	28.2	27.1	26	25	23.9	23	22	21.2	20.3	19.5	18.7	17.9	17.2
34	30	28.8	27.6	26.5	25.4	24.4	23.4	22.5	21.6	20.7	19.9	19.1	18.3
35	31.8	30.5	29.2	28.1	27	25.9	24.9	23.8	22.9	21.9	21	20.2	19.4
36	33.6	32.3	31	29.7	28.5	27.4	26.3	25.2	24.2	23.2	22.3	21.4	20.5

续表

平均回弹值 $\overline{N}$	测区混凝土抗压强度值 R_i/MPa												
	平均碳化深度值 L/mm												
	0	0.5	1	1.5	2	2.5	3	3.5	4	4.5	5	5.5	6
37	35.5	34.1	32.7	31.4	30.1	28.9	27.8	26.6	25.6	24.5	23.5	22.6	21.7
38	37.5	36.0	34.5	33.1	31.8	30	29.3	28.1	27	25.9	24.8	23.8	22.9
39	39.5	37.9	36.4	34.9	33.5	32.2	30.9	29.6	28.4	27.8	26.2	25.1	24.1
40	41.6	39.9	38.3	36.7	35.3	33.8	32.5	31.2	29.9	28.7	27.5	26.4	25.4
41	43.7	41.9	40.2	38.6	37	35.5	34.1	32.7	31.4	30.1	28.9	27.8	26.6
42	45.9	44	42.2	40.5	38.9	37.8	35.8	34.4	33	31.6	30.4	29.1	28
43	48.1	46.1	44.2	42.5	40.8	39.1	37.5	36	34.6	33.2	31.8	30.6	29.3
44		48.3	46.4	44.5	42.7	41.1	39.5	37.9	36.4	34.9	33.3	32	30.7
45			48.5	46.6	44.7	43	41.1	39.5	37.9	36.4	34.9	33.5	32.1
46				48.7	46.7	44.8	43	41.3	39.6	38	36.5	35	33.6
47					48.8	46.8	44.9	43.1	41.3	39.7	38.1	36.5	35.1
48						48.8	46.8	44.9	43.1	41.4	39.7	38.1	36.6
49							48.8	46.9	45	43.1	41.4	39.7	38.1
50								48.8	46.8	44.9	43.1	41.4	39.7
51									48.7	46.8	44.9	43.1	41.8
52										48.6	46.7	44.8	43
53											48.5	46.5	44.6
54												48.3	46.4
55													48.1

注 表中未列入的 $\overline{N}$，可用内插法求得。

7. 报告

(1) 测区混凝土平均回弹值。

(2) 测强曲线、回弹值与抗压强度的相关关系式、相关系数。

(3) 各测区的抗压强度推定结果。

(4) 推定的混凝土抗压强度的平均值、标准差、变异系数。

2.2.2 超声回弹法测定路面水泥混凝土抗弯强度的试验方法

超声回弹法也称超声回弹综合法，是指采用超声仪和回弹仪，在结构混凝土同一测区分别测量声时值及回弹值，推算该测区混凝土强度的一种方法。超声波检测的原理主要是当超声波在混凝土（介质）中进行传播的过程中，如果遇到有差别的界面就会产生一定的反射或者折射，从而导致传播速度、波形以及频率等参数产生变化。根据这些数据的变化规律我们就可以通过计算得出混凝土内部强度。换句话说，超声波检测技术是以超声波在混凝土中的传播情况来进行最终结果评定的。相关的测试结果表明，当混凝土结构强度越高，超声波在其中的传播速度就越快；而混凝土结构强度越低其传播速度就越慢。因此我们可以利用超声波检测技术更加科学地检测混凝土强度。

1. 目的与适用范围

水泥混凝土路面的混凝土抗弯强度是标准条件下的梁式试件龄期28d的抗弯强度。超声回弹法适用于采用回弹仪、低频超声仪在现场对水泥混凝土路面按综合法进行快速检测,并利用测强曲线方程推算混凝土的抗弯强度。适用于视密度为 1.9~2.5t/m³,板厚大于100mm,龄期大于14d,强度已达到设计抗压强度80%以上的水泥混凝土。当水泥混凝土出现以下情况之一则不适合采用该方法:

(1) 隐蔽或外漏局部缺陷区。

(2) 裂缝或微裂区 (包括路面伸缩缝和工作缝)。

(3) 路面角隅钢筋和边缘钢筋处,特别是超声波与钢筋方向相同时。

(4) 距路面边缘小于10cm的部位。

特别注意:现场用超声回弹法测定不能代替试验室标准条件下的抗弯强度测定,该试验不适于作为仲裁试验或工程验收的最终依据。

2. 仪具与材料

(1) 超声波检测仪(图2.2.2)。有良好的稳定性,仪器具有示波屏显示及手动游标测读,声时可测量范围应为 0.5~9999μs,测试精度为 0.1μs。数字显示稳定,声时显示调节在 20~30μs 范围内时,2h 内声时显示漂移不得大于±0.2μs。超声波在空气中传播的计算声速与实测声速值相比,误差不大于±0.5%。

图 2.2.2 超声波检测仪

(2) 换能器。为厚度震动形式压电材料,频率在 50~100kHz 范围内,实测频率与标称频率相差不大于±10%。

(3) 耦合剂。采用易于变形,有较大的声阻,有较好黏性且不流淌的材料,通常采用黄蜡油,也可使用凡士林、蜡泥型料等。

(4) 回弹仪。指针直读式的混凝土回弹仪,也可采用数字显示仪或自动记录式的回弹仪。

(5) 手持砂轮。

(6) 其他。油污清洗剂、毛刷、抹布等。

3. 方法与步骤

(1) 回弹仪率定试验。在每次测定前,均应在钢砧上进行率定。率定时,钢砧应稳固地平放在刚度大的混凝土地坪上。回弹仪向下弹击时,弹击杆分4次旋转,每次旋转约90°,弹击3~5次,取其中最后连续3次且读数稳定的回弹值进行平均作为率定值。如果率定结果在 80±2 范围内,说明此回弹仪是合格的。如率定结果不在规定范围内,应对回弹仪有关零件用清洗剂清洗保养后再进行标定;如仍不合格,则应送检定单位检验后使用。

(2) 测区和测点布置。

1) 按规定随机选择的水泥混凝土板,将每一块水泥混凝土路面板作为一个试样,均匀布置10个测区,每个测区不宜小于150mm×550mm(图2.2.3),测试面应清洁、干净、平整,不得有蜂窝、麻面,对浮浆和油垢以及粗糙处应清洗或用砂

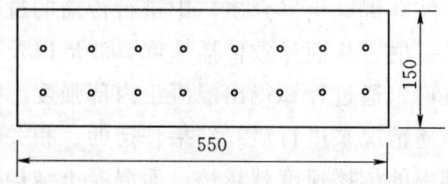

图 2.2.3 回弹值测点布置图(单位:mm)

轮片磨平，并擦净残留粉尘。

2) 每个测区的测点宜在测区范围内均匀分布，但不得布置在气孔或外露石子上，相邻两测点的距离不宜小于 30mm。

(3) 回弹值的测定。按回弹法测定混凝土抗压强度的方法用回弹仪对每个测区的 16 个测点进行回弹值测定。

(4) 声时值的测量。

1) 在进行回弹测试的同一测区内布置三条轴线如图 2.2.4 所示，作为换能器布置区。

2) 在换能器放置处涂抹耦合剂。测量超声声时时，耦合剂应与建立测强曲线时所用的耦合剂相同。

3) 将换能器分别放置轴线Ⅰ的 1 点及 2 点处，换能器与路面混凝土应充分接触，耦合良好，发射和接收两换能器直径与测轴线重合，边缘与测距相切。超声波振幅应调到规定振幅。测读声时 t_{11}，准确至 $0.1\mu s$。

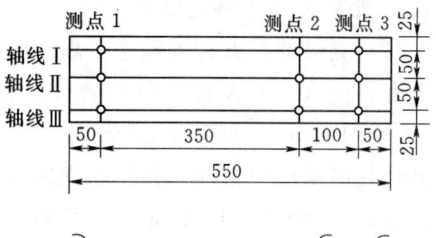

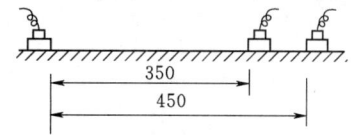

图 2.2.4 换能器布置图（单位：cm）

4) 1 点处的换能器不动，将放置在 2 点处的换能器移至 3 点处，再测读声时为 t_{12}，准确至 $0.1\mu s$。

5) 按上述方法测量轴线Ⅱ、Ⅲ，分别得声时为 t_{21}、t_{22}、t_{31}、t_{32}。

(5) 碳化深度测定。对龄期超过 3 个月的水泥混凝土路面，在测区内或与测区内混凝土各种条件相同的测区附近路面上按前述方法进行混凝土表面碳化深度的测定。

4. 计算

(1) 按式 (2.2.5) ～式 (2.2.8) 计算测区的超声波声速，精确至 0.01km/s。

$$v_{i1} = \frac{350}{t_{i1}} \tag{2.2.5}$$

$$v_{i2} = \frac{450}{t_{i2}} \tag{2.2.6}$$

$$v_i = \frac{v_{i1} + v_{i2}}{2} \tag{2.2.7}$$

$$v = \frac{v_1 + v_2 + v_3}{3} \tag{2.2.8}$$

式中　v_{i1}——第 i 条测轴线 1 点与 2 点 350mm 测距声速，km/s，$i=1$，2，3；

v_{i2}——第 i 条测轴线 1 点与 3 点 450mm 测距声速，km/s，$i=1$，2，3；

v_i——第 i 条测轴线平均声速，km/s，$i=1$，2，3；

v——测区平均声速，km/s；

t_{i1}——第 i 条测轴线 350mm 测距声时，μs；

t_{i2}——第 i 条测轴线 450mm 测距声时，μs。

在此说明：当三条测轴线平均声速 v_i 中有两条测轴线平均声速与测区的平均声速 v 之差都超过测区平均声速的 15% 时，该测区检测结果无效。

(2) 测区回弹值按前面所述方法计算，并按式 (2.2.9) 对实测回弹值进行碳化深度修正计算。
$$N' = 0.8795\overline{N} - 1.4443L + 0.48 \tag{2.2.9}$$

式中 N'——修正后的测区回弹值，当 $L=0$ 时，$N'=\overline{N}$；

$\overline{N}$——实测的测区平均回弹值；

L——碳化深度，mm。

5. 混凝土抗弯强度推算

(1) 测强曲线方程的确定。取用与路面混凝土相同的原材料，设计几种不同水灰比的混凝土配合比（一般设计 4 种配合比，其中包括路面施工时的配合比），对每种配合比成型 150mm×150mm×550mm 的梁式试件（不少于 6 个），在标准条件下养护 28d 后，按上述方法进行超声及回弹检测，并按水泥混凝土试验规程进行抗弯强度试验，再用二元非线性方程按式（2.2.10）回归，确定回归系数，得出测强曲线方程，相对标准误差 e_r 应不大于 12%。

$$R_f = av^b e_r^c N \tag{2.2.10}$$

$$e_r = \sqrt{\frac{\sum(R'_{fi}/R_{fi}-1)^2}{n-1}} \times 100 \tag{2.2.11}$$

式中 R_f——混凝土抗弯强度，MPa；

v——超声声速，km/s；

N——修正后的回弹值；

a、b、c——回归系数；

e_r——相对标准误差，%，按式（2.2.11）计算；

R'_{fi}——第 i 块试件实测抗弯强度，MPa；

R_{fi}——第 i 块试件由超声、回弹推算的抗弯强度，MPa；

n——试件数（按单块计）。

(2) 混凝土路面抗弯强度推定。

1) 每一段（或子段）中每一幅为一个单位作为抗弯强度评定对象。

2) 评定抗弯强度第一条件和第二条件值按式（2.2.12）和式（2.2.13）计算：

$$R_{n1} = 1.18(\overline{R}_n - KS_n) \tag{2.2.12}$$

$$R_{n2} = 1.18(R_{fi})_{\min} \tag{2.2.13}$$

式中 R_{n1}——抗弯强度第一条件值，MPa，准确至 0.1MPa；

R_{n2}——抗弯强度第二条件值，MPa，准确至 0.1MPa；

S_n——抗弯强度标准差，MPa，按式（2.2.14）计算，准确至 0.1MPa。

$$S_n = \sqrt{\frac{\sum(R_{fi})^2 - n(\overline{R}_n)^2}{n-1}} \tag{2.2.14}$$

式中 $\overline{R}_n$——抗弯强度平均值，MPa，按式（2.2.15）计算，准确至 0.1MPa。

$$\overline{R}_n = \frac{\sum R_{fi}}{2} \tag{2.2.15}$$

式中 R_{fi}——第 i 测区推算的抗弯强度，MPa；

$(R_{fi})_{\min}$——所有推算的抗弯强度中的最小值，MPa；

n——测区数；

m——合格判定系数值，当 $n=10\sim14$ 时，$m=1.70$；$n=15\sim24$ 时，$m=1.65$；

$n \geqslant 25$ 时，$m = 1.60$。

(3) 按式（2.2.16）以第一条件值及第二条件值中的小者作为混凝土抗弯强度评定值 R_n。

$$R_n = \min\{R_{n1}, R_{n2}\} \tag{2.2.16}$$

6. 报告

(1) 水泥混凝土路面抗弯强度检测结果可采用表 2.2.4 的格式。

表 2.2.4　　　　　　　　水泥混凝土路面抗弯强度检测记录表

施工单位：_____　　施工日期：_____　　工程名称：_____
检测单位：_____　　检测日期：_____　　第____页　共____页

项目桩号	回弹值 N_i	实测平均回弹值	碳化深度/mm	平均碳化深度/mm	修正后回弹值 N	测距声时	V_{i1}/(km/s)	V_{i2}/(km/s)	V_i/(km/s)	V/(km/s)	推算抗弯强度 R_f/MPa

(2) 水泥混凝土路面抗弯强度评定结果报告可采用表 2.2.5 的格式。

表 2.2.5　　　　　　　　水泥混凝土路面抗弯强度评定结果报告表

施工单位：_____　　施工日期：_____　　工程名称：_____
检测单位：_____　　检测日期：_____　　第____页　共____页

序号	起讫桩号	设计抗弯强度/MPa	测区数量	平均抗弯强度/MPa	标准差	合格判定系数	第一抗弯强度条件值/MPa	第二抗弯强度条件值/MPa	抗弯强度评定值/MPa

2.2.3　钻芯法测定水泥混凝土路面劈裂抗拉强度的试验方法

钻孔取芯法是利用钻机，从结构混凝土中钻取芯样进行一定的处理之后对其开始抗压测试以检测混凝土强度或观察混凝土内部质量的方法。混凝土龄期不低于 15d，强度高于 10MPa 的混凝土基本上都能够采用。由于它对结构混凝土造成局部损伤，因此是一个半破损的现场检测手段。所以在进行这类检测的过程中必须要经过设计单位的同意。

钻芯法优点是能够准确反映结构物的实际强度，适用于不同龄期混凝土的强度推定。这种方法的缺点就在于劳动强度相对较大，设备复杂，费用高，对于混凝土结构往往容易造成内部的损伤，有时在进行取样的过程中常常会碰到钢筋而导致取样工作无法顺利开展。

用钻芯法检测混凝土的强度、裂缝、接缝、分层、孔洞或离析等缺陷，具有直观、精度高等特点，但也有一定的局限性：

(1) 钻芯时结构造成局部损伤，因而对钻芯位置的选择及钻芯数量等均受到一定限制，而且它所代表的区域也是有限的。

(2) 钻芯机及芯样加工配套机具与非破损测试仪器相比，比较笨重，移动不方便，测试成本较高。

(3) 钻芯后的孔洞要修补，尤其当钻断钢筋时，更增加了修补工作的难度。

1. 目的与适用范围

(1) 适用于从混凝土结构中钻取芯样，以测定强度不大于 80MPa 的普通混凝土的强度。

(2) 钻芯法检测混凝土强度主要用于下列情况：

1) 对试块抗压强度的测试结果有怀疑时，如试块强度很高而结构混凝土质量很差，或试块强度不足而结构质量较好等。

2) 因材料、施工或养护不良而发生混凝土质量问题。

3) 混凝土遭受冻害、火灾、化学侵蚀或其他损害以及表层与内部质量不一致的混凝土。

4) 需检测多年使用的建筑结构或构筑物中混凝土强度。

(3) 对强度等级低于 C10 的混凝土结构，不宜采用钻芯法检测。

2. 仪具与材料

(1) 钻芯机。常见的钻芯机（图 2.2.5）有：轻便型取芯机（钻芯直径 $\phi 12 \sim 75$mm）、轻型钻机（钻芯直径 $\phi 12 \sim 200$mm）、重型钻机（钻芯直径 $\phi 200 \sim 450$mm）和超重型钻机（钻芯直径 $\phi 330 \sim 700$mm）。

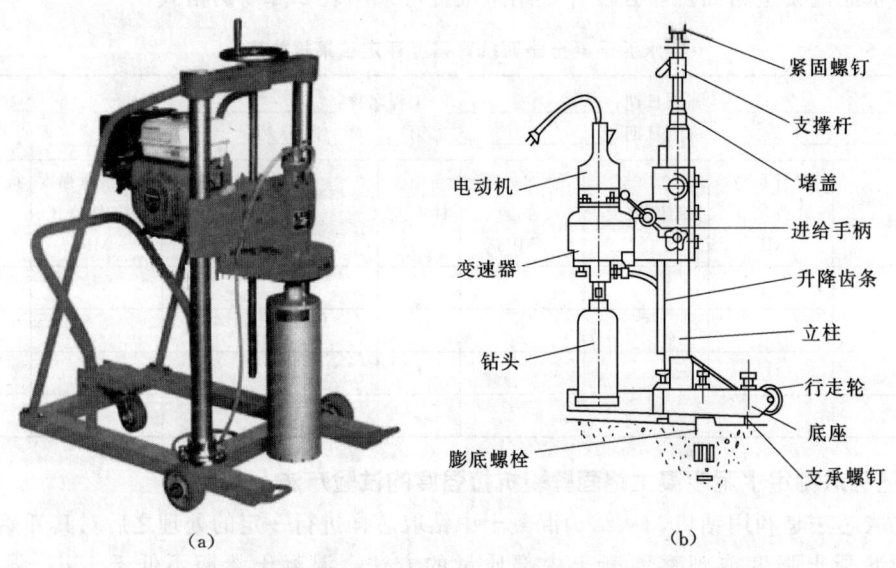

图 2.2.5 钻芯机构造示意图

为了满足钻孔和取芯工作的需要，不论哪种钻芯机都应具备以下 5 个基本功能：

1) 向钻芯头传递压力，推动钻头前进或后退。

2) 驱动钻头旋转，并应具有一定范围的转速，以便保证所需要的线速度。

3) 为了冷却钻头及冲洗钻孔过程中产生的磨削碎屑，应不断供给冷却水。

4) 钻机应具有足够的刚性和稳定性。

5) 钻机移动、安装和拆卸方便。

(2) 芯样切割机。当检测混凝土强度时，应将芯样用切割机加工成具有一定尺寸的抗压试件。切割方式可分为两种类型：一种是圆锯片不移动，但工作台可以移动；另一种是锯片平行移动，工作台不动。

（3）人造金刚石空心薄壁钻头。空心薄壁钻头主要由钢体和胎环部分组成。钢体一般由无缝钢管车制而成。钻头的胎环是由钢系、青铜系、钨系等冶金粉末和适量的人造金刚石浇铸成型。在胎环上加工若干排水槽（一般称水口），钻头的构造如图2.2.6所示。钻头与钻孔机的连接方式，主要由钻头的直径和钻机的构造决定。一般可分为柄式、螺纹连接式和卡连接式三种。

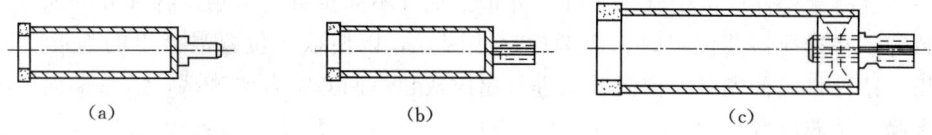

图2.2.6 芯样切割机

（4）压力试验机。压力试验机能够满足试件破坏吨位要求。

（5）劈裂夹具、木质三合板垫层。芯样劈裂抗拉试验装置示意如图2.2.7所示。

3. 方法与步骤

（1）钻芯前的准备。

1）调查了解工程质量情况。

a. 工程名称或代号，以及设计、施工、建设单位名称。

b. 结构或构件种类、外形尺寸及数量。

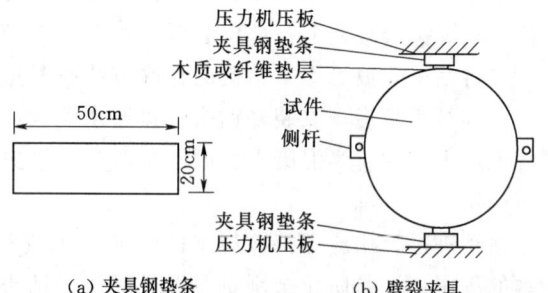

图2.2.7 芯样劈裂抗拉试验装置示意图

c. 混凝土强度等级、混凝土的成型日期、所用的水泥品种、粗集料粒径、砂石产地及配合比等。

d. 混凝土试块的抗压强度。

e. 结构或构件的现场质量状况以及施工或使用中存在的质量问题。

f. 有关的结构设计图和施工图。

2）钻芯机具准备及钻头直径的选择。一般根据被测构件的体积及钻取部位确定钻芯的深度，据此选择合适的钻机及钻头。

应根据检测的目的选择适宜尺寸的钻头。当钻取的芯样是为了进行抗压强度试验时，则芯样的直径与混凝土粗集料粒径之间应保持一定的比例关系。

在一般情况下，芯样直径为粗集料的3倍。在钢筋过密或因取芯位置不允许钻取较大芯样的特殊情况下，钻芯直径可为粗集料的2倍。在工程中的梁、柱、板、基础等现浇混凝土结构中，一般使用粗集料的最大粒径为32mm或40mm，这样采用内径为100mm或150mm的钻头已可满足要求。

3）芯样数量的确定。取芯的数量，应视检测的要求而定。进行强度检测时，一般可分为以下两种情况：

a. 单个构件进行强度检测时，在构件上的取芯个数一般不少于3个；当构件的体积或截面积较小时，取芯过多会影响结构承载能力，这时可取2个。

b. 对构件某一指定局部区域的质量进行检测时，取芯数量应视这一区域的大小而定。如某一区域遭受冻害、火灾、化学腐蚀或质量可疑等情况，这时检测结果仅代表取芯位置的质量，而不能据此对整个构件或结构物强度做出整体评价。至于检查内部缺陷的取芯试验更应视具体情况而定。

4）取芯位置的选择。取芯时会对结构混凝土造成局部损伤，因此在选择芯样位置时要特别慎重。其原则是：应尽量选择在结构受力较小的部位。对于一些重要构件或者一些构件的重要区域，尽量不在这些部位取芯，以免对结构安全造成不利影响。

在一个混凝土构件中由于施工条件、养护情况及不同位置的影响，各部分的强度并不是均匀一致的。在选择钻芯位置时，应考虑这些因素，以使取芯位置混凝土的强度具有代表性。如果有条件，应首先对结构混凝土进行超声或超声回弹综合法测试，然后根据检测目的与要求来确定钻芯位置。

（2）钻取芯样与芯样加工。

1）芯样钻取。混凝土芯样的钻取是钻芯测强过程的首要环节，是技术性很强的一项工作。钻头和钻机的使用寿命以及工作效率，都与操作者的熟练程度和经验有关。因此，熟练的操作技术，合理调节各部位装置，将会获得较好的钻取效果。

先将钻机安放稳固（钻机的稳固方法有配重法、真空吸附法、顶杆支撑法和膨胀螺栓法等）并调至水平后，安装好钻头，接通水源，启动电动机，然后操作加压手柄，使钻头慢慢接触混凝土表面。当混凝土表面不平时，下钻更应特别小心，待钻头入槽稳定后，方可适当加压进钻。

在钻进过程中应保持冷却水的畅通，水流量宜为 $3\sim 5L/mim$，出口水温不宜过高。冷却水的作用：一是防止金刚石温度升高烧毁钻头；二是及时排除钻孔中产生的大量混凝土碎屑，以利于钻头不断切削新的工作面和减少钻头的磨损。水流量的大小与钻进速度和直径成正比，以料屑能快速排出，又不致四处飞溅为宜。当钻头钻至芯样要求长度后，退钻至离混凝土表面 $20\sim 30mm$ 时停电停水，然后将钻头全部退出混凝土表面。如停电停水过早，则容易发生卡钻现象，尤其在深孔作业时更应特别注意。

移开钻机后，用带弧度的钢钎插入圆形槽并用锤敲击，此时由于弯矩的作用，芯样在底部与结构断离，然后将芯样提出。取出的芯样应及时编号，并检查外观质量情况，做好记录后，妥善保管，以备割成标准尺寸的芯样试件。

为了保证安全操作，取芯机操作人员必须穿戴绝缘鞋及其他防护用品。

2）芯样加工。

a. 芯样尺寸要求及测量方法。

（a）平均直径。在钻芯过程中，由于受到钻机振动、钻头偏摆等因素的影响，沿芯样高度的任一直径各个方向芯样直径并不是均匀一致的，也就是说同一芯样其直径有的部位大有的部位小。为了方便地计算芯样的截面积，故以平均直径为代表。测量平均直径[图 2.2.8 (d)]用游标卡尺测量芯样中部，在互相垂直的两个位置上取其两次测量的算术平均值作为平均直径，测量精度为 0.5mm。对于直径为 $\phi 100mm$ 的芯样，当直径测量误差为 0.5mm 时，芯样的截面积误差只有 0.89%，对抗压强度的计算影响不大。当沿芯样高度任一直径与平均直径相差达 2mm 以上时，由于对抗压强度的影响难以估计，故这样的芯样不能作为抗压试件使用。

(b) 芯样高度[图 2.2.8 (a)]。抗压芯样试件高度用钢卷尺或钢板尺进行测量,精确至 1mm;芯样高径比宜为 1.00,当芯样试件的实际高径比(h/d)小于要求高径比的 95% 或大于 1.05 时,相应的测试数据无效。

(c) 端面平整度。芯样端面与立方体试块的侧面一样,是进行抗压强度试验时的承压面,其平整度对抗压强度影响很大。端面不平时,向上比向下引起的应力集中更为剧烈,如同劈裂抗拉强度破坏一样,强度下降更大。当中间凸出 1mm 时,其抗压强度只有平整试件的 1/2 左右,因此国内外标准对芯样端面平整度有严格要求。测量端面平整度[图 2.2.8 (b)]是用钢板尺紧靠在芯样端面上,一面转动钢板尺一面用塞尺测量与芯样之间的缝隙,在 100mm 长度范围内不超过 0.05mm 为合格。

(d) 垂直度。芯样两个端面应互相平行且应垂直于轴线。芯样端面与轴线间垂直度偏差过大,抗压时会降低强度,其影响程度还与试验机的球座及试件的尺寸大小有关。大部分规定垂直度偏差不得超过±1°。垂直度测量[图 2.2.8 (c)]方法是,用游标量角器分别测量两个端面与轴线间的夹角,在 90°±2° 时为合格,测量精度为 0.1°,承压线凹凸不应大于 0.25mm。

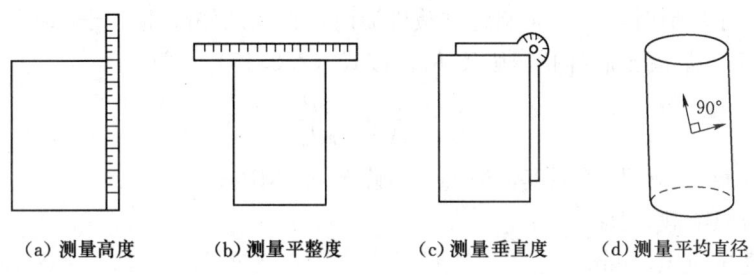

图 2.2.8 芯样尺寸测量示意图

(a) 测量高度　(b) 测量平整度　(c) 测量垂直度　(d) 测量平均直径

b. 芯样切割加工与端面的修整。

(a) 芯样切割。采用切割机和人造金刚石圆锯片进行切割加工。芯样切割部位的选择和切割机操作正确与否,是保证芯样切割质量的重要环节。芯样加工时切除部分和保留部分应根据检测的目的确定。在一般情况下,应将影响强度试验的缺边、掉角、孔洞、疏松层、钢筋等部分切除。但是,在一些特殊情况下,如为了检测混凝土受冻或疏松层的强度时,在切割加工中要注意保留这一部分混凝土。为了抗压强度试验的方便,在满足试件尺寸要求的前提下,同一批试件应尽可能切割成同样的高度。

(b) 芯样端面的修整。芯样在锯切过程中,由于受到振动、夹持不紧或圆锯片偏斜等因素的影响,芯样端面的平整度及垂直度很难完全满足试件尺寸的要求。此时,需采用专用机具进行磨平或补平处理。芯样端面修整基本可分为两种方法:磨平法和补平法。磨平法是在磨平机的磨盘上撒上金刚石砂粒(或直接用金刚石磨轮)对芯样两端进行磨平处理,或采用金刚石车刀在车床上对芯样端面进行车光处理,直到平整度及垂直度达到要求时为止。补平法是用补平材料对芯样端面进行修整,根据所用材料可分为硫黄、硫黄胶泥、硫黄砂浆、水泥净浆、水泥砂浆补平等。

芯样直径两端侧面测定钻取后芯样的高度及端面加工或端面加工后的高度,其尺寸差应在 0.25mm 之内。

(3) 抗压强度试验。芯样在进行抗压强度试验时,可分潮湿状态和干燥状态两种试验方法。在干燥状态下试验的试件，通常比经过浸湿的芯样强度高。为了使芯样试件与被测结构混凝土的湿度在基本一致的条件下进行试验，在钻芯法规程中，规定了芯样试件可在两种湿度状态下进行试验，如结构工作条件比较干燥，芯样试件应以自然干燥状态进行试验；结构工作条件比较潮湿，芯样试件应以潮湿状态进行试验。此外，统一了试验标准并规定了试验状态条件：对于干燥状态，即芯样试件在受压前应在室内自然干燥 3d；在潮湿状态进行试验时，芯样试件应在（20±2）℃的清水中浸泡 40～48h；抗压试验用的试件长度（端面加工后）不应少于直径的 0.95 倍，也不应大于直径 2.1 倍。芯样端面必须平整，必要时应磨平或用抹顶补平等方法处理。

1) 抗压强度试验步骤。

a. 取出试件，清除表面污垢，擦去表面水分，仔细检查后，在其中部量出高度和宽度，精确至 1mm。在准备过程中，要求保持试件温度无变化。

b. 在压力机下压板上放好试件，几何对中，球座最好放在试件顶面并凸面朝上。

c. 加荷速度，强度等级不大于 C30 的混凝土时，取 0.3～0.5MPa/s；强度等级为 C30～C60 时，则取 0.5～0.8MPa/s；强度等级不小于 C60 时，则取 0.8～1.0MPa/s。当试件接近而开始迅速变形时，应停止调整试验机油门，直至试件破坏，记下最大荷载。

2) 记录计算。混凝土芯样抗压强度 R_c。按式（2.2.17）计算：

$$R_c = \frac{P}{A} = \frac{4P}{\pi d_m^2} \tag{2.2.17}$$

式中　R_c——混凝土芯样抗压强度，MPa，精确至 0.1MPa；

　　　P——极限荷载，N；

　　　A——受压面积，mm；

　　　d_m——芯样截面的平均直径，mm。

(4) 钻孔取芯法测定水泥混凝土路面劈裂抗拉强度。用钻孔取芯法测定混凝土路面劈裂抗拉强度的仪器设备有压力机、钻孔取芯机、切割机、磨平机、劈裂夹具、木质三合板垫层。

1) 芯样钻取及试件加工。

要求及方法同前所述，但芯样长度应与路面厚度相等。

2) 检查。

a. 外观检查。每个芯样应详细描述有关裂缝、接缝、分层、麻面或离析等不均匀性，应记录以下事项。

集料情况：估计集料的最大粒径、形状及种类，粗细集料的比例和级配。

密实性：检查并记录存在的气孔，气孔的位置、尺寸与分布情况，必要时应拍下照片。

b. 测量。同前所述。

3) 劈裂抗拉强度检测步骤。

a. 试件从养护地点取出后，擦拭干净，测量尺寸，检查外观，在试件中部划出劈裂面位置线。劈裂面与试件成型时的顶面垂直，尺寸测量精度至 1mm。

b. 将试件、劈裂夹具、垫条和垫层放在压力机上，借助夹具两侧杆将试件对中。

c. 开动压力机，当压力机压板与夹具垫条接近时，调整球座使压力均匀接触试件。当压力加到 5kN 时，将夹具的侧杆抽出，以（60±4）N/s 左右的速度连续、均匀加荷，直至试件劈裂为止,记下破坏荷载,精确至 0.01kN。

4) 检测结果计算。芯样劈裂抗拉强度 R_{ct} 按式（2.2.18）计算：

$$R_{ct} = \frac{2P}{A\pi} = \frac{2P}{\pi d_m^2 \times L_m} \tag{2.2.18}$$

式中 R_{ct}——芯样劈裂抗拉强度,MPa,精确至 0.1MPa；

P——极限荷载,N；

A——芯样劈裂面面积,mm²；

d_m——芯样截面的平均直径,mm；

L_m——芯样平均长度,mm。

2.2.4 射钉法快速测定水泥混凝土强度试验方法

1. 目的与适用范围

（1）本方法采用发射枪使射钉射入混凝土,以射钉外露长度代表贯入阻力,通过相关关系快速评定水泥混凝土的硬化强度。可用于快速评定新浇混凝土的硬化强度,以检测现场混凝土的匀质性,了解质量低劣的部位或范围。它不适用于施工质量的评定验收与仲裁。

（2）本方法适用于抗压强度不大于 50MPa,且厚度不小于 15cm 的水泥混凝土。

2. 仪具与材料技术要求

本方法需要下列仪具与材料：

（1）发射枪。经国家有关部门批准许可的专门用于向混凝土发射射钉,并保证射钉能嵌入混凝土的发射设备。发射能量应能使射钉嵌入混凝土中的深度和外露长度均不小于 10mm,不大于 70mm。

（2）子弹。经国家有关部门批准许可的发射枪专用的配套子弹。

（3）射钉。用淬火的合金钢制成,尖端锋利,顶端平整,应便于测定外露长度和拔出回收。射钉长度均匀一致,长度误差在±0.5%范围内。

（4）游标卡尺。准确至 0.05mm。

（5）定位装置。为对准射击点而放在混凝土表面的一种装置。

3. 方法与步骤

（1）准备工作。

1）操作前应首先检查发射枪是否装有保险装置,如未安装保护罩时,不得发射。

2）根据不同混凝土强度,选用不同型号的射钉与子弹,当射钉全部射入混凝土内时,可选用能量较低的子弹。测试时的子弹型号必须与标定时的型号相同。

3）发射枪安装射钉和子弹后,应将管口朝下,防止发生意外。射钉和子弹应妥善保管,不得靠近火源或受潮。使用射钉枪的试验人员必须是经专业训练并经许可的人员。

4）混凝土表面如不平整,射钉枪保护罩不能贴紧表面时,应先将表面处理平整之后进行试验。

5）布置射钉之间的距离不小于 140mm,射钉与混凝土表面的边缘相距不得小于 100mm。在试验点放置定位装置。

（2）标定方法。

1）必须对每一支枪及每一批子弹针对工程实际情况进行标定试验,建立射钉外露长度与混凝土强度的相关关系,相关系数必须经数理统计检验为高度显著,且不得小于 0.90。

变异系数不宜超过 15%。

2) 对于同一工程，标定用的混凝土强度宜采用钻芯强度，也可采用标准尺寸的试件，与现场相同条件养护，湿养护和干养护应分别建立相关关系，采用湿养护时在试验前 24h 将试件搬到大气中养护。强度范围应包括抗压强度 5～50MPa（或抗折强度 1.5～7.0MPa），试验组数以 10～30 为宜。

3) 按测试步骤分别测定射钉外露长度，并按有关规范规定测定钻芯或试件强度，按式（2.2.19）建立现场推定混凝土强度的回归方程式。

$$R = a + bL - S \tag{2.2.19}$$

式中　R——推定的现场混凝土抗压或抗弯强度，MPa；

　　　a、b——回归系数；

　　　L——射钉外露长度，mm；

　　　S——推定式的剩余标准差，MPa。

(3) 测试步骤。

1) 试验应由专人用同一支发射枪及同一批射钉与子弹进行。

2) 从发射枪口装入射钉，用送钉器将射钉推至发射管最深位置。

3) 拉出送弹器，装上子弹，推回原位。用定位装置或在划定位置对准混凝土表面射击点，垂直混凝土表面进行射击，把射钉射入混凝土中。

4) 在外露的射钉上套入一块中间有孔的标准厚度的金属片，套进射钉稳定地放于混凝土表面，以金属片为基准，用游标卡尺测量射钉外露长度，计算时将金属片厚度计入，并做记录。测量外露长度之前应检查射钉嵌入是否牢固，嵌入不牢固的射钉不能作为试验结果。外露长度不宜小于 10mm，也不宜大于 70mm，否则该试验值应予以作废。

5) 每次测定发射 3 枚射钉，射钉的间距宜为 20cm，取 3 枚射钉外露长度的平均值作为本次试验结果。

(4) 强度的推定。由测定的射钉外露长度 L 按式（2.2.19）计算硬化混凝土的推定强度。

(5) 报告。报告应包括以下内容：

1) 所用发射枪和子弹的型号与规格。

2) 射钉型号、规格与尺寸。

3) 测定的混凝土结构和测试部位的说明（必要时绘图说明）。

4) 混凝土材料、配合比、龄期、养护条件等情况。

5) 试验部位混凝土的厚度。

6) 每个射钉的外露长度，每次试验的平均值、极差、标准差和变异系数，包括舍弃射钉的结果。

7) 必要时将试验结果列出射钉外露长度与强度的相关关系、剩余标准差和回归变异系数。

(6) 精确度与容许差。专人操作者用同一支发射枪对同一种混凝土进行测定时，每组 3 个测值的最大值与最小值的差（极差）应不超过表 2.2.6 的规定。若 3 个测值的极差超出此规定时，应发射第 4 个射钉，去掉与 4 个测值平均值相差最大的数据。若其余 3 个测值仍不能满要求，可再发射第 5 个射钉并按上述方法进行处理。如果仍不能满足要求时，应把发射枪移动到不同部位重新测试。

表 2.2.6　　　　　　　　　　射钉测值的容许差

材　　料	3 个测值的容许差/mm
水泥砂浆	6
集料最大粒径＜16mm 的混凝土	8
集料最大粒径＜31.5mm 的混凝土	11

【情境描述】

学习任务 2.3　沥青混合料试验方法

沥青混合料主要是由沥青、粗集料、细集料和填料所组成，作为高等级道路路面的主要结构形式之一，沥青路面以其表面平整、坚实、无接缝、行车平稳、舒适、噪声小等优点，在国内外得到广泛的应用。为了保证高等级公路在高速、安全、经济和舒适四个方面的功能要求，沥青混合料除了要具备一定的力学强度，还要具备高温稳定性、低温抗裂性、耐久性、抗滑性等各项技术要求。因此在设计和施工过程中，应对沥青结合料和沥青混合料的各项性能进行准确的检验，以确保沥青路面的工程质量。本任务简略介绍沥青混合料的组成结构和技术性能，重点介绍沥青混合料的试验检测技术。

2.3.1　沥青混合料马歇尔试验方法

2.3.1.1　击实法制备沥青混合料马歇尔试件

由于不同的沥青混合料制件方法对沥青混合料的试验结果有较大的影响，因此不少国家对道路沥青混合料试件的制作方法都进行了研究，认为符合路面成型条件的方法主要是轮碾法和振动击实法，模拟路面成型的还有搓揉压实法。下面主要介绍击实法。

1. 目的及适用范围

本方法适用于标准击实法或大型击实法制作沥青混合料试件，以供试验室进行沥青混合料物理力学性质试验使用。标准击实法适用于马歇尔试验、间接拉伸试验等所用的直径 101.6mm×63.5mm 圆柱体试件的成型，大型击实法适用于直径为 152.4mm×95.3mm 的大型圆柱体试件的成型。

在进行沥青混合物料配合比设计和试验室人工配制沥青混合料试件时，试件尺寸、矿料规格及试件数量应符合以下基本要求：

（1）当集料公称最大粒径不大于 26.5mm 时，采用标准击实法。一组试件的数量不少于 4 个。

（2）当集料公称最大粒径大于 26.5mm 时，宜采用大型击实法。一组试件数量不少于 6 个。

2. 仪具与材料

（1）击实仪。

1）标准击实仪。由击实锤、(ϕ98.5±0.5）mm 平圆形压实头及带手柄的导向棒组成。用人工或机械将压实锤举起，从（457.2±1.5）mm 高度沿导向棒自由落下击实，标准击实锤重量（4536±9）g。

2) 大型击实仪。由击实锤、(ϕ149.5±0.5)mm 平圆形压实头及带手柄的导向棒组成。用人工或机械将压实锤举起,从 (457.2±2.5)mm 高度沿导向棒自由落下击实,标准击实锤质量 (10210±10)g。

3) 自动击实仪。自动击实仪将标准击实锤及标准击实台安装一体并用电力驱动使击实锤连续击实试件,且可自动记数,击实速度为 (60±5)次/min。大型电动击实仪的功率不小于250W。

(2) 标准击实台。用以固定试模,在 200mm×200mm×457mm 的硬木墩上面有一块 305mm×305mm×25mm 的钢板,木墩用4根型钢固定在下面的水泥混凝土板上。木墩采用青冈栎、松或其他干密度为 0.67~0.77g/cm³ 的硬木制成。人工击实或机械击实必须有此标准击实台。

(3) 试验室用沥青混合料拌和机(图2.3.1)。能保证拌和温度并充分拌和均匀,可控制拌和时间;容量不少于10L,搅拌叶自转速度 70~80r/min,公转速度 40~50r/min。

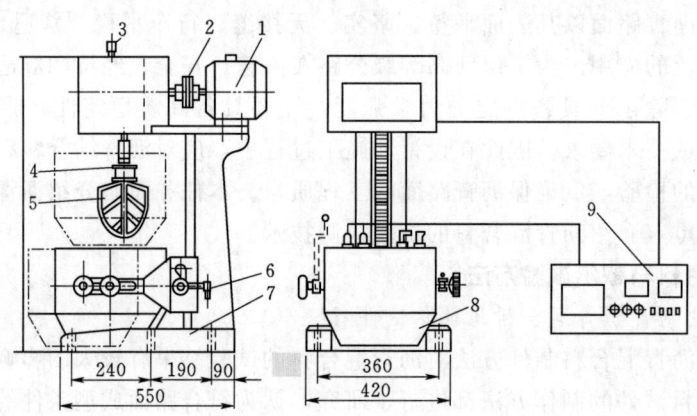

图 2.3.1 试验室用沥青混合料拌和机
1—电机;2—联轴器;3—变速箱;4—弹簧;5—拌和叶片;6—升降手柄;
7—底座;8—加热拌和锅;9—温度时间控制仪

(4) 脱模器。电动或手动,可无破损地推出圆柱体试件,备有标准圆柱体试件及大型圆柱体试件尺寸的推出环。

(5) 试模。由高碳钢或工具钢制成,每组包括内径 (101.6±0.2)mm、高约87mm 的圆柱形金属筒、底座(直径约120.6mm)和套筒(内径101.6mm,高约70mm)各一个。

大型圆柱体试件的套筒外径 165.1mm,内径 (155.6±0.3)mm,总高83mm。试模内径 (1.452±0.2)mm,总高115mm,底座板厚12.7mm,直径172mm。

(6) 烘箱。大、中型各一台,装有温度调节器。

(7) 天平或电子秤。用于称量矿料的,感量不大于 0.5g;用于称量沥青的,感量不大于 0.1g。

(8) 沥青运动黏度测定设备。毛细管黏度计、赛波特重油黏度计或布洛克菲尔德黏度计。

(9) 插刀或大螺丝刀。

(10) 温度计。分度为1℃,量程 0~300℃。宜采用有金属插杆的热电偶沥青温度计,金属插杆的长度不小于300mm,数字显示或度盘指针的分度0.1℃,且有留置读数功能。

(11) 其他。电炉或煤气炉、沥青熔化锅、拌和铲、标准筛、滤纸(或普通纸)、胶布、卡尺、秒表、粉笔、棉纱等。

3.试验方法

(1) 确定制作沥青混合料试件的拌和与压实温度。试件的拌和与压实温度可按表2.3.1选用,并根据沥青品种和标号作适当调整。针入度小,稠度大的沥青取高限,针入度大,稠度小的沥青取低限,一般取中值。对改性沥青,应根据改性剂的品种和用量,适当提高混合料的拌和和压实温度。对大部分聚合物改性沥青,需要在基质沥青的基础上提高15~30℃,掺入纤维时,尚需要提高10℃左右。

表2.3.1 沥青混合料的拌和及压实温度参考表

沥青结合料种类	拌和温度/℃	压实温度/℃
石油沥青	130~160	120~150
煤沥青	90~120	80~110
改性沥青	160~175	140~170

(2) 成型准备工作。

1) 将各种规格的矿料置于(105±5)℃的烘箱中烘干至恒重(一般不少于4~6h)。根据需要,粗集料可先用水冲洗干净后烘干。也可将粗细集料过筛后,用水冲洗再烘干备用。

2) 按规定试验方法分别测定不同粒径粗、细集料规格及填料(矿粉)的各种密度,并测定沥青的密度。

3) 将烘干分级的粗细集料,按每个试件设计级配要求称其质量,在一金属盘中混合均匀,矿粉单独加热,置于烘箱中预热至沥青拌和温度以上约15℃(石油沥青通常为163℃)备用。一般按一组试件(每组4~6个)备料,但进行配合比设计时宜对每个试件分别备料。当用替代法时,对粗集料中粒径大于26.5mm的部分,以13.2~26.5mm粗集料等量代替。

4) 将采集的沥青试样,用恒温烘箱或油浴、电热套熔化加热至规定的沥青混合料拌和温度备用,但不得超过175℃。当不得已采用燃气炉或电炉直接加热进行脱水时,必须使用石棉垫隔开。

5) 用沾有少许黄油的棉纱擦净试模、套筒及击实座等,并置于100℃左右烘箱中加热1h备用。

(3) 混合料拌制。

1) 将沥青混合料拌和机预热至拌和温度以上10℃备用。

2) 将每个试件预热的粗细集料置于拌和机中,用小铲适当混合,然后再加入需要数量的已加热至拌和温度的沥青,开动拌和机一边搅拌,一边将拌和叶片插入混合料中拌和1~1.5min,然后暂停拌和,加入单独加热的矿粉,继续拌和至均匀为止,并使沥青混合料保持在要求的拌和温度范围内,标准的总拌和时间为3min。

(4) 试件成型。

1) 将拌好的沥青混合料,均匀称取一个试件所需的用量(标准试件约1200g,大型试件约4050g)。如已知沥青混合料的密度,可根据试件的标准尺寸计算并乘以1.03得到要求沥青混合料数量。当一次拌和几个试件时,宜将其倒入经预热的金属盘中,用小铲拌和均匀分成几份，分别取用。试件制作过程中，为防止混合料温度下降，应连盘放入烘箱中保温。

2）从烘箱中取出预热的试模及套筒，用沾有少许黄油的棉纱擦拭套筒、底座及击实锤底面，将试模装在底座上，垫一张圆形的吸油性小的纸，按四分法从四个方向用小铲将混合料铲入试模中，用插刀沿周边插捣15次，中间10次。插捣后将沥青混合料表面整平成凸圆弧面。对大型马歇尔试件，混合料分两次加入，每次插捣次数同上。

3）插入温度计，至混合料中心附近，检查混合料温度。

4）待混合料温度达到要求的压实温度后，将试模连同底座一起放在击实台上固定，也可在装好的混合料上垫一张吸油性小的圆纸，再将装有击实锤及导向棒的压实头插入试模中，然后开启电动机（或人工）将击实锤从457mm的高度自由落下击实规定的次数（75次或50次）。对大型马歇尔试件，击实次数为75次（相应于标准击实50次的情况）或112次（相应于标准击实75次的情况）。

5）试件击实一面后，取下套筒，将试模掉头，装上套筒，然后以同样的方法和次数击实另一面。

6）试件击实结束后，如上下面垫有圆纸，应立即用镊子取掉，用卡尺量取试件距试模上口的高度并由此计算试件高度。如高度不符合要求时，试件应作废，并按式（2.3.1）调整试件的混合料数量，使高度符合（63.5±1.3）mm（标准试件）或（95.3±2.5）mm（大型试件）的要求。

$$q = q_0 \frac{63.5}{h_0} \tag{2.3.1}$$

式中　q——调整后沥青混合料质量，g；

　　　q_0——制备试件的沥青混合料实际用量，g；

　　　h_0——制备试件的实际高度，mm。

7）卸去套筒和底座，将装有试件的试模横向放置冷却至室温后（不少于12h），置脱模机上脱出试件。

8）将试件仔细置于干燥洁净的平面上，供试验用。

2.3.1.2　沥青混合料的马歇尔稳定度试验

马歇尔试验是目前沥青混合料中最重要的试验方法之一，根据不同的试验条件，可分为标准马歇尔试验、浸水马歇尔试验或真空马歇尔试验。

标准马歇尔试验目前主要用于检测沥青混合料的高温性能，所测定的指标有马歇尔稳定度MS、流值FL和马歇尔模数T，并以这些指标来表征其高温时的稳定性和抗变形能力。稳定度是指在规定的温度和加荷速率下，标准试件的最大破坏荷载；流值是指最大破坏荷载时，试件的垂直变形；马歇尔模数为稳定度除以流值的商。

浸水马歇尔试验主要用来检验沥青混合料受水损害时抵抗剥落的能力，表征指标为残留稳定度，即为沥青混合料试件浸水48h，浸水后的稳定度与标准马歇尔稳定度的比值，以百分数表示。

1. **目的与适用范围**

（1）本方法适用于马歇尔稳定度试验和浸水马歇尔稳定度试验，以进行沥青混合料的配合比设计或沥青路面施工质量检验。浸水马歇尔稳定度试验（根据需要，也可进行真空饱水马歇尔试验）供检验沥青混合料受水损害时抵抗剥落的能力时使用，通过测试其水稳定性检验配合比设计的可行性。

(2) 本方法适用于按击实法成型的标准马歇尔试件圆柱体和大型马歇尔试件圆柱体。

2. 仪具与材料

(1) 沥青混合料马歇尔试验仪。分为自动式和手动式。自动马歇尔试验仪应具备控制装置、记录荷载-位移曲线、自动测定荷载与试件的垂直变形，能自动显示和存储或打印试验结果等功能。手动式由人工操作，试验数据通过操作者目测后读取数据。

对用于高速公路和一级公路的沥青混合料宜采用自动马歇尔试验仪。

1) 当集料公称最大粒径不大于26.5mm时，宜采用φ101.66mm×63.5mm的标准马歇尔试件，试验仪最大荷载不得小于251kN，读数准确至0.1kN，加载速率应能保持（50±5）mm/min。钢球直径（16±0.05）mm，上下压头曲率半径为（50.8±0.08）mm。

2) 当集料公称最大粒径大于26.5mm时，宜采用φ152.4mm×95.3mm大型马歇尔件，试验仪最大荷载不得小于50kN，读数准确至0.1kN。上下压头的曲率内径为（φ152.4±0.2）mm，上下压头间距（19.05±0.1）mm。

(2) 恒温水槽：控温准确至1℃，深度不小于150mm。

(3) 真空饱水容器：包括真空泵及真空干燥器。

(4) 烘箱。

(5) 天平：感量不大于0.1g。

(6) 温度计：分度值1℃。

(7) 卡尺。

(8) 其他：棉纱、黄油。

3. 标准马歇尔试验方法

(1) 准备工作。

1) 按击实法成型马歇尔试件，标准马歇尔试件尺寸应符合直径（101.6±0.2）mm、高（63.5±1.3）mm的要求。对大型马歇尔试件，尺寸应符合直径（152.4±0.2）mm、高（95.3±2.5）mm的要求。一组试件的数量不得少于4个。

2) 量测试件的直径及高度：用卡尺测量试件中部的直径，用马歇尔试件高度测定器或用卡尺在十字对称的4个方向量测离试件边缘10mm处的高度，准确至0.1mm，并以其平均值作为试件的高度。如试件高度不符合（63.5±1.3）mm或（95.3±2.5）mm要求或两侧高度差大于2mm，此试件应作废。

3) 按压实沥青混合料的密度实验的方法测定试件的密度，并计算空隙率、沥青体积百分率、沥青饱和度、矿料间隙率等体积指标。

4) 将恒温水槽调节至要求的试验温度，对黏稠石油沥青或烘箱养生过的乳化沥青混合料为（60±1）℃，对煤沥青混合料为（33.8±1）℃，对空气养生的乳化沥青或液体沥青混合料为（25±1）℃。

(2) 试验步骤。

1) 将试件置于已达规定温度的恒温水槽中保温，保温时间对标准马歇尔试件需30～40min，对大型马歇尔试件需45～60min，试件之间应有间隔，底下应垫起，距水槽底部不小于5cm。

2) 将马歇尔试验仪的上下压头放入水槽或烘箱中达到同样温度。将上下压头从水槽或烘箱中取出擦拭干净内面。为使上下压头滑动自如，可在下压头的导棒上涂少量黄油。再将试件取出置于下压头上，盖上上压头，然后装在加载设备上。

3）在上压头的球座上放妥钢球，并对准荷载测定装置的压头。

4）当采用自动马歇尔试验仪时，将自动马歇尔试验仪的压力传感器、位移传感器与计算机或 X－Y 记录仪正确连接，调整好适宜的放大比例，压力和位移传感器调零。

5）当采用压力环和流值计时，将流值计安装在导棒上，使导向套管轻轻地压住上压头，同时将流值计读数调零。调整压力环中的百分表，对零。

6）启动加载设备，使试件承受荷载，加载速度为（50±5）mm/min。计算机或 X－Y 记录仪自动记录传感器压力和试件变形曲线并将数据自动存入计算机。

7）当试验荷载达到最大值的瞬间，取下流值计，同时读取压力环中百分表读数及流值计的流值读数。

8）从恒温水槽中取出试件至测出最大荷载值的时间，不得超过 30s。

4. 浸水马歇尔试验方法

浸水马歇尔试验方法与标准马歇尔试验方法的不同之处在于，试件在已达规定温度恒温水槽中的保温时间为 48h，其余步骤均与标准马歇尔试验方法相同。

5. 真空饱水马歇尔试验方法

试件先放入真空干燥器中，关闭进水胶管，开动真空泵，使干燥器的真空度达到 97.3kPa 以上，维持 15min；然后打开进水胶管，靠负压进入冷水流使试件全部浸入水中，浸水 15min 后恢复常压，取出试件再放入已达规定温度的恒温水槽中保温 48h。其余均与标准马歇尔试验方法相同。

6. 计算

(1) 试件的稳定度及流值。

1）当采用自动马歇尔试验仪时，将计算机采集的数据绘制成压力和试件变形曲线，或由 X－Y 记录仪自动记录的荷载-变形曲线，以 mm 计，准确至 0.1mm。最大荷载即为稳定度 MS，以 kN 计，准确至 0.01kN。

2）采用压力环和流值计测定时，根据压力环标定曲线，将压力环中百分表的读数换算为荷载值，或者由荷载测定装置读取的最大值即为试样的稳定度 MS，以 kN 计，准确至 0.01kN。由流值计及位移传感器测定装置读取的试件垂直变形，即为试件的流值 FL，以 mm 计，准确至 0.1mm。

(2) 试件的马歇尔模数按式（2.3.2）计算。

$$T = \frac{MS}{FL} \tag{2.3.2}$$

式中 T——试件的马歇尔模数，kN/mm；

MS——试件的稳定度，kN；

FL——试件的流值，mm。

(3) 试件的浸水残留稳定度按式（2.3.3）计算。

$$MS_0 = \frac{MS_1}{MS} \times 100 \tag{2.3.3}$$

式中 MS_0——试件的浸水残留稳定度，%；

MS_1——试件浸水 48h 后的稳定度，kN。

(4) 试件的真空饱水残留稳定度按式 (2.3.4) 计算。

$$MS_0' = \frac{MS_2}{MS} \times 100 \tag{2.3.4}$$

式中　MS_0'——试件的真空饱水残留稳定度，%；

　　　MS_2——试件真空饱水后浸水 48h 后的稳定度，kN。

7. 报告

(1) 当一组测定值中某个测定值与平均值之差大于标准差的 k 倍时，该测定值应予舍弃，并以其余测定值的平均值作为试验结果。当试件数目 n 为 3、4、5、6 个时，k 值分别为 1.15、1.46、1.67、1.82。

(2) 报告中需列出马歇尔稳定度、流值、马歇尔模数，以及试件尺寸、密度、空隙率、沥青用量、沥青体积百分率、沥青饱和度、矿料间隙率等各项物理指标。当采用自动马歇尔试验时，试验结果应附上荷载-变形曲线原件或自动打印结果。

2.3.1.3　沥青路面芯样马歇尔试验

1. 目的与适用范围

本方法适用于从沥青路面钻取的芯样进行马歇尔试验，供评定沥青路面施工质量是否符合设计要求或进行路况调查。标准芯样钻孔试件的直径为 100mm，适用的试件高度为 30～80mm；大型钻孔试件的直径为 150mm，适用的试件高度为 80～100mm。

2. 仪具与材料技术要求

本方法所用的仪具与材料与本任务沥青混合料马歇尔试验相同。

3. 方法与步骤

(1) 按现行 JTG E60—2008《公路路基路面现场测试规程》的方法钻取压实沥青混合料路面芯样试件。

(2) 试验前必须将芯样试件黏附的黏层油、透层油和松散颗粒等清理干净。对与多层沥青混合料联结的芯样，宜采用以下方法进行分离：

1) 在芯样上对不同沥青混合料层间画线作标记，然后将芯样在 0℃ 以下冷却 20～25min。

2) 取出芯样，用宽 5cm 以上的凿子对准层间画线标记处，用锤子敲打凿子，在敲打过程中不断旋转试件，直到试件分开。

3) 如果以上方法无法将试件分开，特别是层与层之间的界线难易分清时，宜采用切割方法进行分离。切割时需要连续加冷却水切割，并注意观察切割后的试件不能含有其他层次的混合料。

(3) 试件宜在阴凉处存放（温度不宜高于 35℃），放置在水平的地方，注意不要使试件产生变形等。

(4) 测定试件的密度，并计算空隙率、沥青体积百分率、沥青饱和度、矿料间隙率等体积指标。

(5) 卡尺测定试件的直径，取两个方向的平均值。

(6) 测定试件的高度，取 4 个对称位置的平均值，准确至 0.1mm。

（7）由试验实测稳定度乘以表 2.3.2 或表 2.3.3 的试件高度修正系数 K 得到标准高度试件的稳定度 MS。

表 2.3.2　　现场钻取芯样试件高度修正系数（适用于 φ100mm 试件）

试件高度/cm	修正系数 K	试件高度/cm	修正系数 K
2.47~2.61	5.56	5.16~5.31	1.39
2.62~2.77	5.00	5.32~5.46	1.32
2.78~2.93	4.55	5.47~5.62	1.25
2.94~3.09	4.17	5.63~5.80	1.19
3.10~3.25	3.85	5.81~5.94	1.14
3.26~3.40	3.57	5.95~6.10	1.09
3.41~3.56	3.33	6.11~6.26	1.04
3.57~3.72	3.03	6.27~6.44	1.00
3.73~3.88	2.78	6.45~6.60	0.96
3.89~4.04	2.50	6.61~6.73	0.93
4.05~4.20	2.27	6.74~6.89	0.89
4.21~4.36	2.08	6.90~7.06	0.86
4.37~4.51	1.92	7.07~7.21	0.83
4.52~4.67	1.79	7.22~7.37	0.81
4.68~4.87	1.67	7.38~7.54	0.78
4.88~4.99	1.50	7.55~7.69	0.76
5.00~5.15	1.47		

表 2.3.3　　现场钻取芯样试件高度修正系数（适用于 φ150mm 试件）

试件高度/cm	试件体积/cm³	修正系数 K
8.81~8.97	1608~1636	1.12
8.98~9.13	1637~1665	1.09
9.14~9.29	1666~1694	1.06
9.30~9.45	1695~1723	1.03
9.46~9.60	1724~1752	1.00
9.61~9.76	1753~1781	0.97
9.77~9.92	1782~1810	0.95
9.93~10.08	1811~1839	0.92
10.09~10.24	1840~1868	0.90

2.3.2　沥青混合料热稳定性试验方法

沥青混合料是一种典型的流变性材料，它的强度和劲度模量随温度升高而降低。所以沥青路面在夏季高温时，在重交通荷载重复作用下，由于交通的渠化，在轮迹带逐渐形成变形下凹、两侧鼓起的所谓"车辙"，这是现代高等级沥青路面最常见的病害。沥青混合料高温稳定性是指沥青混合料夏季高温通常为 60℃ 条件下，经车辆荷载长期重复作用后，不产生车辙和波浪等病害的性能。

我国现行规范规定，采用马歇尔稳定度试验进行沥青混合料级配设计；对高速公路、一级公路、城市快速路、主干路用沥青混合料，还应通过车辙试验动稳定度指标检验其抗车辙性能。

2.3.2.1 沥青混合料车辙试件制作（轮碾法）

1. 目的与适用范围

（1）本方法规定了在试验室用轮碾法制作沥青混合料试件的方法，以供进行沥青混合料物理力学性质试验时使用。

（2）轮碾法适用于300mm×300mm×(50～100)mm（长×宽×厚）板块状试件的成型，此试件可用切割机切制成棱柱体试件，或在试验室用取芯机钻取试样。成型试件的密度应符合马歇尔标准击实试样密度100%±1%的要求。

（3）沥青混合料试件制作时的试件厚度可根据集料粒径大小及工程需要进行选择。对于集料公称最大粒径不大于19mm的沥青混合料，宜采用300mm×300mm×50mm（长×宽×厚）的板块试模成型；对于集料公称最大粒径不小于26.5mm的沥青混合料，宜采用300mm×300mm×(80～100)mm（长×宽×厚）的板块试模成型。

2. 仪具与材料技术要求

（1）轮碾成型机。具有与钢筒式压路机相似的圆弧形碾压轮，轮宽300mm，压实线荷载为300N/cm，碾压行程等于试件长度，经碾压后的板块状试件可达到马歇尔试验标准击实密度的100%±1%的要求。

（2）试验室用沥青混合料拌和机。能保证拌和温度并充分拌和均匀，可控制拌和时间，宜采用容量大于30L的大型沥青混合料拌和机，也可采用容量大于10L的小型拌和机。

（3）试模。由高碳钢或工具钢制成，试模尺寸应保证成型后符合要求试件尺寸的规定。试验室制作车辙试验板块状试件的标准试模如内部平面尺寸为300mm×300mm×(50～100)mm（长×宽×厚）。

（4）切割机。试验室用金刚石锯片切割机（单锯片或双锯片切割机）或现场用路面切割机，有淋水冷却装置，其切割厚度不小于试件厚度。

（5）钻孔取芯机。用电力或汽油机、柴油机驱动，有淋水冷却装置。金刚石钻头的直径根据试件直径的大小选择（100mm或150mm）。钻孔深度不小于试件厚度，钻头转速不小于1000r/min。

（6）烘箱。大、中型各1台，装有温度调节器。

（7）台秤、天平或电子秤。称量5kg以上的，感量不大于1g；称量5kg以下的，用于称量矿料的感量不大于0.5g，用于称量沥青的感量不大于0.1g。

（8）沥青黏度测定设备。布洛克菲尔德黏度计、真空减压毛细管。

（9）小型击实锤。钢制端部断面80mm×80mm，厚10mm，带手柄，总质量0.5kg左右。

（10）温度计。分度值1℃。宜采用有金属插杆的插入式数显温度计，金属插杆的长度不小于150mm。量程0～300℃。

（11）其他。电炉或煤气炉、沥青熔化锅、拌和铲、标准筛、滤纸、胶布、卡尺、秒表、粉笔、垫木、棉纱等。

3. 准备工作

(1) 按马歇尔试件成型的方法决定制作沥青混合料试件的拌和与压实温度。常温沥青混合料的拌和及压实在常温下进行。

(2) 按沥青混合料取样法在拌和厂或施工现场采取代表性的沥青混合料，如混合料温度符合要求，可直接用于成型。在试验室人工配制沥青混合料时，按马歇尔试件成型的方法准备矿料及沥青。常温沥青混合料的矿料不加热。

(3) 将金属试模及小型击实锤等置100℃左右烘箱中加热1h备用。常温沥青混合料用试模不加热。

(4) 按马歇尔试件成型的方法拌制沥青混合料。当采用大容量沥青混合料拌和机时，宜一次拌和；当采用小型混合料拌和机时，可分两次拌和。混合料质量及各种材料数量由试件的体积按马歇尔标准密度乘以1.03的系数求得。常温沥青混合料的矿料不加热。

4. 轮碾成型方法

在试验室用轮碾成型机制备试件。试件尺寸可为300mm×300mm×(50～100) mm（长×宽×厚）。试件的厚度可根据集料粒径大小选择，同时根据需要厚度也可以采用其他尺寸，但混合料一层碾压的厚度不得超过100mm。

(1) 将预热的试模从烘箱中取出，装上试模框架；在试模中铺一张裁好的普通纸（可用报纸），使底面及侧面均被纸隔离；将拌和好的全部沥青混合料（注意不得散失，分两次拌和的应倒在一起），用小铲稍加拌和后均匀地沿试模由边至中按顺序转圈装入试模，中部要略高于四周。

(2) 取下试模框架，用预热的小型击实锤由边至中转圈夯实一遍，整平成凸圆弧形。

(3) 插入温度计，待混合料达到JTJ 052—2000《公路工程沥青及沥青混合料试验规程》中T 0702规定的压实温度（为使冷却均匀，试模底下可用垫木支起）时，在表面铺一张裁好尺寸的普通纸。

(4) 成型前将碾压轮预热至100℃左右；然后，将盛有沥青混合料的试模置于轮碾机的平台上，轻轻放下碾压轮，调整总荷载为9kN（线荷载300N/cm）。

(5) 启动轮碾机，先在一个方向碾压2个往返（4次）；卸荷；再抬起碾压轮，将试件调转方向；再加相同荷载碾压至马歇尔标准密实度100%±1%为止。试件正式压实前，应经试压，测定密度后，确定试件的碾压次数。对普通沥青混合料，一般12个往返（24次）左右可达要求（试件厚为50mm）。

(6) 压实成型后，揭去表面的纸，用粉笔在试件表面标明碾压方向。

2.3.2.2 沥青混合料车辙试验

车辙试验最初是英国道路研究所开发的，由于试验方法比较简单直观，而且与实际路面车辙的相关性好，因此在日本、欧洲、北美等地得到广泛的应用。目前我国也将车辙试验用于测定沥青混合料的高温抗车辙能力。

车辙试验是用标准的成型方法，制成标准的混合料试件，在60℃的温度下，以一定荷载的轮子在同一轨迹做一定时间的反复行走，然后计算试件变形1mm所需车轮行走的次数，即为动稳定度。动稳定度是评价沥青混凝土路面高温稳定性的一项指标，也是沥青混合料配合比设计时的一项辅助性检验指标。

1. 目的与适用范围

(1) 本方法适用于测定沥青混合料的高温抗车辙能力，供沥青混合料配合比设计时的高温稳定性检验使用，也可用于现场沥青混合料的高温稳定性检验。

(2) 车辙试验的温度与轮压（试验轮与试件的接触压强）可根据有关规定和需要选用，非经注明，试验温度为60℃，轮压为0.7MPa。根据需要，如在寒冷地区也可采用45℃，在高温条件下试验温度可采用70℃等，对重载交通的轮压可增加至1.4MPa，但应在报告中注明。计算动稳定度的时间原则上为试验开始后45～60min之间。

(3) 本方法适用于用轮碾成型机碾压成型的长300mm、宽300mm、厚50～100mm的板块状试件。根据工程需要也可采用其他尺寸的试件。本方法也适用于现场切割板块状试件，切割试件的尺寸根据现场面层的实际情况由试验确定。

2. 仪具与材料技术要求

(1) 车辙试验机。如图2.3.2所示。它主要由下列部分组成：

1) 试件台。可牢固地安装两种宽度（300mm及150mm）规定尺寸试件的试模。

2) 试验轮。橡胶制的实心轮胎，外径200mm，轮宽50mm，橡胶层厚15mm。橡胶硬度（国际标准硬度）20℃时为84±4，60℃时为78±2。试验轮行走距离为（230±10）mm，往返碾压速度为（42±1）次/min（21次往返/min）。采用曲柄连杆驱动加载轮往返运行方式。

这里要说明的是：轮胎橡胶硬度应注意检验，不符合要求的应及时更换。

图2.3.2 车辙试验机

3) 加载装置。通常情况下试验轮与试件的接触压强在60℃时为（0.7±0.05）MPa，施加的总荷载为780N左右，根据需要可以调整接触压强大小。

4) 试模。钢板制成，由底板及侧板组成，试模内侧尺寸宜采用长为300mm，宽为300mm，厚为50～100mm，也可根据需要对厚度进行调整。

5) 试件变形测量装置。自动采集车辙变形并记录曲线的装置，通常用位移传感器LVDT或非接触位移计。位移测量范围0～130mm，精度±0.01mm。

6) 温度检测装置。自动检测并记录试件表面及恒温室内温度的温度传感器，精度±0.5℃。温度应能自动连续记录。

(2) 恒温室。恒温室应具有足够的空间。车辙试验机必须整机安放在恒温室内，装有加热器、气流循环装置及装有自动温度控制设备，同时恒温室还应有至少能保温3块试件并进行试验的条件。保持恒温室温度（60±1）℃[试件内部温度（60±0.5）℃]，根据需要也可采用其他试验温度。

(3) 台秤。称量15kg，感量不大于5g。

3. 方法与步骤

(1) 准备工作。

1) 试验轮接地压强测定。测定在60℃时进行，在试验台上放置一块50mm厚的钢板，其上铺一张毫米方格纸，上铺一张新的复写纸，以规定的 70N 荷载后试验轮静压复写纸，即可在方格纸上得出轮压面积，并由此求得接地压强。当压强不符合（0.7±0.05）MPa 时，荷载应予适当调整。

2）用轮碾成型法制作车辙试验试块。在试验室或工地制备成型的车辙试件，板块状试件尺寸为 300mm×300mm×(50～100) mm（长×宽×厚，厚度根据需要确定）。也可从路面切割得到需要尺寸的试件。

3）当直接在拌和厂取拌和好的沥青混合料样品制作车辙试验试件检验生产配合比设计或混合料生产质量时，必须将混合料装入保温桶中，在温度下降至成型温度之前迅速送达试验室制作试件。如果温度稍有不足，可放在烘箱中稍事加热（时间不超过 30min）后成型，但不得将混合料放冷却后二次加热重塑制作试件。重塑制件的试验结果仅供参考，不得用于评定配合比设计检验是否合格的标准。

4）如需要，将试件脱模按规范规定的方法测定密度及空隙率等各项物理指标。

5）试件成型后，连同试模一起在常温条件下放置的时间不得少于 12h。对聚合物改性沥青混合料，放置的时间以 48h 为宜，使聚合物改性沥青充分固化后方可进行车辙试验，室温放置时间不得长于一周。

（2）试验步骤。

1）将试件连同试模一起，置于已达到试验温度（60±1）℃的恒温室中，保温不少于 5h，也不得超过 12h。在试件的试验轮不行走的部位上，粘贴一个热电偶温度计（也可在试件制作时预先将热电偶导线埋入试件一角），控制试件温度稳定在（60±0.5）℃。

2）将试件连同试模移置于轮辙试验机的试验台上，试验轮在试件的中央部位，其行走方向须与试件碾压或行车方向一致。开动车辙变形自动记录仪，然后启动试验机，使试验轮往返行走，时间约 1h，或最大变形达到 25mm 时为止。试验时，记录仪自动记录变形曲线及试件温度。

这里要说明的是：对试验变形较小的试件，也可对一块试件在两侧 1/3 位置上进行两次试验，然后取平均值。

4．计算

（1）从曲线上读取 45min（t_1）及 60min（t_2）时的车辙变形 d_1 及 d_2，准确至 0.01mm。当变形过大，在未到 60mim 变形已达 25mm 时，则以达到 25mm（d_2）的时间为 t_2，将其前 15min 为 t_1，此时的变形量为 d_1。

（2）沥青混合料试件的动稳定度按式（2.3.5）计算。

$$DS = \frac{t_1 - t_2}{d_2 - d_1} \times N \times C_1 \times C_2 \tag{2.3.5}$$

式中　DS——沥青混合料的动稳定度，次/min；

　　　d_1——对应于时间 t_1 的变形量，mm；

　　　d_2——对应于时间 t_2 的变形量，mm；

　　　C_1——试验机类型系数，曲柄连杆驱动加载轮往返运行方式为 1.0；链驱动试验轮的等速方式为 1.5；

　　　C_2——试件系数，试验室制备宽 300mm 的试件为 1.0；从路面切割的宽 150mm 的试件为 0.8；

N——试验轮往返碾压速度,通常为 42 次/min。

5. 报告

(1) 同一沥青混合料或同一路段路面,至少平行试验 3 个试件。当 3 个试件动稳定度变异系数不大于 20% 时,取其平均值作为试验结果;变异系数大于 20% 时应分析原因,并追加试验。如计算动稳定度值大于 6000 次/mm,记作:>6000 次/mm。

(2) 试验报告应注明试验温度、试验轮接地压强、试件密度、空隙率及试件制作方法等。

6. 允许误差

重复性试验动稳定度变异系数不大于 20%。

2.3.3 沥青混合料水稳定性试验方法

沥青混合料受空气、温度和水分等环境因素的影响较大,同时,还与集料种类、沥青混合料成分、沥青含量(沥青膜厚度)、压实程度等因素有关。沥青路面耐久性优劣的一个重要方面即为水稳定性。由水引起的沥青路面的损坏通称为"水损坏",路面主要表现为麻面、唧浆、松散和坑槽等,它是一个普通的问题,已引起世界各国的注意,道路工作者对此进行了广泛的研究,提出了许多理论方法。就评价沥青路面水稳性方面,通常采用的方法分为两大类:第一类是沥青与矿料的黏附性试验,这类试验方法主要是用于判断沥青与粗集料(不包含矿粉)的黏附性,属于这类的试验方法有水煮法和静态浸水法;第二类是沥青混合料的水稳性试验,这类试验方法适用于级配矿料与适量沥青拌和成混合料,制成试样后,测定沥青混合料在水的作用下力学性质发生变化的程度,这类方法与沥青在路面中的使用状态较为接近,测试方法有浸水马歇尔试验、真空饱水马歇尔试验以及冻融劈裂试验。

2.3.3.1 沥青与矿料的黏附性试验方法

1. 目的与适用范围

(1) 沥青与矿料黏附性试验是根据沥青黏附在粗集料表面的薄膜在一定温度下,受水的作用产生剥离的程度,以判断沥青与集料表面的黏附性能。

(2) 本方法适用于检验沥青与粗集料表面的黏附性及评定粗集料的抗水剥离能力。对于最大粒径大于 13.2mm 的集料应用水煮法,对最大粒径不大于 13.2mm 的集料应用水浸法进行试验。当同一种料源集料最大粒径既有大于又有小于 13.2mm 的集料时,取大于 13.2mm 水煮法试验为标准,对细粒式沥青混合料应以水浸法试验为标准。

2. 仪具与材料技术要求

(1) 天平:称量 500g,感量不大于 0.01g。

(2) 恒温水槽:能保持温度 (80±1)℃。

(3) 拌和用小型容器:500mL。

(4) 烧杯:1000mL。

(5) 试验架。

(6) 细线:尼龙线或棉线、铜丝线。

(7) 铁丝网。

(8) 标准筛:方孔筛,9.5mm、13.2mm、19mm 各 1 个。

(9) 烘箱:装有自动温度调节器。

(10) 电炉、燃气炉。

(11) 玻璃板。200mm×200mm 左右。

(12) 搪瓷盘。300mm×400mm 左右。

(13) 其他。拌和铲、石棉网、纱布、手套等。

3. 水煮法试验

适用于粒径大于 13.2mm 粗集料的试验方法。

(1) 准备工作。

1) 将集料过 13.2mm、19mm 筛，取粒径 13.2~19mm 形状接近立方体的规则集料 5 个，用洁净水洗净，置温度为 (105±5)℃的烘箱中烘干，然后放在干燥器中备用。

2) 大烧杯中盛水，并置于加热炉的石棉网上煮沸。

(2) 试验步骤。

1) 将集料逐个用细线在中部系牢，再置 (105±5)℃烘箱内 1h。按《公路工程沥青及沥青混合料试验规程》T 0602 的方法准备沥青试样。

2) 逐个用线提起加热的矿料颗粒，浸入预先加热的沥青（石油沥青 130~150℃）中 45s 后，轻轻拿出，使集料颗粒完全为沥青膜所裹覆。

3) 将裹覆沥青的集料颗粒悬挂于试验架上，下面垫一张纸，使多余的沥青流掉，并在室温下冷却 15min。

4) 待集料颗粒冷却后，逐个用线提起，浸入盛有煮沸水的大烧杯中央，调整加热炉，使烧杯中的水保持微沸状态，但不允许有沸开的泡沫。

5) 浸煮 3min 后，将集料从水中取出，适当冷却。然后放入一个盛有常温水的纸杯等容器中，在水中观察矿料颗粒上沥青膜的剥落程度，并按表 2.3.4 评定其黏附性等级。

表 2.3.4　　　　　　　　　沥青与集料的黏附性等级

试验后集料表面上沥青膜剥落情况	黏附性等级
沥青膜完全保存，剥离面积百分率接近于 0	5
沥青膜少部为水所移动，厚度不均匀，剥离面积百分率小于 10%	4
沥青膜局部明显地为水所移动，基本保留在集料表面上，剥离面积百分率小于 30%	3
沥青膜大部为水所移动，局部保留在集料表面上，剥离面积百分率大于 30%	2
沥青膜完全为水所移动，集料基本裸露，沥青全浮于水面上	1

6) 同一试样应平行试验 5 个集料颗粒，并由两名以上经验丰富的试验人员分别评定后取平均等级作为试验结果。

4. 水浸法试验

适用于粒径小于 13.2mm 粗集料的试验方法。

(1) 准备工作。

1) 将集料过 9.5mm、13.2mm 筛，取粒径 9.5~13.2mm 形状规则的集料 200g 用洁净水洗净，并置温度为 (105±5)℃的烘箱中烘干，然后放在干燥器中备用。

2) 按《公路工程沥青及沥青混合料试验规程》T0602 准备沥青试样，加热至按 T0702 的要求决定的拌和温度。

3) 将煮沸过的热水注入恒温水槽中，并维持温度 (80±1)℃。

(2) 试验步骤。

1）按四分法称取集料颗粒（9.5～13.2mm）100g置搪瓷盘中，连同搪瓷盘一起放入已升温至沥青拌和温度以上5℃的烘箱中持续加热1h。

2）按每100g集料加入沥青（5.5±0.2）g的比例称取沥青，准确至0.1g，放入小型拌和容器中，一起置入同一烘箱中加热15min。

3）将搪瓷盘中的集料倒入拌和容器的沥青中后，从烘箱中取出拌和容器，立即用金属铲均匀拌和1～1.5min，使集料完全被沥青薄膜裹覆；然后，立即将裹有沥青的集料取20个，用小铲移至玻璃板上摊开，并置室温下冷却1h。

4）将放有集料的玻璃板浸入温度为（80±1）℃的恒温水槽中，保持30min，并将剥离及浮于水面的沥青用纸片捞出。

5）由水中小心取出玻璃板，浸入水槽内的冷水中，仔细观察裹覆集料的沥青薄膜的剥落情况。由两名以上经验丰富的试验人员分别目测，评定剥离面积的百分率，评定后取平均值。

这里要说明的是：为使估计的剥离面积百分率较为正确，宜先制取若干个不同剥离率的样本，用比照法目测评定。不同剥离率的样本，可用加不同比例抗剥离剂的改性沥青与酸性集料拌和后浸水得到，也可由同一种沥青与不同集料品种拌和后浸水得到，逐个仔细计算得出样本的剥离面积百分率。

6）由剥离面积百分率按表2.3.4评定沥青与集料黏附性的等级。

5. 报告

试验结果应报告采用的方法及集料粒径。

2.3.3.2 浸水马歇尔试验方法

根据试件的浸水马歇尔稳定度和标准马歇尔稳定度，求得试件浸水残留稳定度。

2.3.3.3 真空饱水马歇尔试验方法

根据试件的真空饱水稳定度和标准稳定度，求得试件真空饱水残留稳定度。

2.3.3.4 冻融劈裂试验方法

冻融劈裂试验方法是将标准马歇尔试件分为两组，一组在25℃水温中浸泡2h后，测定劈裂强度；第二组饱水过程如下：常温下（约25℃）浸水20min，0.09MPa真空下浸水15min后恢复常压，−18℃冰箱中置放16h，60℃水浴中恒定24h，25℃水温中浸泡2h后，测定劈裂强度。测试劈裂强度时可在马歇尔仪上下各安装一根压条，压条宽度为12.7min，内侧曲率半径为50.8mm，压条两端均应磨平。将两压条对齐进行劈裂试验，然后按公式 $R=0.006287F_T/h$ 计算劈裂强度，其中 F_T 为劈裂压力（N），h 为马歇尔试件高度（mm），R 为劈裂强度（MPa）。第一级强度为 R_1，第二级强度为 R_2，则残留强度为 $R_0=R_2/R_1\times 100\%$，其值越大，表示抗水害性能越好。

复习思考题

1. 无机结合稳定材料的分类是什么？无机结合料稳定类材料的组成设计步骤是什么？

2. 无机结合料稳定土抗压强度试件及测定方法，是否与水泥混凝土抗压强度的试件及测定方法相同？

3. 无机结合料稳定土的无侧限抗压强度试验主要采用哪些检测器具？

4. 简述击实试验的目的和意义，并述说击实试验的注意事项。

5. 简述用回弹法和超声回弹综合法测定结构混凝土强度的基本原理及强度评定方法。
6. 如何测定结构混凝土的碳化深度？
7. 沥青混合料的检测指标有哪些？
8. 沥青混合料试件成型方法主要有哪几种？分别用于哪些试验？
9. 沥青混合料的热稳定性和水稳定性的检测指标是哪些？
10. 进行车辙试验时应注意的主要问题是什么？

学习项目3 路基路面几何尺寸及路面厚度检测

【项目描述】

以合肥市某新建道路路基路面几何尺寸及路面厚度检测为项目载体,介绍路基路面现场随机选点的方法,介绍路基路面几何尺寸的测试方法,路面厚度的检测方法,同时进行一些路面施工现场厚度检测的实训。

【学习目标】

学生通过本学习项目的学习,掌握路基路面几何尺寸检测的具体项目、方法、结果分析与处理;掌握路面厚度检测的方法、步骤及试样处理。

【情景描述】

学习任务3.1 路基路面现场测试随机选点方法

对公路路基路面各个层次进行各种测定时,为了公正、合理地反映工程质量状况,现场测试选点的位置不应带有任何倾向性,应该根据随机取点的方法来确定测点断面。测点区间断面、测点区间的具体位置。随机取样选点是按照数理统计原理,在路基路面现场测定时决定测定断面、测定区间、测点位置的方法。

随着计算机的普及,也可以采用Excel电子表格等软件或计算器中的随机函数代替模数来计算测点位置。

现场测试随机选点法需要的仪具及材料如下:

(1) 量尺:钢尺、皮尺等。
(2) 硬纸片:编号从1~28,共28块,每块大小2.5cm×2.5cm,装在一个布袋中。
(3) 骰子:2个。
(4) 其他:毛刷、粉笔等。

3.1.1 测定断面或测定区间的确定方法

检测路段时根据路基路面施工或者验收、质量评定方法等有关规范需检测的路段,它可以是一个作业段、一天完成的路段或路线全程。在路基路面工程检查验收时,通常以1km为一个检测路段。下面主要介绍测定断面的确定步骤(检测路段的确定与本方法相同)。

(1) 将确定的测试路段划分为一定长度的区间或按桩号间距(一般为20m)划分若干断面。将其编为第n个区间或者第n个断面,其总的区间数或断面数为T。

(2) 从布袋中随机摸出一块硬纸片,硬纸片上的号数即为表3.1.1上的栏号,从1~28栏中选出该栏号的一栏。

表 3.1.1　　　　　　　　　　一般取样的随机数表

栏号1			栏号2			栏号3			栏号4			栏号5		
A	B	C	A	B	C	A	B	C	A	B	C	A	B	C
15	0.033	0.578	05	0.048	0.879	21	0.013	0.220	18	0.089	0.716	17	0.024	0.863
21	0.101	0.300	17	0.074	0.156	30	0.036	0.853	10	0.102	0.330	24	0.060	0.032
23	0.129	0.916	18	0.102	0.191	10	0.052	0.746	14	0.111	0.925	26	0.074	0.639
30	0.158	0.434	06	0.105	0.257	25	0.061	0.954	28	0.127	0.840	07	0.167	0.512
24	0.177	0.397	28	0.179	0.447	29	0.062	0.507	24	0.132	0.271	28	0.194	0.776
11	0.202	0.271	26	0.187	0.844	18	0.087	0.887	19	0.285	0.089	03	0.219	0.166
16	0.204	0.012	04	0.188	0.482	24	0.105	0.849	01	0.326	0.037	29	0.264	0.284
08	0.208	0.418	02	0.208	0.577	07	0.139	0.159	30	0.344	0.938	11	0.282	0.262
19	0.211	0.798	03	0.218	0.402	01	0.175	0.647	22	0.405	0.295	14	0.379	0.994
29	0.233	0.070	07	0.245	0.808	23	0.196	0.873	05	0.421	0.282	13	0.394	0.405
07	0.260	0.073	15	0.248	0.831	26	0.240	0.981	13	0.451	0.212	06	0.410	0.157
17	0.262	0.308	29	0.261	0.037	14	0.255	0.374	02	0.461	0.023	15	0.438	0.700
25	0.271	0.180	30	0.302	0.883	06	0.310	0.043	06	0.487	0.539	22	0.453	0.635
06	0.302	0.672	21	0.318	0.088	11	0.316	0.653	08	0.497	0.396	21	0.472	0.824
01	0.409	0.406	11	0.376	0.936	13	0.324	0.585	25	0.503	0.893	05	0.488	0.118
13	0.507	0.693	14	0.430	0.814	12	0.351	0.275	15	0.594	0.603	01	0.525	0.222
02	0.575	0.654	27	0.438	0.676	20	0.371	0.535	27	0.620	0.894	12	0.561	0.980
18	0.591	0.318	08	0.467	0.205	08	0.409	0.495	21	0.629	0.841	08	0.652	0.508
20	0.610	0.821	09	0.474	0.138	16	0.445	0.740	17	0.691	0.583	18	0.668	0.271
12	0.631	0.597	10	0.492	0.474	03	0.494	0.929	09	0.708	0.689	30	0.736	0.634
27	0.651	0.281	13	0.498	0.892	27	0.543	0.387	07	0.709	0.012	02	0.763	0.253
04	0.661	0.953	19	0.511	0.520	17	0.625	0.171	11	0.714	0.049	23	0.804	0.140
22	0.692	0.089	23	0.591	0.770	02	0.699	0.073	23	0.720	0.695	25	0.828	0.425
05	0.779	0.346	20	0.604	0.730	19	0.702	0.934	03	0.748	0.413	10	0.843	0.849
09	0.787	0.173	24	0.654	0.330	22	0.816	0.802	20	0.781	0.603	16	0.858	0.849
13	0.818	0.837	12	0.728	0.523	04	0.838	0.166	26	0.830	0.384	04	0.903	0.327
14	0.905	0.631	16	0.753	0.344	15	0.904	0.116	04	0.843	0.002	09	0.912	0.382
26	0.912	0.376	01	0.806	0.134	28	0.969	0.742	12	0.884	0.582	27	0.935	0.162
28	0.920	0.163	22	0.878	0.884	09	0.974	0.046	29	0.926	0.700	20	0.970	0.582
03	0.945	0.140	25	0.930	0.162	05	0.977	0.494	16	0.951	0.601	19	0.975	0.327

（3）按照测定区间数、断面数的频度要求确定测点断面的取样总数 n。依次找出与 A 列中 01，02，…，n 对应的 B 列中的值，共 n 对对应的 A、B 值。当 $n>30$ 时应分次进行。

（4）将 n 个 B 值与总的区间数或者断面数 T 相乘，四舍五入成整数，即得到 n 个断面的编号，与 A 栏的 1，2，…，n 对应。

（5）查断面编号对应的桩号。即为拟检测的断面。

学习任务 3.1 路基路面现场测试随机选点方法

【例 3.1.1】 按照有关规定,检查验收时拟从 K000+000~K1+000 的 1km 的检测路段中选择 20 个断面测定路面宽度、高程,横坡等外形尺寸,断面确定方法如下:

(1) 1km 总长的断面数 $T=1000/20=50$ 个,编号 1,2,…,50。

(2) 从布袋中摸出一块硬纸片,其编号为 4,即使用随机数表的第 4 栏。

(3) 从第 4 栏 A 列中挑出不大于 20 所对应的 B 列数值,将 B 列值与 T 相乘,四舍五入得到 20 个编号,并得到 20 个断面的桩号,见表 3.1.2。

表 3.1.2　　　　　路面宽度、高程、横坡检测断面随机选点计算

测点编号	4 栏 A 列	B 列	B 列值×T	断面号	桩号
1	18	0.089	4.45	4	K000+080
2	10	0.102	5.1	5	K000+100
3	14	0.111	5.55	6	K000+120
4	19	0.285	14.25	14	K000+280
5	1	0.326	16.3	16	K000+320
6	5	0.421	21.05	21	K000+420
7	13	0.451	22.55	23	K000+460
8	2	0.461	23.05	23	K000+480
9	6	0.487	24.35	24	K000+500
10	8	0.497	24.85	25	K000+520
11	15	0.594	29.7	30	K000+600
12	17	0.691	34.55	35	K000+700
13	9	0.708	35.4	35	K000+720
14	7	0.709	35.45	35	K000+740
15	11	0.714	35.7	36	K000+760
16	3	0.748	37.4	37	K000+780
17	20	0.781	39.05	39	K000+800
18	4	0.843	42.15	42	K000+840
19	12	0.884	44.2	44	K000+880
20	16	0.951	47.55	48	K000+960

3.1.2 测点位置确定方法

(1) 从布袋中任意取出一块硬纸片,纸片上的号数即为表 3.1.1 中的栏号中,从 1~28 栏中选出该栏号的一栏。

(2) 按照测点数的频度要求(总的取样为 n),依次找出栏号的取样位置数,每个栏号均有 A、B、C 三列,根据取样总数 n(当 n 大于 30 时应分次进行)在所定栏号的 A 列找出等于所需取样位置数的全部数,如 01,02,…,n。

(3) 确定取样位置的纵向距离,找出与 A 列中相应的 B 列中的数值,以此数乘以检测区间总长度,并加上该段的起点桩号,即得出取样位置距该线段起点的距离或桩号。

(4) 确定取样位置的横向间距,找出与 A 列中相对应的 C 列中的数值,以此数乘以检查路面的宽度,再减去宽度的一般,即得取样位置离路中心线的距离。如差值是正值(+),

表示在中心线的右侧，如差值是负值（一），表示在中心线的左侧。

【例 3.1.2】 按照有关规定，检查验收时拟从 K000+000～K1+000 的 1km 的检测路段中选择 6 个测点进行钻孔取样，检验有关的压实度，沥青用量和矿料级配等，钻孔位置确定方法如下：

（1）选点的随机栏数为栏号 3，即表 3.1.1 中的第 3 栏。

（2）栏号 3 从上至下不大于 6 的数依次为 01、06、03、02、04、05。

（3）随机数表栏号 3 的 B 列中与这 6 个数相应的数分别为 0.175、0.310、0.494、0.699、0.838、0.977。

（4）取样路段长度 1000m，计算得出 6 个乘积（取样位置与该段起点的距离）分别为 175m、310m、494m、699m、977m。

（5）随机数表栏号 3 的 C 列中与 A 数列值相应的数分别为 0.647、0.043、0.929、0.073、0.166、0.494。

（6）路面宽度为 10m，计算得出 6 个乘积分别是 6.47m、0.43m、9.29m、0.73m、1.66m、4.94m。因此，6 个取样的横向位置分别是右 1.47m、左 4.57m、右 4.29m、左 4.27m、左 3.43m、左 0.06m。

计算结果列在表 3.1.3 中。

表 3.1.3   钻孔位置取样选点计算

测点编号	A 列	B 列	距起点距离/m	桩号	C 列	距边缘距离/m	距中心线位置/m
1	01	0.175	175	K000+175	0.647	6.47	右 1.47
2	06	0.31	340	K000+310	0.043	0.43	左 4.57
3	03	0.494	494	K000+494	0.929	9.29	右 4.29
4	02	0.699	699	K000+699	0.073	0.073	左 4.27
5	04	0.838	838	K000+838	0.166	0.166	左 3.34
6	05	0.977	977	K000+977	0.494	4.94	左 0.06

3.1.3 路基路面取样方法

公路路基路面施工完成后，为检测其是否达到质量要求，需要对其进行现场相关测试，测试时的取样方法也决定了其工程质量是否能达到规定标准。

从路面上钻孔取样是近年来广泛采用的标准试验方法，对水泥混凝土面层、沥青混合料面层，或水泥、石灰、粉煤灰等无机结合料稳定基层取样，以测定其厚度、密度、材料级配或其他物理力学性质，通常用路面取芯钻机或路面切割机在现场钻取或切割路面的代表性试样。钻孔采取芯样的直径不宜小于最大集料粒径的 3 倍。

3.1.3.1 仪具与材料

（1）路面取芯钻机。牵引式（可用手推）或车载式，钻机由发动机或电力驱动，钻头直径根据需要确定，选用 ϕ100mm 或 150mm 的钻头，均有淋水冷却装置；对水泥混凝土面层及沥青混合料面层采用 ϕ100mm，对水泥、石灰等无机结合料稳定基层，细粒土可使用 ϕ100mm，粗粒土可使用 ϕ150mm。

（2）路面切割机。牵引式或手推式，由发动机或电力驱动，也可利用汽车动力由液压泵驱动，附金刚石锯片，有淋水冷却装置。

(3) 台秤、盛样器或铁盘等。

(4) 干冰。

(5) 试样标签。

(6) 其他。镐、铁锹、量尺（绳）、毛刷、硬纸及棉纱等。

3.1.3.2 方法与步骤

1. 准备工作

(1) 测试路段的选定：可以是一个作业段、一天完成的路段，或按相关规范的规定选取一定长度的检测路段。

(2) 按路基路面现场测试随机选点的方法确定取样位置。

(3) 将取样位置清扫干净。

2. 取样步骤

(1) 在取样地点的路面上，先用粉笔对钻孔位置做出标记或画出切割路面的大致面积，切割路面的面积根据取样目的和需要确定。

(2) 用钻机在取样地点垂直对准路面放下钻头，牢固安放钻机，使其在运转过程中不得移动。

(3) 开放冷却水，启动电动机，徐徐压下钻杆，钻取芯样，但不得使劲压下钻头。待钻透整个结构层后，上抬钻杆，拔出钻头，停止转动，不得使芯样损坏，取出芯样。沥青混合料或水泥混凝土芯样可用清水漂洗干净备用。

在此应说明：由于试验需要不能用冷水冷却时，应采用干钻孔。此时，为保护钻头，可先用干冰约 3kg 放在取样位置上，冷却路面约 1h，钻孔时通常以低温 CO_2 等冷却气体代替冷却水。

(4) 用切割机切割时，将锯片对准切割位置，开放冷却水，启动电动机，徐徐压下锯片达到要求深度（厚度），仔细向前推进，到需要一定长度后抬起锯片，四面全部锯完后，用镐或铁锹仔细取出芯样，取得的路面试块应保持边角完整，颗粒不得散失。

(5) 采用的路面混合料试样应整层取样，试样不得破碎。

(6) 将钻取的芯样或切割的试块妥善放置在盛样器中，必要时用塑料袋封装。

(7) 填写试样标签，一式两份，一份贴在试样上，一份作为记录备查，试样标签如图 3.1.1 所示。

```
试样编号：
路线或工程名称：
材料品种：
施工日期：
取样日期：
取样位置：    桩号：        中心线左      m，右      m
取样人：
试样保管人：
备注：
              （注明试样用途或试验结果等）
```

图 3.1.1 试样标签图例

(8) 对钻孔或切割的路面坑洞,应采用同类型材料填补压实。取样时留下的水分应用干净的棉纱等吸走,待干燥后再填补。

【情景描述】

学习任务 3.2　路基路面几何尺寸测试方法

3.2.1　检测项目及要求

在路基路面施工过程中、交工验收期间及旧路调查中,都需要检测路基路面各部分的几何尺寸,以保证其符合规定的要求。本方法适用于路基路面各部分的宽度、纵断面高程、横坡及中线偏位等几何尺寸的检测,以供道路施工过程、路面交竣工验收及旧路调查使用。路面路基常见几何尺寸实测项目及要求见表 3.2.1。

几何尺寸检测所用的仪器与材料如下:
(1) 长度量具。钢卷尺。
(2) 经纬仪、精密水准仪、塔尺或全站仪。

表 3.2.1　　　　　　　　几何尺寸实测项目及检测要求

结构名称	检查项目		规定值或容许偏差		检查方法和频率	权值
			高速公路、一级公路	其他公路		
土方路基	纵断面高程/mm		+10、-15	+10、-20	水准仪:每200m测4个断面	2
	中线偏位/mm		50	100	经纬仪:每200m测4点,弯道加HY,YH两点	
	宽度/mm		符合要求		米尺:每200m测4处	
	横坡/%		±0.3	±0.5	水准仪:每200m测4个断面	1
	边坡		不陡于设计值		尺量:每200m测4处	
石方路基	纵断面高程/mm		+10、-20	+10、-30	水准仪:每200m测4个断面	2
	中线偏位/mm		50	100	经纬仪:每200m测4点,弯道加HY,YH两点	
	宽度/mm		不小于设计值		米尺:每200m测4处	
	横坡/%		±0.3	±0.5	水准仪:每200m测4个断面	
	边坡	坡度	不陡于设计值		尺量:每200m测4处	1
		平顺度	符合设计要求			
水泥混凝土层面	纵横缝顺直度/mm		10		纵缝拉线,每200m测4处;横缝沿板宽拉线,每200m测4条	1
	中线偏位/mm		20		经纬仪:每200m测4点	
	厚度/mm		代表值-5,合格值-10		钻芯法:每200m每车道2处	3
	宽度/mm		±20		尺量:每200m测4处	
	纵断面高程/mm		±10	±15	水准仪:每200m测4个断面	1
	横坡/%		±0.15	0.25	水准仪:每200m测4个断面	

续表

结构名称	检查项目		规定值或容许偏差		检查方法和频率	权值
			高速公路、一级公路	其他公路		
沥青混凝土和沥青碎石面层	厚度/mm	代表值	总厚度：设计值的-8% 上面层：设计值的-10%	-8%H	用钻芯法或挖坑法检测，双车道每200m测1处	3
		合格值	总厚度：设计值的-10% 上面层：设计值的-20%	-15%H		
	中线偏位/mm		20	30	经纬仪：每200m测4处	
	宽度/mm	有侧石	±20	±30	尺量：每200m测4处	1
		无侧石	不小于设计值			
	横坡/%		±0.3	±0.5	水准仪：每200m测4处	

(3) 其他。粉笔等。

3.2.2 准备工作

(1) 在路基或路面上准确恢复桩号。

(2) 根据有关施工规范或 JTG F80/1—2012《公路工程质量检验评定标准（土建工程）》的要求，按随机选点的方法，在一个检测路段内选取测定的断面位置及里程桩号，在测定断面做上标记。通常将路面宽度、横坡、高程及中线平面偏位选取在同一断面位置，且宜在整数桩号上测定。

(3) 根据道路设计的要求，确定路基路面各部分的设计宽度的边界位置，在测定位置上用粉笔做上记号。

(4) 根据道路设计的要求，确定设计高程的纵断面位置，在测定位置上用粉笔做上记号。

(5) 根据道路设计的要求，在与中线垂直的横断面上确定成型后路面的实际中心线位置。

(6) 根据道路设计的路拱形状，确定曲线与直线部分的交界位置及路面与路肩（或硬路肩）的交界处，作为横坡检验的基准；当有路缘石或中央分隔带时，以两侧路缘石边缘为横坡测定的基准点，用粉笔做上记号。

3.2.3 路基路面各部分的宽度及总宽度测试步骤

用钢尺沿中心线垂直方向水平量取路基路面各部分的宽度，对高速公路及一级公路，准确至 0.005m；对其他等级公路，准确至 0.01m。测量时钢尺应保持水平，不得将尺紧贴路面量取，也不得使用皮尺。

按式（3.2.1）计算各个断面的实测宽度 B_{1i} 与设计宽度 B_{0i} 之差。总宽度为路基路面各部分宽度之和。

$$\Delta B_i = B_{1i} - B_{0i} \tag{3.2.1}$$

式中 B_{1i}——各断面的实测宽度，m；

B_{0i}——各断面的设计宽度，m；

ΔB_i——各断面的实测宽度和设计宽度的差值，m。

3.2.4 纵断面高程测试步骤

（1）将精密水平仪架设在路面平顺处调平，将塔尺竖立在中线的测定位置上，以路线附近的水准点高程作为基准。测记测定点的高程读数，准确至0.001m。

（2）连续测定全部测点，并与水准点闭合。

按式（3.2.2）计算各个断面的实测高程 H_{1i} 与设计高程 H_{0i} 之差。

$$\Delta H_i = H_{1i} - H_{0i} \tag{3.2.2}$$

式中　H_{1i}——各个断面的纵断面实测高程，m；

　　　H_{0i}——各个断面的纵断面设计高程，m；

　　　ΔH_i——各个断面的纵断面实测高程和设计高程的差值，m。

3.2.5 路面横坡测试步骤

（1）设有中央分隔带的路面：将精密水准仪架设在路面平顺处调平，将塔尺分别竖立在路面与中央分隔带分界的路缘带边缘 d_1 处及路面与路肩交界位置（或外侧路缘石边缘）d_2 处，d_1 与 d_2 两测点必须在同一横断面上，测量 d_1 与 d_2 处的高程，记录高程读数，准确至0.001m。

（2）无中央分隔带的路面：将精密水准仪架设在路面平顺处调平，将塔尺分别竖立在路拱曲线与直线部分的交界位置 d_1 及路面与路肩（或硬路肩）的交界位置 d_2 处，d_1 与 d_2 两测点必须在同一横断面上，测量 d_1 与 d_2 处的高程，记录高程读数，准确至0.001m。

（3）用钢尺测量两测点的水平距离，对高速公路及一级公路，准确至0.005m；对其他等级公路，准确至0.01m。

各测定断面的路面横坡 i_i 按式（3.2.3）计算，准确至一位小数。按式（3.2.4）计算实测横坡 i_{1i} 与设计横坡 i_{0i} 之差 Δi_i。

$$i_i = \frac{h_{d1} - h_{d2}}{B_i} \tag{3.2.3}$$

$$\Delta i_i = i_{1i} - i_{0i} \tag{3.2.4}$$

式中　i_{1i}——各测定断面的横坡，%；

　h_{d1}、h_{d2}——各断面测点 d_1 及 d_2 处的高程读数，m；

　　　B_i——各断面测点 d_1 与 d_2 之间的水平距离，m；

　　　i_{0i}——各断面的设计横坡，%；

　　　Δi_i——各测定断面的横坡和设计横坡的差值，%。

3.2.6 中线偏位测试步骤

（1）有中线坐标的道路：首先从设计资料中查出待测点 P 的设计坐标，用经纬仪对该设计坐标进行放样，并在放样点 P' 做好标记，量取 PP' 的长度，即为中线平面偏位 Δ_{CL}。对高速公路及一级公路，准确至5mm；对其他等级公路，准确至10mm。

（2）无中桩坐标的低等级道路：首先恢复交点或转点，实测偏角和距离，然后采用链距法、切线支距法或偏角法等传统方法敷设道路中线的设计位置，量取设计位置与施工位置之间的距离，即为中线平面偏位 Δ_{CL}，准确至10mm。

3.2.7 检测报告

（1）以评定路段为单位列出桩号、宽度、高程、横坡以及中线偏位测定的记录表，记录平均值、标准差、变异系数。注明不符合规范要求的断面。

（2）纵断面高程测试报告中应报告实测高程与设计高程的差值，低于设计高程为负，高于设计高程为正。

（3）路面横坡测试报告中应报告实测横坡与设计横坡的差值。实测横坡小于设计横坡差值为负；实测横坡大于设计横坡差值为正。

【案例 3.1.1】

某高速公路沥青混凝土路面进行道路横坡检测，记录表见表 3.2.2。

表 3.2.2 路面横坡检测记录表（有分隔带）

检测单位：××× 任务编号：×××

项目名称	×××			施工单位		×××			监理单位		×××
合同号	×××			检测依据		JTG F80/1—2012			检测日期		×××
主要仪器及编号	水准仪×××			检测环境		温度 20℃			检测	×××	校验	×××

桩号	水准尺读数 /mm				相对高差 /mm		宽度 /mm		横坡/%					允许偏差
									实测值		设计值	偏差值		
	左	左中	右中	右	左	右	左	右	左	右		左	右	
K11+530	1594	1460	1444	1580	134	136	7500	7500	1.79	1.81		−0.21	−0.19	
K12+580	1574	1438	1528	1678	136	150	7500	7500	1.81	2.00		−0.19	0.00	
K12+610	1600	1480	1475	1614	120	139	7500	7500	1.60	1.85		−0.40	−0.15	
K13+630	1685	1548	1622	1754	137	132	7500	7500	1.83	1.76		−0.17	−0.24	
K13+660	1816	1674	1570	1698	142	128	7500	7500	1.89	1.71		−0.11	−0.29	
K14+720	1636	1490	1530	1650	146	120	7500	7500	1.95	1.60	2.00	−0.05	−0.40	±0.30
K14+760	1410	1290	1318	1452	120	134	7500	7500	1.60	1.79		−0.40	−0.21	
K15+740	1703	1553	1534	1680	150	146	7500	7500	2.00	1.95		0.00	−0.05	
K15+780	1650	1504	1570	1715	146	145	7500	7500	1.95	1.93		−0.05	−0.07	
K16+500	1497	1348	1335	1482	149	147	7500	7500	1.99	1.96		−0.01	−0.04	
K16+540	1556	1411	1378	1514	145	136	7500	7500	1.93	1.81		−0.07	−0.19	

注 横坡=相对高差/宽度×100%。

【情景描述】

学习任务 3.3 路面厚度检测

在路面工程中，各个层次的厚度是和道路整体强度密切相关的。在路面设计中，不管是刚性路面还是柔性路面，只有在保证厚度的情况下，路面的各个层次及整体的强度才能得到保证；严格控制各结构层的厚度，还能对路面的标高起到一定的控制作用。路面厚度是道路检测过程中一个非常重要的指标。

路面各结构层厚度的检测一般与压实度同时进行，当用灌砂法进行压实度检查时，可量取挖坑灌砂深度，即为结构层厚度；当用钻芯取样法检查压实度时，可以直接量取芯样的高度即为结构层厚度。结构层厚度也可以采用水准仪量测法求得，即在同一测点量出结构层底面及顶面的高程，然后求其差值。这种方法无须破坏路面，测试精度高。目前，国内外还用短脉冲雷达、超声波等方法检测路面结构层厚度。

对于基层或砂石路面的厚度，可用挖坑法测定，沥青面层与水泥混凝土路面板的厚度应用钻孔法测定。路面厚度检测时根据需要选用下列仪具和材料：

（1）挖坑用镐、铲、凿子、锤子、小铲、毛刷。

（2）路面取芯样钻机及钻头、冷却水。钻头的标准直径为 ϕ100mm，如芯样仅供测量厚度，不做其他试验时，对沥青面层与水泥混凝土板也可用直径 ϕ50mm 的钻头，对基层材料有可能损坏试件时，也可用直径 ϕ150mm 的钻头，但钻孔深度均须达到层厚。

（3）量尺。钢板尺、钢卷尺、卡尺。

（4）补坑材料。与检查层位的材料相同。

（5）补坑用具。夯、热夯、水等。

（6）其他：搪瓷盘、棉纱等。

抽检频率：水泥混凝土面层，每200m每车道检查2处；沥青混凝土、沥青碎石及沥青贯入式面层，每200m每车道检查1处；水泥稳定粒料基层及石灰稳定土底基层，每200m每车道检查1处。

3.3.1 路面厚度代表值与极值的允许偏差

路面结构层厚度是关系公路工程质量和造价的重要指标，既不能给承包商提供偷工减料的机会，又要考虑正常施工条件下的厚度偏差情况，以确保公路工程质量合格和工程造价合理。因此，常采用平均值的置信下限作为否决指标，单点极值作为扣分指标。几种常采用的路面结构层厚度的代表值与极值的允许偏差见表3.3.1。

表3.3.1 几种常用路面结构层厚度的代表值与极值的允许偏差

类型与层位		厚度/mm			
		代 表 值		合 格 值	
		高速公路、一级公路	其他公路	高速公路、一级公路	其他公路
水泥混凝土面层		−5	−5	−10	−10
沥青混凝土、沥青碎石面层		总厚度：−8%H 上面层：−10%H	−8%H	总厚度：−10%H 上面层：−20%H	−15%H
沥青贯入式面层		—	−8%H 或 −5mm	—	−15%H 或 −10mm
水泥稳定粒料	基层	−8	−10	−15	−20
	底基层	−10	−12	−25	−30
石灰土	基层	—	−10	—	−25
	底基层	−10	−12	−25	−30

计算一个评定路段检测的厚度的平均值、标准偏差、变异系数，并计算代表厚度。

厚度代表值为厚度的算术平均值的置信下限，即

$$h_L = \bar{h} - S \frac{t_a}{\sqrt{n}} \qquad (3.3.1)$$

式中 h_L——厚度代表值；

$\bar{h}$——厚度平均值；

S——标准偏差；

n——检查数量；

t_α——t 分布中随测点数和保证率（置信度 α）而变化的系数。

采用的保证率：高速公路和一级公路基层、底基层为 99%，面层为 95%；其他公路基层、底基层为 95%，面层为 90%。$t_\alpha/\sqrt{n}$ 值见表 3.3.2。

表 3.3.2　　　　　　　　　　　$t_\alpha/\sqrt{n}$ 值

保证率 n	99%	95%	90%	保证率 n	99%	95%	90%
2	22.501	4.465	2.176	21	0.552	0.376	0.289
3	4.021	1.686	1.089	22	0.537	0.367	0.282
4	2.270	1.177	0.819	23	0.523	0.358	0.275
5	1.676	0.953	0.686	24	0.510	0.350	0.269
6	1.374	0.823	0.603	25	0.498	0.342	0.262
7	1.188	0.734	0.544	26	0.487	0.335	0.258
8	1.060	0.670	0.500	27	0.477	0.328	0.253
9	0.966	0.620	0.466	28	0.467	0.322	0.248
10	0.892	0.580	0.437	29	0.458	0.316	0.244
11	0.833	0.546	0.414	30	0.449	0.310	0.239
12	0.785	0.518	0.393	40	0.383	0.266	0.206
13	0.744	0.494	0.376	50	0.340	0.237	0.184
14	0.708	0.473	0.361	60	0.308	0.216	0.167
15	0.678	0.455	0.347	70	0.285	0.199	0.155
16	0.651	0.438	0.335	80	0.266	0.186	0.145
17	0.626	0.423	0.324	90	0.249	0.175	0.136
18	0.605	0.410	0.314	100	0.236	0.166	0.129
19	0.586	0.398	0.305	>100	$2.3265/\sqrt{n}$	$1.6449/\sqrt{n}$	$1.2815/\sqrt{n}$
20	0.568	0.387	0.297				

当厚度代表值大于等于设计厚度减代表值允许偏差时，则按单个检查值的允许偏差是否超过极值来评定合格率和计算应得分数；当厚度代表值小于设计厚度减去代表值允许偏差时，则厚度指标评分为零分。

沥青面层一般按沥青铺筑层总厚度进行评定，但高速公路和一级公路多分 2～3 层铺筑，还应进行上面层厚度检查和评定。

【例 3.3.1】　某路段水泥混凝土路面板厚度检测数据如下。保证率为 95%，设计厚度为 25cm，代表值容许偏差为 −5mm，极值允许偏差为 −10mm。试评价该路段的板厚是否合格并计算实际得分。

检测结果（单位：cm）：30 点：

25.1、24.8、25.1、24.6、24.7、25.4、25.2、25.3、24.7、24.9、24.9、24.8、25.3、25.3、25.2、25.0、25.1、24.8、25.0、25.1、24.7、24.9、25.0、25.4、25.2、25.1、25.0、25.0、25.5、25.4

解：经计算得 $\bar{h}=25.05$ cm，$S=0.24$ cm。

根据 $n=30$，$\alpha=95\%$，查表得 $t_a/\sqrt{n}=0.310$。

厚度代表值按公式为 $h_L=\bar{h}-St_a/\sqrt{n}=25.05-0.310\times0.24=24.98$（cm）

因为 $h_L>25-0.5=24.5$（cm），所以该路段板厚代表值满足要求。

由于各厚度检测值 $h_i>25-1=24$（cm），故板厚合格率为 100%，实际得分为 $100\times100\%=100$（分）。

3.3.2 挖坑法测定路面厚度试验方法

3.3.2.1 目的与适用范围

本方法适用于路面各层施工过程中的厚度检验及工程交工验收检查使用，一般用于基层或砂石路面的厚度检测。

3.3.2.2 方法与步骤

（1）根据现行规范的要求，按随机取样的方法，随机取样决定挖坑检查的位置，如为旧路，该点有坑洞等显著缺陷或接缝时，可在其旁边检测。

（2）在选择试验地点，选一块约 40cm×40cm 的平坦表面，用毛刷将其清扫干净。

（3）根据材料坚硬程度，选择镐、铲、凿子等适当的工具，开挖这一层材料，直至层位底面。在便于开挖的前提下，开挖面积应尽量缩小，坑洞大体呈圆形，边开挖边将材料铲出，置搪瓷盘中。

（4）用毛刷将坑底清扫，确认为下一层的顶面。

（5）将钢板尺平放横跨于坑的两边，用另一把钢尺或卡尺等量具在坑的中部位置垂直伸至坑底，测量坑底至钢板尺的距离，即为检查层的厚度，以 mm 计，准确至 1mm。

3.3.3 钻芯法测定路面厚度试验方法

3.3.3.1 目的与适用范围

本方法适用于路面各层施工过程中的厚度检验及工程交工验收检查使用，一般用于沥青面层及水泥混凝土路面板的厚度检测。

3.3.3.2 方法与步骤

（1）根据现行规范的要求，按随机取样的方法，随机取样决定钻孔检查的位置，如为旧路，该点有坑洞等显著缺陷或接缝时，可在其旁边检测。

（2）用路面取芯钻机钻孔，芯样的直径应为 100mm。如芯样仅供测量厚度，不做其他试验，对沥青面层与水泥混凝土板也可用直径 50mm 的钻头，对基层材料有可能损坏试件时，也可用直径 150mm 的钻头，但钻孔深度均必须达到层厚。

（3）仔细取出芯样，清除底面灰土，找出与下层的分界面。

（4）用钢板尺或卡尺沿圆周对称的十字方向四处量取表面至上下层界面的高度，取其平均值，即为该层的厚度，准确至 1mm。

在沥青路面施工过程中，当沥青混合料尚未冷却时，可根据需要随机选择测点，用大螺丝刀插入至沥青层底面深度后用尺读数，量取沥青层的厚度，以 mm 计，准确至 1mm。

3.3.3.3 坑槽或钻孔处理

按下列步骤，用与取样层相同的材料填补挖坑或钻孔：

（1）适当清理坑中残留物，钻孔时留下的积水应用棉纱吸干。

（2）对无机结合料稳定层及水泥混凝土路面板，应按相同配合比用新拌的材料分层填补并用小锤压实，水泥混凝土中宜掺加少量快凝早强剂。

（3）对无结合料粒料基层，可用挖坑时取出的材料，适当加水拌和后分层填补，并用小锤压实。

（4）对正在施工的沥青路面，用相同级配的热拌沥青混合料分层填补并用加热的铁锤或热夯压实，旧路钻孔也可用乳化沥青混合料修补。

（5）所有补坑结束时，宜比原面层略鼓出少许，用重锤或压路机压实平整。

在此说明：补坑工序如有疏忽、遗留或补得不好，易成为隐患而导致开裂，所有挖坑、钻孔均应仔细做好。

3.3.3.4 检测结果计算

（1）按下式计算路面实测厚度 h_{1i} 与设计厚度 h_{0i} 之差。

$$\Delta h_i = h_{1i} - h_{0i} \tag{3.3.2}$$

式中　h_{1i}——路面的实测厚度，mm；

　　　h_{0i}——路面的设计厚度，mm；

　　　Δh_i——路面实测厚度与设计厚度的差值，mm。

（2）当为检测路面总厚度时，则将各层平均厚度相加即为路面总厚度。按数据整理的方法，计算一个评定路段检测厚度的平均值、标准差、变异系数，并计算代表厚度。

3.3.3.5 检测报告

路面厚度检测报告应列表填写，并记录与设计厚度之差，不足设计厚度为负，大于设计厚度为正。

3.3.4 短脉冲雷达测定路面厚度试验方法

短脉冲雷达测试适用于新建、改建路基路面工程质量验收和旧路加铺路面设计的厚度及各结构层布置情况调查。雷达发射的电磁波在路基路面层传播过程中会逐渐削弱、消散、层面反射。雷达最大探测深度是由雷达系统的参数以及路面材料的电磁属性决定的。对于材料过度潮湿或饱和以及有高含铁矿渣集料的路面不适合用短脉冲雷达测定路面厚度。

3.3.4.1 设备主要组成

雷达测试系统由雷达主机、雷达天线、距离测量轮、笔记本电脑等组成。

3.3.4.2 测试系统技术要求和参数

（1）距离标定误差：不大于 0.1%。

（2）设备工作温度：0~40℃。

（3）最小分辨层厚：不大于 40mm。

（4）系统测量精度要求，见表 3.3.3。

表 3.3.3　　　　　　　　　　系统测量精度要求

测量深度/cm	测量误差/mm	测量深度/cm	测量误差/mm
<10	±3	>25	±10
10~25	±5		

(5) 天线：带宽能适应所选择的发射脉冲频率。通常，在检测路面厚度时宜选择使用 2.0Hz 的天线，在检测路基各结构层情况时宜选择使用 900MHz 的天线。

(6) 收发器：脉冲宽度不大于 1.0ns，时间信号处理能力可以适应所需的测试深度。

3.3.4.3 雷达检测厚度的基本原理

雷达检测公路路面面层厚度属于反射探测法。其基本原理是，不同的介质具有不同的介电常数，雷达向地下发射一定强度的高频电磁波，电磁波在地下传播的过程中遇到不同的介电常数的界面时，一部分能量产生反射波，一部分能量继续向地下传播，如图 3.3.1 所示，雷达接受并记录这些反射信息。

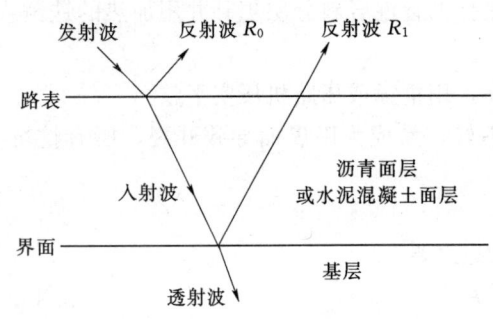

图 3.3.1 电磁波在路面面层中的反射

3.3.4.4 检测方法与步骤

1. 准备工作

(1) 本仪器使用前，须检查仪器各连接端口的状态，确保各组成部件的可靠连接，并在使用前及使用过程中定时检查雷达供电电瓶的工作情况。

(2) 根据检测需求，选定所使用的雷达天线型号。通常，在检测道路面层厚度时，宜选择 2GHz 的天线，在检测道路各结构层厚度时，宜选择 900MHz 的天线。将距离测量轮固定在雷达天线侧部，并连接距离测量轮数据线至雷达天线上部插口。

(3) 将雷达主机和电瓶背负在操作人员甲的身上，系扣安全带后将笔记本电脑挂置在操作人员甲的胸前。之后操作人员乙根据仪器的原版说明书中所述的方法，先将雷达天线连接雷达主机，再将雷达主机和笔记本电脑连接，最后将雷达主机和雷达供电电瓶连接。雷达天线由操作人员乙手持。应说明：雷达天线与通常与雷达主机上的 1 号插口（"Ant1Connectors"）连接。

2. 测试步骤

(1) 钻孔取芯标定材料的介电常数：首先令雷达天线在需要标定芯样点的上方采样，然后钻孔取芯，测得芯样直观厚度并将数据输入到计算程序中，反算得路基路面组成材料的介电常数或雷达波在材料中的传播速度。钻孔取芯数量可根据实际情况确定，宜每一次成型（摊铺）的路基路面工作面取芯 1 次，在不能确定路基路面成型（摊铺）情况时宜每 10000m² 至少取芯 1 次。

(2) 将测区表面进行清扫，要求使测区表面无浮尘或积水。

(3) 检测操作人员到达选定的位置，由操作人员甲开启电脑，启动操作程序即桌面上的"K2"文件，操作程序为中文版。根据所选择的雷达天线型号设定相应的驱动程序，在程序主界面右中位置的"驱动"，一般不变更各型号雷达天线驱动程序的默认设定。之后在操作程序主界面中点击启动主界面左下的"开始增益"，同时向操作人员乙发布开始指令。由操作人员乙将天线接触地面并由测区起始点向天线所标示的正方向平稳滑移。程序会驱动雷达自动完成增益，待增益结束后，主界面会自动进入采集选择窗口。此时由操作人员甲向操作人员乙发布停止指令，操作人员乙即停止滑移天线。之后，操作人员乙持雷达天线离开地面。雷达天线切忌逆向滑移。

（4）由操作人员甲在操作程序采集选择窗口建立本次检测的文件名（本窗口界面左上方，在写入栏输入拟定的文件名后点击其右侧"新建"）以及当前侧区的文件名（本窗口界面左下方，在写入栏输入拟定的文件名后点击其右侧"新建"），之后操作程序会自动进入采集窗口工作界面，点击采集窗口工作界面右下方的"开始"，同时向操作人员乙发布开始指令。由操作人员乙将天线接触地面并由测区起始点向天线所标示的正方向平稳滑移。由操作人员甲在观测操作程序中的图文，图像右上方有距离显示，待雷达天线前进超越当前测区的终点后（可从图像右上方有距离显示或工作面预先标记确认雷达天线前进是否已超越当前测区的终点），操作人员甲向操作人员乙发布停止指令，操作人员乙即停止滑移天线。之后由操作人员甲保存文件（点击"保存信息"），同时宜用剪印屏幕的方法直接将所测得的雷达图像保存。然后，结束本测区检测（点击"停止检测"）。由操作人员甲从图文上直接判断本次测区的情况，在该测区均布的 10 测点，记录每个测点的数值及本测区内的最大值和最小值。应说明：所保存的文件通常默认保存在"C：\ K2 \ Mission \ …，"下。

（5）通常以道路每 1 车道每纵向延伸 5m 为 1 测区。每 1 测区完成检测时，操作人员甲应检查数据文件及设备状态，文件应完整文件内容应正常，设备应正常，否则应重新检测或待设备调整正常后重新检测。

（6）进入下一测区时，重复如上所述诸条目之操作。

（7）待整个检测任务完成后，由操作人员甲保存检测信息，并退出操作程序（可直接点击操作程序主界面右上方的"×"），关闭笔记本电脑，之后解开电脑与雷达主机的连接线。此后由操作人员乙在解开雷达主机与雷达供电电瓶的连接后相继解开其余各处连接线。待各处连接线一并解开后，操作人员甲方可脱下所背负的雷达主机与笔记本电脑。在检测结束后，所有设备应立即放入整理箱。

3.3.4.5 计算原理

由于地下材料介质具有不同的介电常数，因此各种材料介质具有不同的电导性，电导性的差异影响了电磁波的传播速度。一般用下式计算电磁波在材料介质中的传播速度算电磁波在不同介质中的传播速度。

$$v = \frac{c}{\sqrt{\varepsilon_r}} \tag{3.3.3}$$

式中 v——电磁波在介质中的传播速度，mm/ns；

c——电磁波在空气中的传播速度，取 300mm/ns；

ε_r——介质的相对介电常数。

根据雷达波在路面面层中的双程走时以及材料的相对介电常数，用下式计算面层厚度。

$$T = \frac{\Delta t c}{2\sqrt{\varepsilon_r}} \tag{3.3.4}$$

式中 T——面层厚度，mm；

c——电磁波在空气中的传播速度，取 300mm/ns；

ε_r——相对介电常数；

Δt——雷达波在路面面层中的双程走时，ns。

为了准确反算出路面厚度，必须知道路面材料介电常数，通常采用在路面上钻芯取样的方法。其方法是首先用雷达天线在需要标定芯样点的上方采样，然后钻芯，最后将芯样的真实厚度数据输入到计算机程序中,反算出路面材料的介电常数或者雷达波在材料中的传播速度;路面材料的介电常数会随集料类型、沥青产地、密度、湿度等而不同。测试过程中应根据实际情况增加芯样数量,以保证测试厚度的准确性。

3.3.4.6 报告

检测报告应包括检测路段路基路面或各结构层的厚度平均值、标准差、厚度代表值,并记录检测时天气状况、气温及工作面的基本情况。

【情景描述】

学习任务3.4 路面错台测试方法

路面错台是路面常见的损坏形式,也是产生跳车的主要原因。路面错台的测试方法适用于测定路面、人工构造物端部接头、水泥混凝土路面或桥梁的伸缩缝,以及沥青混凝土路面的裂缝两侧沉降所造成的错台(台阶)高度,以评价路面行车的舒适性能,并作为计算维修工作量的依据。

3.4.1 仪具与材料

(1)皮尺。

(2)精密水准仪。

(3)3m直尺。

(4)其他。钢板尺或钢卷尺、粉笔等。

3.4.2 方法与步骤

1. 准备工作

在检测之前,应选择需要测定的部位断面,记录检测位置及桩号,并详细描述发生错台的原因。非经注明,错台的测定位置以行车道错台最大处纵断面为准,根据需要也可以其他代表性纵断面为测定位置。

2. 构造物端部接头处的错台

(1)将精密水准仪架在距构造物端部不远的路面平顺处并调平。

(2)从构造物端部无沉降或鼓包的断面位置起,沿路线纵向用皮尺量取一定距离,作为测点,在该处立起塔尺,测定高程。再向前量取一定距离,测量高程。如此反复。直至无明显沉降的断面。无特殊要求时,从构造物端部起的2m内,应每隔0.2m量测1次,2~5m宜每隔0.5m量测1次,5m以上可每隔1m量测1次,由此得出沉降纵断面及最大沉降值,即最大错台高度D_m,精确至1mm。

3. 水泥混凝土路面接缝、桥梁伸缩缝及沥青路面裂缝处的错台

对于水泥混凝土路面的接缝,桥梁伸缩缝及沥青路面横向开裂造成的接缝错台和裂缝错台,可按上述方法用水仪准测定接缝或裂缝两侧一定范围内的道路纵断面,确定最大错台位置及高度D_m,精确至1mm。

当发生错台变形的范围不足3m时,可在错台最大位置沿路线纵向用3m直尺架在路面上,其一端位于错台高出的一侧,另一端位于无明显沉降变形处,作为基准线。用钢板尺或钢卷尺每隔0.2m量取路面与基准线之间高度D,同时测记最大错台高度D_m,精确至1mm。

3.4.3 数据处理与结果分析

以测定的错台读数 D 与各测点的距离绘成纵断面图作为测定结果，图中应标明相应断面的设计纵断面高程，最大错台的位置与高度 D_m，精确至1mm。

3.4.4 报告

测试报告应记录如下事项：

（1）路线名、测定日期、天气情况。

（2）测定地点、桩号路面及构造物概况。

（3）道路交通情况及造成错台的原因初步分析。

（4）最大错台高度 D_m 及错台纵断面图。

复 习 思 考 题

1. 拟从 K10+000～K11+000 的检测路段中选择 6 个点检测压实度、结构层厚度，试确定测点的位置（随机抽样编号为5，路面宽度为10m）。
2. 通常采用什么方法检测基层和砂石路面、沥青面层及水泥混凝土路面板的厚度？
3. 简述短脉冲雷达检测公路路面面层厚度的基本原理及其主要结构的功能。
4. 某一级公路稳定粒料基层设计厚度为20cm，该评定路段的检测值为21.0cm、22.0cm、19.0cm、19.0cm、20.0cm、21.0cm、21.0cm、22.0cm、19.0cm，评定其厚度是否满足要求（已知厚度代表值容许偏差为－8cm，单值容许偏差为－15mm，$t_{0.99}/\sqrt{10}=0.892$），并计算其合格率。

学习项目 4 路基路面压实度检测

【项目描述】

以某新建道路路基路面压实度检测为项目载体,介绍挖坑灌砂法、核子密湿度仪法、环刀法、钻芯法、无核密度仪法测定路基路面压实度,同时对几种常用方法进行施工现场压实度检测的实训,并对施工路段压实度质量进行评定。

【学习目标】

学生通过本学习项目的学习,掌握灌砂法、环刀法、核子密湿度仪法、钻芯法、无核密度仪法的适用范围、检测仪具、试验步骤、结果分析与处理;掌握路面压实度质量的评定指标及评定方法。

【情境描述】

学习任务 4.1 概 述

路基、路面压实质量是道路工程施工质量管理最重要的指标之一。只有对路基、路面结构层进行充分压实,才能保证路基、路面的强度、刚度及路面的平整度,并可以保证及延长路基、路面工程的使用寿命。现场压实质量用压实度来表示,对于路基土和路面基层,压实度是指工地上实际达到的干密度与室内标准击实试验所得最大干密度的比值,用百分数表示;对沥青面层、沥青稳定基层而言,压实度是指现场达到的密度与室内标准密度的比值,也用百分数表示。

路基和路面结构层的压实度以重型击实标准为准,沥青混凝土面层压实度以马歇尔稳定度击实成型标准或试验路密实度为准。对于特殊干旱、潮湿地区或过湿土以及铺筑中、低级路面的三级、四级公路路基,则以路基设计施工规范规定的击实试验方法和压实度标准进行评定(表 4.1.1)。

表 4.1.1 压实度检验评定要求

工程项目类型		规定值或允许偏差/%			检查方法和频率
		高速公路、一级公路	其他公路		
			二级公路	三级、四级公路	
土方路基	零填及挖方/m	0~0.30	—	94		按有关方法检查,密度法:每200m每压实层测4处
		0~0.80	≥96	≥95	—	
	填方/m	0~0.80	≥96	≥95	≥94	
		0.80~1.50	≥94	≥94	≥93	
		>1.50	≥93	≥92	≥90	

续表

工程项目类型			规定值或允许偏差/%			检查方法和频率
			高速公路、一级公路	其他公路		
				二级公路	三级、四级公路	
填隙碎石（固体体积率，%）	基层	代表值	—	85		灌砂法：每200m每车道2处
		极值	—	82		
	底基层	代表值	85	83		
		极值	82	80		
级配碎（砾）石	基层	代表值	98	98		按有关方法检查，每200m每车道2处
		极值	94	94		
	底基层	代表值	96	96		
		极值	92	92		
石灰土或水泥土、石灰粉煤灰土	基层	代表值	—	95		按有关方法检查，每200m每车道2处
		极值	—	91		
	底基层	代表值	95	93		
		极值	91	89		
石灰稳定粒料	基层	代表值	—	97		按有关方法检查，每200m每车道2处
		极值	—	93		
	底基层	代表值	96	95		
		极值	92	91		
水泥（或石灰、粉煤灰）稳定粒料	基层	代表值	98	97		按有关方法检查，每200m每车道2处
		极值	94	93		
	底基层	代表值	96	95		
		极值	92	91		
沥青混凝土面层或沥青碎（砾）石面层			试验标准密度的96%（98%）			按有关方法检查，每200m每车道1处
			最大理论密度的92%（94%）			
			试验段密度的98%（99%）			

注 1. 土方路基压实度以重型击实实验为准，极值为表列值减5%。
　2. 表内压实度可选用其中的1个或2个标准评定，若选用两个标准时，以合格率低的作为评定结果。

下面介绍几种常用的压实度的检测方法。现场密度主要检测方法及各种的适用范围见表4.1.2。

表4.1.2　　　　　　现场压实度检测方法及适用范围比较

试验方法	适用范围
灌砂法	适用于在现场测定基层（或者底基层）、砂石路面以及路基土的各种材料压实层的密度和压实度。也适用于沥青表面处治、沥青贯入式面层的密度和压实度检测，但不适用于填石路堤等大孔洞或大孔隙材料的压实度检测
环刀法	适用于细粒土及无机结合料稳定细粒土的密度测试。但对无机结合料稳定细粒土，其龄期不宜超过2d，并且适用于施工过程中的压实度检测

续表

试验方法	适 用 范 围
核子密湿度仪法	适用于现场用核子密度仪以散射法或直接透射法测定路基或路面材料的密度和含水量,并计算施工压实度。适用于施工质量的现场快速评定,其结果可作为工程质量评定与验收的依据
钻芯法	适用于检验从压实的沥青路面上钻取沥青混合料芯样试件的密实度,以评定沥青面层的施工压实度,同时适用于龄期长的无机结合料稳定类基层和底基层的密度检测

【情境描述】

学习任务 4.2　挖坑灌砂法测定压实度试验方法

灌砂法适用于在现场测定基层(或底基层)、砂石路面及路基土的各种材料压实层的密度和压实度检测。但不适用于填石路堤等有大孔洞或大孔隙材料的压实度测定。

4.2.1　仪具与材料

(1) 灌砂筒。有大小两种,当集料的最大粒径小于 13.2mm,测定层的厚度不超过 150mm 时,宜采用 φ100mm 的小型灌砂筒测试;当集料的最大粒径等于或大于 13.2mm 且不大于 31.5mm,测定层的厚度不超过 200mm 时,应采用 φ150mm 的大型灌砂筒测试。主要尺寸见表 4.2.1,尺寸与表中不一致但不影响使用时也可使用。上部为储砂筒,筒底中心有一个圆孔。下部装一倒置的圆锥形漏斗,漏斗上端面开口,直径与储砂筒的圆孔相同,漏斗焊接在一块铁板上,铁板中心有一圆孔与漏斗上开口相接。在储砂筒筒底与漏斗顶端铁板之间设有开关。开关为一薄铁板,一端与筒底及漏斗铁板铰链在一起,另一端伸出筒身外,开关铁板上也有一个相同直径的圆孔,如图 4.2.1 所示。

表 4.2.1　　　　　　　　　　灌砂仪的主要尺寸

结　　构		小型灌砂筒	大型灌砂筒
储砂筒	直径/mm	100	150
	容积/cm³	2120	4600
流砂孔	直径/mm	10	15
金属标定罐	内径/mm	100	150
	外径/mm	150	200
金属方盘基板	边长/mm	350	400
	边长/mm	40	50
中孔	直径/mm	100	150

注　如集料的最大粒径超过 31.5mm,则应相应地增大灌砂筒和标定罐的尺寸。如集料的最大粒径超过 53mm,灌砂筒和现场试洞的直径应为 200mm。

(2) 金属标定罐。用薄铁板制作的金属罐,上端周围有一罐缘。

(3) 基板。用薄铁板制作的金属方盘,盘的中心有一圆孔。

(4) 玻璃板。边长约 500~600mm 的方形板。

(5) 试样盘。小筒挖出的试样可用饭盒存放,大筒挖出的试样可用 300mm×500mm×40mm 的搪瓷盘存放。

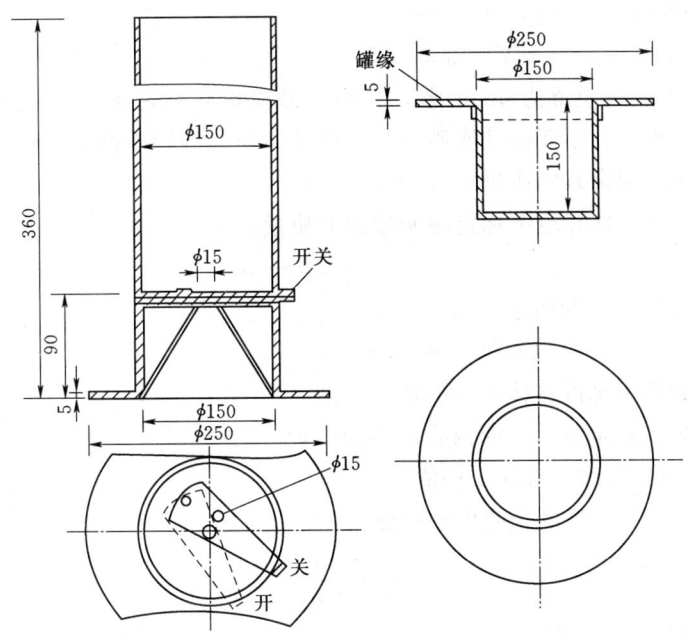

图 4.2.1 灌砂筒及标定罐（单位：mm）

（6）天平或台秤。称量 10～15kg，感量不大于 1g，用于含水率测定的天平精度对细粒土、中粒土、粗粒土宜分别为 0.01g、0.1g、1.0g。

（7）含水率测定器具。如铝盒、烘箱等。

（8）量砂。粒径 0.30～0.60mm 清洁干燥的均匀砂，约 20～40kg。使用前须洗净放置足够的时间，使其与空气的湿度达到平衡。

（9）盛砂的容器。塑料桶等。

（10）其他。凿子、螺丝刀、铁锤、长把勺、长把小簸箕、毛刷等。

4.2.2 方法和步骤

（1）按现行试验方法对检测对象试样用同种材料进行击实试验，得到最大干密度 ρ_c 及最佳含水率。

（2）选用适宜的灌砂筒。

（3）按下列步骤标定灌砂筒下部圆锥体内砂的质量：

1）在灌砂筒筒口高度上，向灌砂筒内装砂至距筒顶的距离 15mm 左右为止。称取装入筒内砂的质量 m_1，准确至 1g。以后每次标定及试验都应该维持装砂高度与质量不变。

2）将开关打开，使灌砂筒筒底的流砂孔、圆锥形漏斗上端开口圆孔及开关铁板中心的圆孔上下对准重叠在一起，让砂自由流出，并使流出砂的体积与工地所挖试坑内的体积相当（或等于标定罐的容积），然后关上开关。

3）不晃动储砂筒的砂，轻轻地将灌砂筒移至玻璃板上，将开关打开，让砂流出。直到筒内砂不再下流时，将开关关上，并细心地取走灌砂筒。

4）收集并称量留在玻璃板上的砂或称量筒内的砂，准确至 1g。玻璃板上的砂就是填满下部圆锥体的砂 m_2。

5）重复上述测量三次，取其平均值。

(4) 标定量砂的松方密度 ρ_s (g/cm³)。

1) 用水确定标定罐的容积 V,准确到 1mL。

2) 在储砂筒中装入质量为 m_1 的砂,并将灌砂筒放在标定罐上,将开关打开,让砂流出。在整个流砂过程中,不要碰动灌砂筒,直到储砂筒内的砂不再下流时,将开关关闭。取下灌砂筒,称量筒内剩余砂的质量 m_3,准确至 1g。

3) 按式 (4.2.1) 计算填满标定罐所需砂的质量 m_a:

$$m_a = m_1 - m_2 - m_3 \tag{4.2.1}$$

式中 m_a——标定罐中砂的质量,g;

   m_1——装入灌砂筒内砂的总质量,g;

   m_2——灌砂筒下部圆锥体内砂的质量,g;

   m_3——灌砂入标定罐后,筒内剩余砂的质量,g。

4) 重复上述测量三次,取其平均值。

5) 按式 (4.2.2) 计算量砂的松方密度 ρ_s:

$$\rho_s = \frac{m_a}{V} \tag{4.2.2}$$

式中 ρ_s——量砂的松方密度,g/cm³;

   V——标定罐的体积,cm³。

(5) 试验步骤。

1) 在试验地点,选一块平坦表面,并将其清扫干净,其面积不得小于基板面积。

2) 将基板放在平坦表面上。当表面的粗糙度较大时,则将盛有量砂 m_5 的灌砂筒放在基板中间的圆孔上,将灌砂筒的开关打开,让砂流入基板的中间孔内,直到储砂孔内的砂不再下流时关闭开关。取下灌砂筒,并称量筒内砂的质量 m_6,准确至 1g。当需要检测厚度时,应先测量厚度后再进行这一步骤。

3) 取走基板,并将留在试验地点的量砂收回,重新将表面清扫干净。

4) 将基板放回清扫干净的表面上(尽量放在原处),沿基板中孔凿洞(洞的直径与灌砂筒一致)。在凿洞过程中,应注意勿使凿出的材料丢失,并随时将凿松的材料取出装入塑料袋中,不使水分蒸发,也可放在大试样盒内。试洞的深度应等于测定层厚度,但不得有下层材料混入,最后将洞内的全部凿松材料取出,对土基或基层,为防止试样盘内材料的水分蒸发,可分几次称取材料的质量,全部取出材料的总质量为 m_w,准确至 1g。

5) 从挖出的全部材料取出有代表性的样品,放在铝盒或洁净的搪瓷盘中,测定其含水量 (w,以%计),样品的数量如下:用小型灌砂筒测定时,对于细粒土,不少于 100g;对于各种中粒土,不少于 500g,用大型灌砂筒测定时,对于细粒土,不少于 200g;对于各种中粒土,不少于 1000g。对于粗粒土或水泥、石灰、粉煤灰等无机结合料稳定材料,宜将取出的全部材料烘干,且不少于 2000g,称其质量 m_d。

(6) 将基板安放在试坑上,将灌砂筒安放在基板中间(储砂筒内放满砂到要求质量 m_1),使灌砂筒的下口对准基板的中孔及试洞,打开灌砂筒的开关,让砂流入试坑内。在此期间,应注意勿碰动灌砂筒,直到储砂筒内的砂不再下流时,关闭开关,小心取走灌砂筒,并称量筒内剩余砂的质量 m_4,精确到 1g。

(7) 如清扫干净的平坦表面的粗糙度不大,也可省去上述 2) 和 3) 的操作,在试筒挖好后，将灌砂筒直接对准放在试坑上，中间不需要放基板，打开筒的开关，让砂流入试坑内。在此期间，应注意勿碰动灌砂筒。直到储砂筒内的砂不再下流时，关闭开关，小心取走灌砂筒，并称量剩余砂的质量 m_4'，准确至 1g。

（8）仔细取出试筒内的量砂，以备下次试验时再用，若量砂的湿度已发生变化或量砂中混有杂质，则应该重新烘干、过筛，并放置一段时间，将其与空气的湿度达到平衡后再用。

4.2.3 检测结果计算

1. 计算填满试坑所用的砂的质量 m_b

（1）灌砂时，试坑上放有基板时：

$$m_b = m_1 - m_4 - (m_5 - m_6) \qquad (4.2.3)$$

（2）灌砂时，试坑上不放基板时：

$$m_b = m_1 - m_4' - m_2 \qquad (4.2.4)$$

式中　m_b——填满试坑的砂的质量，g；

m_1——灌砂前灌砂筒内砂的质量，g；

m_2——灌砂筒下部圆锥体内砂的质量，g；

m_4、m_4'——灌砂后，灌砂筒内剩余砂的质量，g；

$m_5 - m_6$——灌砂筒下部圆锥体内及基板和粗糙表面间砂的合计质量，g。

2. 按下式计算试坑材料的湿密度 ρ_w

$$\rho_w = \frac{m_w}{m_b} \times \rho_s \qquad (4.2.5)$$

式中　m_w——试坑中取出的全部材料的质量，g；

ρ_s——量砂的松方密度，g/cm³。

3. 计算试坑材料的干密度 ρ_d

$$\rho_d = \frac{\rho_w}{1 + 0.01w} \qquad (4.2.6)$$

式中　w——试坑材料的含水率，%。

4. 当为水泥、石灰、粉煤灰等无机结合料稳定土的场合，可按下式计算干密度 ρ_d

$$\rho_d = \frac{m_d}{m_b} \times \rho_s \qquad (4.2.7)$$

式中　m_d——试坑中取出的稳定土的烘干质量，g。

5. 按下式计算施工压实度

$$K = \frac{\rho_d}{\rho_c} \times 100 \qquad (4.2.8)$$

式中　K——测试地点的施工压实度，%；

ρ_d——试样的干密度，g/cm³；

ρ_c——由击实试验得到的试验的最大干密度，g/cm³。

当试坑材料组成与击实试验的材料有较大差异时，可以试坑材料做标准击实，求取实际的最大干密度。

4.2.4 试验中应注意的问题

灌砂法是施工过程中最常用的试验方法之一。此方法表面上看起来较为简单，但实际操作时常常不好掌握，并会引起较大误差；又因为它是测定压实度的依据，故经常是质量检测监督部门与施工单位之间发生矛盾或纠纷的环节，因此应严格遵循试验的每个细节，以提高试验精确度。为使试验做得准确，应注意以下几个环节：

（1）量砂要规则。量砂如果重复使用，一定要注意晾干，处理一致，否则影响量砂的松方密度。

（2）每换一次量砂，都必须测定松方密度，灌砂筒下部圆锥体内砂的数量也应该每次重新标定。因此，量砂宜事先准备较多数量。切勿到试验时临时找砂，或不进行标定，仅使用以前的数据。

（3）地表面处理要平，只要表面凸出一点（即使1mm），使整个表面高出一薄层，其体积也算到试坑中去了，将影响试验结果。因此，本方法一般宜采用先放上基板测定一次粗糙表面消耗的量砂，只有在非常光滑的情况下方可省去此步骤操作。

（4）在挖坑时试坑周壁应笔直，避免出现上大下小或上小下大的情形，这样就会使检测密度偏大或偏小。

（5）灌砂时检测厚度应为整个碾压层厚，不能只取上部或者取到下一个碾压层中。

4.2.5 检测报告

各种材料的干密度均应准确至 0.01g/cm^3。

【案例 4.2.1】

某二级公路路基压实度施工中，用灌砂法测定压实度，测得灌砂筒内量砂质量为5820g，填满标定罐所需砂的质量为3885g，测定砂锥的质量为615g，标定罐的体积为3035cm³，灌砂后称灌砂筒内剩余砂质量为1314g，试坑挖出湿土重为5867g，烘干土重为5036g，室内击实试验得最大干密度为 1.68g/cm^3。试求该测点的压实度和含水量。

解：量砂的松方密度：

$$\rho_s = \frac{3885}{3035} = 1.28(\text{g/cm}^2)$$

填满试坑砂的质量：

$$m_b = m_1 - m'_4 - m_2 = 5820 - 1314 - 615 = 3891(\text{g})$$

土体湿密度：

$$\rho_\omega = \frac{m_w}{m_b} \times \rho_s = \frac{5867}{3891} \times 1.28 = 1.93(\text{g/cm}^2)$$

土体含水量：

$$\omega = \frac{m_w - m_d}{m_d} = \frac{5867 - 5036}{5036} = 16.5\%$$

土体干密度：

$$\rho_d = \frac{\rho_\omega}{1 + 0.01\omega} = \frac{1.93}{1 + 0.01 \times 0.165} = 1.657(\text{g/cm}^2)$$

压实度：

$$K = \frac{\rho_d}{\rho_c} \times 100 = \frac{1.657}{1.68} = 98.6\%$$

以下为某段路对水泥稳定碎石基层用灌沙法检测压实度的记录，记录格式见表4.2.2，仅供参考。

学习任务 4.3 核子密湿度仪法测定压实度试验方法

表 4.2.2　　　　　**路基、构造物、路面压实度检测表（灌砂法）**
压实度检测记录表（灌砂法）

检测单位：×××工地试验室　　　　　　　　　任务编号：　　　　第　页　共　页

项目名称								
项目名称				合同号				
施工单位				监理单位				
试验日期		年 月 日			试样描述		平整无轮迹	
试验规程		JTG E60—2008			判定依据		JTG F10—2006	
量砂密度/(g/cm³)		1.40			仪器设备		φ150mm 灌砂筒、电子天平等	
标准密度/(g/cm³)		2.020						
起讫桩号		K9+703.33~K10+100			试验层次		96 号基层顶	
取样桩号		K9+770		K9+780		K9+790		K9+800
距中线距离	m	左 5		右 3		左 4		右 3
取样深度	cm	18		0.18		18		18
层次标准密度	g/cm³	2.02		1.78		1.81		1.78
灌入试洞前灌砂桶+量砂质量	g	8600		8600		8600		8600
灌砂筒下部锥体+基板内砂+粗糙表面间砂的质量	g	865		863		830		892
灌满试洞后灌砂桶+剩余砂质量	g	4638		4313		4659		4618
试洞内砂的质量	g	3097		3424		3111		3090
试洞中湿试样质量	g	4763		4928		4460		4572
试样的湿密度	g/cm³	2.153		2.015		2.007		2.071

	盒号		88	16	1	6	5	12	132	101
含水率	盒+湿试样质量	g	100.95	97.25	86.62	87.91	92.91	97.45	89.36	91.24
	盒+干试样质量	g	92.92	89.49	76.24	77.33	83.89	88.06	76.93	78.67
	盒质量	g	18.16	18.11	18.34	17.84	18.34	17.84	18.34	18.15
	水质量	g	8.03	7.76	10.38	10.58	9.02	9.39	12.43	12.57
	干试样质量	g	74.76	71.38	57.90	59.49	65.55	70.22	58.59	60.52
	含水率	%	9.70	9.80	15.20	15.10	12.10	11.80	17.50	17.20
	平均含水率	%	9.8		15.2		12.0		17.4	

试样的干密度/(g/cm³)	1.960		1.750		1.790		1.770	
压实度/%	97.0		86.6		88.6		87.6	

备注：

　　　　　　　　　　　　　　试验：　　　　　　　　　　　　校核：

【情境描述】

学习任务 4.3　核子密湿度仪法测定压实度试验方法

在施工现场用核子密湿度仪以散射法或直接透射法可以快速测定路基或路面材料的密度

和含水率,并计算施工压实度。核子密湿度仪是现场检测压实度较常用的一种方法,仪器按规定标定后,其检测结果可作为工程质量评定与验收的依据。

核子密湿度仪可以检测土壤、碎石、土石混合料、沥青混合料和非硬化水泥混凝土等材料。当测定沥青混合料面层的压实度或硬化水泥混凝土等难以打孔材料的密度时应使用散射法;当测定土基、基层材料或非硬化水泥混凝土等可以打孔材料的密度及含水率时,应使用直接透射法。在表面用散射法测定时,所测定沥青面层的层厚度应根据仪器的性能决定最大厚度。用于测定土基和基层材料的压实度及含水率时,打洞后用直接透射法测定,所测定的厚度不宜大于30cm。

4.3.1 仪具与材料

(1) 核子密湿度仪。符合国家规定的关于健康保护和安全使用标准,密度的测定范围为 $1.12\sim2.73\text{g/cm}^3$,测定误差不大于 $\pm 0.03\text{g/cm}^3$,含水率测量范围为 $0\sim0.64\text{g/cm}^3$,测定误差不大于 $\pm 0.015\text{g/cm}^3$。它主要包括下列部件:

1) γ 射线源。双层密封的同位素放射源,如铯-137、钴-60或镭-226等。

2) 中子源。如镅(241)-铍等。

3) 探测器。γ 射线探测器,如 G-M 计数管;热中子探测器,如氦-3管。

4) 读数显示设备。如液晶显示器、脉冲计数器、数率表或直接读数表。

5) 标准计数块。密度和含氢量都均匀不变的材料块,用于标验仪器运行状况和提供射线计数的参考标准。

6) 钻杆。用于打测试孔以便插入探测杆。

7) 安全防护设备:符合国家规定要求的设备。

8) 刮平板、钻杆、接线等。

(2) 细砂。$0.15\sim0.3\text{mm}$。

(3) 天平或台秤。

(4) 其他。毛刷等。

4.3.2 方法与步骤

本方法用于测定沥青混合料面层的压实密度或硬化水泥混凝土等难以打孔材料的密度时宜使用散射法;用于测定土基、基层材料或非硬化水泥混凝土等可以打孔材料的密度及含水率时,应使用直接透射法。在表面用散射法测定时,所测定沥青面层的层厚应根据仪器的性能决定最大厚度。用于测定土基或基层材料的压实密度及含水率时,打洞后用直接透射法所测定的厚度不宜大于30cm。

4.3.2.1 准备工作

(1) 每天使用前或者对测试结果有怀疑的时候,按下列步骤用标准计数块测定仪器的标准值:

1) 进行标准值测定时的地点至少离其他放射源10m的距离,地面必须经压实而且平整。

2) 接通电源,按照仪器使用说明书建议的预热时间,预热测定仪。

3) 在测定前,应检查仪器性能是否正常。将仪器在标准计数块上放置平稳,按照仪器使用说明书的要求进行标准化计数并判断仪器标准化计数值必须符合要求。如标准化计数值超过规定的限值时,应确认标准计数的方法和环境是否符合要求,并重复进行标准化计数;

若第二次标准化计数值仍超出规定的限界,需视作故障并进行仪器检查。

(2) 在进行沥青混合料压实层密度测定前,应用核子密湿度仪与钻孔取样的试件进行标定;测定其他材料密度时,宜与挖坑灌砂法的结果进行标定。标定的步骤如下:

1) 选择压实的路表面,与试验段测定时的条件一致,对纹理较大的路面必须用细砂填平,然后将仪器放置在测试点上转动几下,或者在测试点上用刮平板平刮几下,以达到测试条件。按要求的测定步骤用核子密湿度仪测定密度,读数。

2) 在测定的同一位置用钻机钻孔法或挖坑灌砂法取样,量测厚度,按相关规范规定的标准方法测定材料的密度。

3) 对同一种路面厚度及材料类型,在使用前至少测定 15 处,求取两种不同方法测定的密度的相关关系,其相关系数 R 应不小于 0.95。

(3) 测试位置的选择。

1) 按照随机取样的方法确定测试位置,但与距路面边缘或其他物体的最小距离不得小于 30cm。核子密湿度仪距其他射线源不得少于 10m。

2) 当用散射法测定时,用细砂填平测试位置路表结构凹凸不平的空隙,使路表面平整,能与仪器紧密接触。

3) 当使用直接透射法测定时,表面上用导板和钻杆打孔,在拟测试材料的表面打一个垂直的测试孔,测试孔要做到插进探测杆后仪器在测点表面上不倾斜为准。孔深必须大于探测杆达到的测试深度。再将探测杆放下插入已打好的测试孔内,前后或左右移动仪器,使之安放稳固。

4.3.2.2 测定步骤

(1) 如用散射法测定沥青混合料压实层密度时,按图 4.3.1 所示,将核子密湿度仪平稳地置于测试位置上。测点应随机选择,测定温度应与试验段测定时一致,一组不少于 13 点,取平均值。检测精度通过试验路段与钻孔试件比较评定。

(2) 如用直接透射法测定时,按图 4.3.2 所示,将放射源棒放下插入已预先打好的孔内。

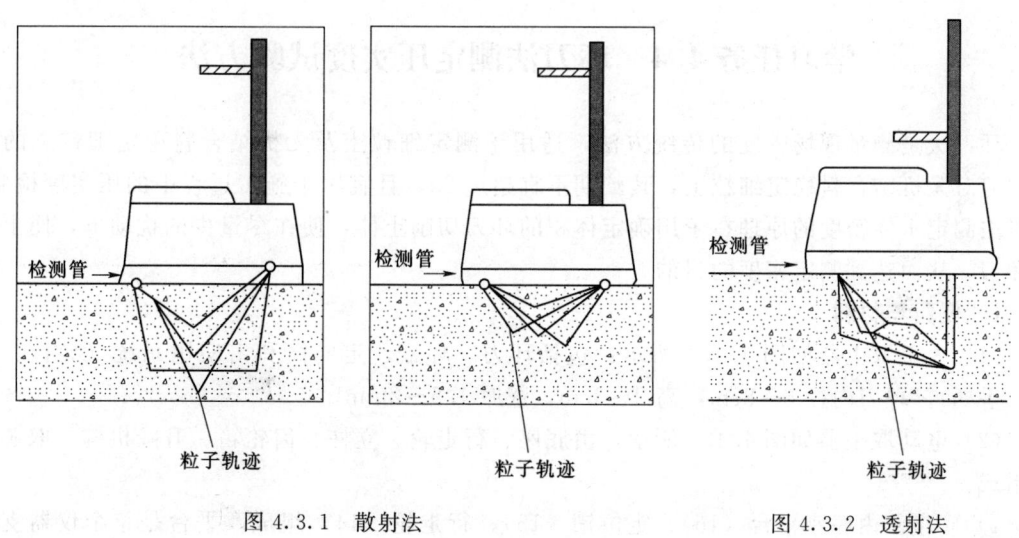

图 4.3.1 散射法   图 4.3.2 透射法

学习项目 4　路基路面压实度检测

（3）打开仪器，测试员退至距仪器 2m 以外，按照选定的测定时间进行测量，到达测定时间后，读取显示的各项数值，并迅速关机。

说明一点：有关各种型号的仪器具体操作步骤略有不同，可按照仪器使用说明书进行。

4.3.3　检测结果计算

按下式计算施工干密度及压实度：

$$\rho_d = \frac{\rho_w}{1+0.01w} \tag{4.3.1}$$

$$K = \frac{\rho_d}{\rho_c} \times 100 \tag{4.3.2}$$

式中　K——测试地点的施工压实度，%；

　　　w——试样的含水率，%；

　　　ρ_w——试样的湿密度，g/cm^3；

　　　ρ_d——试样的干密度，g/cm^3；

　　　ρ_c——沥青混合料的标准密度，按照 JTG F40—2004《公路沥青路面施工技术规范》附录 E 的规定选用，g/cm^3。

4.3.4　检测报告

测定路面密度及压实度的同时，应同时记录温度、材料类型、路面的结构层厚度及测试深度等数据和资料。

4.3.5　使用安全注意事项

（1）仪器工作时，所有人员均应退到距仪器 2m 以外的地方。

（2）仪器不使用时，应将手柄置于安全位置，仪器应装入专用的仪器箱内，放置在符合核辐射安全规定的地方。

（3）仪器应由经有关部门审查合格的专人保管，专人使用。从事仪器保管及使用的人员，应符合有关核辐射检测的有关规定。

【情境描述】

学习任务 4.4　环刀法测定压实度试验方法

环刀法是测量现场密度的传统方法，适用于测定细粒土及无机结合料稳定细粒土的密度。但对无机结合料稳定细粒土，其龄期不宜超过 2d，且宜用于施工过程中的压实度检验。环刀法测定土体密度的原理在于用确定体积的环刀切削土体，使在尽量少的扰动下，使土灌满环刀，从而达到测定密度的目的。

4.4.1　仪具与材料

（1）人工取土器如图 4.4.1 所示：包括环刀、环盖、定向筒和击实锤系统（导杆、落锤、手柄）。环刀内径 6~8cm，高 2~3cm，壁厚 1.5~2mm。

（2）电动取土器如图 4.4.2 所示，由底座、行走轮、立柱、齿轮箱、升降机构、取芯头等组成。

1）底座。由底座平台（16）、定位销（15）、行走轮（14）组成。平台是整个仪器支撑基础；定位销供操作时仪器定位用；行车轮供换点取芯时仪器近距离移动用，当定位时四只轮子可扳起离开地面。

2）立柱。由立柱（1）与立柱套（11）组成，装在底座平台上，作为升降机构、取芯机构、动力和传动机构的支架。

3）升降机构。由升降手柄（9）、锁紧手柄（8）组成，供调整取芯机构高低用。松开锁紧手柄，转动升降手轮，取芯机构即可升降，到所需位置时拧紧手柄定位。

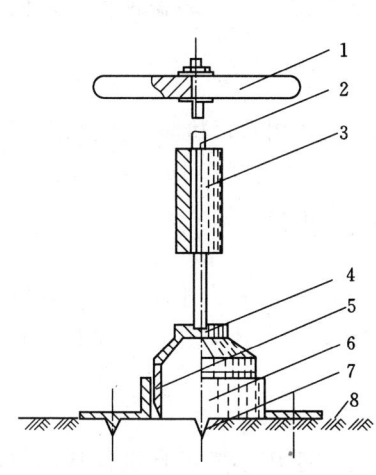

图 4.4.1　取土器

1—手柄；2—导杆；3—落锤；4—环盖；5—环刀；
6—定向筒；7—定向筒齿钉；8—试验地面

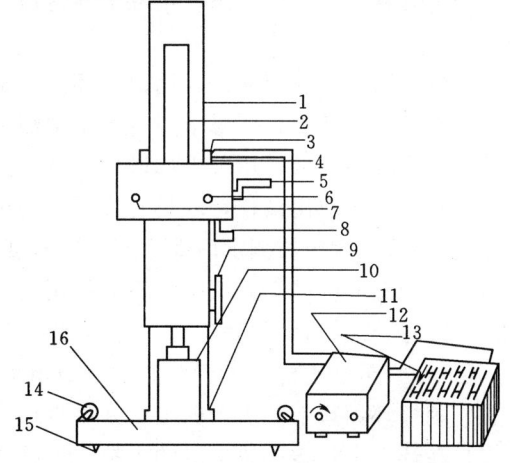

图 4.4.2　电动取土器

1—立柱；2—升降轴；3—电源输入；4—直流电机；
5、9—升降手柄；6、7—电源指示；8—锁紧手柄；
10—取芯头；11—立柱套；12—调速器；13—电瓶；
14—行走轮；15—定位销；16—底座平台

4）取芯机构。由取芯头（10）、升降轴（2）组成，取芯头为金属圆筒，下口对称焊接两个合金钢切削刀头，上端面焊有平盖，其上焊螺母，靠螺旋接于升降轴上。取芯头有三种规格，即 50mm×50mm、70mm×70mm、100mm×100mm，取芯头为可换式，另配有相应的取芯套筒、扳手、铝盒等。

5）动力和传动机构。主要由直流电机（4）、调速器（12）、齿轮箱组成，另配蓄电池和充电器。当电动机工作时，通过齿轮箱的齿轮将动力传给取芯机构，升降轴旋转，取芯头进入旋切工作状态。

6）电动取土器主要技术参数如下：

a. 工作电压 DC24V(36A·h)；

b. 转速 50～70r/min，无级调速；

c. 整机质量约 35kg。

（3）天平。质量 0.1g（用于取芯头内径小于 70mm 样品的称量），或 1.0g（用于取芯头内径 100mm 样品的称量）。

（4）其他。镐、小铁锹、修土刀、毛刷、直尺、钢丝锯、凡士林、木板及测定含水量设备等。

4.4.2　方法与步骤

（1）按有关试验方法对检测对象用同种材料进行击实试验，得到最大干密度及最佳含水率。

(2) 用人工取土器测定黏性土及无机结合料稳定细粒土密度的步骤。

1) 擦净环刀，称取环刀质量 m_2，准确至 0.1g。

2) 在试验地点，将面积约 30cm×30cm 的地面清扫干净，并将压实层铲去表面浮动及不平整部分，达到一定深度，使环刀打下后，能达到要求的取土深度，但不得将下层扰动。

3) 将定向筒固定于铲平的地面上，顺次将环刀，环盖放入定向筒内与地面垂直。

4) 将导杆保持垂直状态，用取土器落锤将环刀打入压实层中，至环盖顶面与定向筒上口平齐为止。

5) 去掉击实锤和定向筒，用镐将环刀及试样挖出。

6) 轻轻取下环盖，用修土刀自边至中削去环刀两端余土，用直尺检测。直至修平为止。

7) 擦净环刀外壁，用天平称取环刀及试样合计质量 m_1，准确至 0.1g。

8) 自环刀中取出试样，取具有代表性的试样，测定其含水量 w。

(3) 用人工取土器测定砂性土或砂层密度的步骤。

1) 如为湿润的砂土，试验时不需使用击实锤和定向筒，在铲平的地面上，细心挖出一个直径较环刀外径略大的砂土柱，将环刀刃口向下，平置于砂土柱上，用两手平稳地将环刀垂直压下，直至砂土柱突出环刀上端约 2cm 时为止。

2) 削掉环刀口上的多余砂土，并用直尺刮平。

3) 在环刀上口盖一块平滑的木板，一手按住木板，另一手用小铁锹将试样从环刀底部切断，然后将装满试样的环刀反转过来，削去环刀刃口上部的多余砂土，并用直尺刮平。

4) 擦净环刀外壁，称环刀与试样合计质量 m_1，精确至 0.1g。

5) 自环刀中取具有代表性的试样测定其含水率 w。

6) 干燥的砂土不能挖成砂土柱时，可直接将环刀压入或打入土中。

(4) 用电动取土器测定无机结合料细粒土和硬塑土密度的步骤。

1) 装上所需规格的取芯头。在施工现场取芯前，选择一块平整的路段，将四只行走轮打起，四根定位销钉采用人工加压的方法，压入路基土层中。松开锁紧手柄，旋动升降手轮，使取芯头刚好与土层接触，锁紧手柄。

2) 将蓄电池与调速器接通，调速器的输出端接入取芯机电源插口，指示灯亮，显示电路已通；启动开关，电动机工作，带动取芯机构转动。根据土层含水率调节转速，操作升降手柄，上提取芯机构，停机，移开机器。由于取芯头圆筒外表有几条螺旋状突起，切下的土屑排在筒外顺螺纹上旋抛出地表，因此，将取芯套筒套在切削好的土芯立柱上，摇动即可取出样品。

3) 取出样品，立即按取芯套筒长度用修土刀或钢丝锯修平两端制成所需规格土芯，如拟进行其他试验项目，装入铝盒，送试验室备用。

4) 用天平称量土芯带套筒质量 m_1，从土芯中心部分取试样测定含水率 w。

5) 本试验须进行两次平行测定，其平行差值不得大于 0.03g/cm³，求其算术平均值。

4.4.3 检测结果计算

(1) 按下式计算试样的湿密度 ρ_w 及干密度 ρ_d：

$$\rho_w = \frac{4(m_1 - m_2)}{\pi d^2 h} \tag{4.4.1}$$

$$\rho_d = \frac{\rho_w}{1 + 0.01w} \tag{4.4.2}$$

式中 ρ_w——试样的湿密度，g/cm³；

ρ_d——试样的干密度，g/cm³；

m_1——环刀或取芯套筒与试样合计质量，g；

m_2——环刀或取芯套筒质量，g；

d——环刀或取芯套筒直径，cm；

h——环刀或取芯套筒高度，cm；

w——试样的含水率，%。

（2）按下式计算施工压实度：

$$K = \frac{\rho_d}{\rho_c} \times 100 \qquad (4.4.3)$$

式中 K——测试点的施工压实度，%；

ρ_d——试样的干密度，g/cm³；

ρ_c——由击实试验得到的试样的最大干密度，g/cm³。

4.4.4 检测报告

试验应报告土的鉴别分类、含水率、湿密度、干密度、最大干密度、压实度等。

【情境描述】

学习任务 4.5　钻芯法测定沥青面层压实度试验方法

沥青混合料面层的压实度是指按施工规范规定的方法测定的混合料试样的毛体积密度与标准密度之比值，以百分率表示。钻芯法适用于检验从压实的沥青路面上钻取的沥青混合料芯样试件的密度，以评定沥青面层的施工压实度。

4.5.1　仪具与材料

（1）路面取芯钻机。

（2）天平。质量不大于 0.1g。

（3）水槽。

（4）吊篮。

（5）石蜡。

（6）其他。卡尺、毛刷、小勺、取样袋（容器）、电风扇。

4.5.2　方法与步骤

1. 钻取芯样

按现行 JTG E60—2008《公路路基路面现场测试规程》中 "T0901 取样方法" 钻取路面芯样，芯样直径不宜小于 100mm。当一次钻孔取得的芯样包含有不同层位的沥青混合料时，应根据结构组合情况用切割机将芯样沿各层结合面锯开分层进行测定。

钻孔取样应在路面完全冷却后进行，对普通沥青路面通常在第二天取样，对改性沥青及 SMA 路面宜在第三天以后取样。

2. 测定试件密度

（1）将钻取的试件在水中用毛刷轻轻刷净黏附的粉尘。如试件边角有浮松颗粒，应仔细清除。

(2) 将试件晾干或用电风扇吹干不少于24h,直至恒重。

(3) 按现行 JTG E20—2011《公路工程沥青及沥青混合料试验规程》的沥青混合料试件密度试验方法测定试件密度 ρ_s。通常情况下采用表干法测定试件的毛体积相对密度,对吸水率大于2%的试件,宜采用蜡封法测定试件的毛体积相对密度,对吸水率小于0.5%特别致密的沥青混合料,在施工质量检验时,允许采用水中重法测定表观相对密度。

根据 JTG F40—2004《公路沥青路面施工技术规范》附录E的规定,确定计算压实度的标准密度。

4.5.3 检验结果计算

(1) 当计算压实度的标准密度采用每天试验室实测的马歇尔击实试件密度或试验路段钻孔取样密度时,沥青面层的压实度按式(4.5.1)计算:

$$K = \frac{\rho_s}{\rho_0} \times 100 \qquad (4.5.1)$$

式中 K——沥青面层某一测定部位的压实度,%;

ρ_s——沥青混合料芯样试样的实际密度,g/cm³;

ρ_0——沥青混合料的标准密度,g/cm³。

(2) 计算压实度的标准密度采用最大理论密度时,沥青面层的压实度按下式计算:

$$K = \frac{\rho_s}{\rho_t} \times 100 \qquad (4.5.2)$$

式中 ρ_s——沥青混合料芯样试件的实际密度,g/cm³;

ρ_t——沥青混合料的最大理论密度,g/cm³。

沥青路面的压实度采取重点进行碾压工艺的过程控制,适度钻孔抽检压实度校核的方法,对施工及验收过程中的压实度检验不得采用配合比设计时的标准密度,应按以下方法检测确定:

1) 以试验室密度作为标准密度,即沥青拌和厂每天取样1~2次实测的马歇尔试件密度,取平均值作为该批混合料铺筑路段压实度的标准密度。其试件成型温度与路面复压温度一致。当采用配合比设计时,也可采用其他相同的成型方法的试验室密度作为标准密度。

2) 以每天实测的最大理论密度作为标准密度。对普通沥青混合料,沥青拌和厂在取样进行马歇尔试验的同时以真空法实测最大理论密度,平行试验的试样数不少于2个,以平均值作为该批混合料铺筑路段压实度的标准密度;但对改性沥青混合料,SMA混合料,以计算的最大理论密度为准,也可采用抽提筛分的结果及油石比计算最大理论密度。

3) 以试验路密度作为标准密度。用核子密湿度仪定点检查密度不再变化为止,然后取不少于15个钻孔试件的平均密度为计算压实度的标准密度。

4) 可根据需要选用试验室标准密度、最大理论密度、试验路密度中的1~2种作为钻孔法检验评定的标准密度。

5) 施工中采用核子密湿度仪等无破损检测设备进行压实度控制时,宜以试验路密度作为标准密度,核子密湿度仪的测数点不宜少于39个,取平均值,但核子密湿度仪需经标定。

6) 压实度钻孔频率按相关规范的要求执行。

4.5.4 检测报告

压实度试验报告应记载压实度检查的标准密度及依据,并列表表示各测点的试验结果。

【情境描述】

学习任务 4.6　无核密度仪测定压实度试验方法

4.6.1　目的与适用范围

（1）本方法适用于现场无核密度仪快速测定沥青路面各层沥青混合料的密度，并计算施工压实度，但测定结果不宜用于评定验收或仲裁。

（2）无核密度仪可用于检测铺筑完工的路面、现场沥青混合料铺筑层密度及快速检查混合料的离析。

（3）应用无核密度仪时，必须严格标定，通过对比试验检验，确认其可靠性。

（4）每 12 个月要将无核密度仪送到授权服务中心进行标定和检查。

4.6.2　仪具与材料

本方法需要下列仪具与材料：

（1）无核密度仪。内含电子模块和可充电电池。

1）探头：无核，无电容，用于野外测量。

2）探测深度：不小于 4.0cm。

3）测量时间：1s。

4）精度：0.003g/cm^3。

5）操作环境温度：0～70℃。

6）测试材料表面最高温度：150℃。

7）湿度：98％且不结露。

（2）标准密度块：供密度标准计数用。

（3）交流充电器或直流充电器。

（4）打印机：用于打印测试数据。

4.6.3　方法与步骤

1. 准备工作

（1）所测定沥青面层的层厚应不大于该仪器性能探测的最大深度。在进行沥青混合料压实层密度测定前，应用无核密度仪与钻孔取样的试件进行标定。

（2）第一次使用前需要对软件进行设置。仪器存储了软件的设置后，操作者无须每次开机后都进行软件的设置。

（3）按照仪器使用说明书的要求综合标定仪器的测量精度。

（4）按照不同的需要选择想要的测量模式。

（5）按照仪器使用说明的规定，进行修正值设置。

2. 测试步骤

（1）为了保证测量精度，在正式测量前应正确选择测量场地。

（2）把仪器放置平稳，保证仪器不晃动。

（3）为了确保精确测量，仪器应与测量面紧密接触。

（4）在开始测量前应检查仪器的工作状态，如电池电压、内部温度、选择的测量单位、运行参考读数的日期和时间等。

(5) 根据需要选择测量模式进行测试。

4.6.4 检测结果计算

按下式计算压实度：

$$K = \frac{\rho_d}{\rho_c} \times 100 \qquad (4.6.1)$$

式中 K——测试点的施工压实度，%；

ρ_d——由无核密度测定仪的压实沥青混合料的实际密度，一组不少于 13 个点，取平均值，g/cm³；

ρ_c——沥青混合料的标准密度，g/cm³，按照 JTG F40—2004《公路沥青路面施工技术规范》附录 E 的规定选用。

4.6.5 检测报告

测定路面密度及压实度的同时，应记录气温、路面的结构深度、沥青混合料类型、面层结构及测定厚度等数据和资料。

【情境描述】

学习任务 4.7　压实度检测结果评定

路基、路面压实度以 1~3km 长的路段为检验评定单元，按表 4.1.1 所示要求的检测频率及方法进行现场压实度抽样检查，求算每一测点的压实度 K_i。细粒土现场压实度检查可以采用灌砂法或环刀法；粗粒土及路面结构层压实度检查可以采用灌砂法、水袋法或钻孔取样蜡封法。应用核子密度仪时，须经对比试验检验，确认其可靠性。

4.7.1 压实度评定要点

（1）控制平均压实度的置信下限，以保证总体水平。

（2）规定单点极值不得超过给定值，防止局部隐患。

（3）规定扣分界限以区分质量优劣。

计算检验评定段的压实度代表值 K 值（算术平均值的下置信界限）为

$$K = \overline{K} - \frac{t_a}{\sqrt{n}}S \qquad (4.7.1)$$

式中 $\overline{K}$——检验评定段内各测点压实度的平均值；

t_a——t 分布表中随测点数和保证率（或置信度 α）而变的系数，见表 3.3.2；高速公路、一级公路：基层、底基层为 99%，路基、路面面层为 95%；其他公路：基层、底基层为 95%，路基、路面面层为 90%；

S——检测值的均方差；

n——检测点数。

4.7.2 路基、基层和底基层压实度评定

（1）当 $K \geqslant K_0$，且单点压实度 K_i 全部大于等于规定值减 2 个百分点时，评定路段的压实度合格率为 100%。

（2）当 $K \geqslant K_0$，且单点压实度全部大于等于规定极值时，按测定值不低于规定值减 2 个百分点的测点数计算合格率。

(3) 当 $K<K_0$ 或某一单点压实度 K_i 小于规定值时,该评定路段压实度为不合格,相应分项工程评为不合格。

路堤施工段较短时,分层压实度要点符合要求,且实际样本数不少于 6 个。

4.7.3 沥青面层压实度评定

(1) 当 $K \geqslant K_0$,且全部测点大于等于规定值减 1 个百分点时,评定路段的压实度合格率为 100%。

(2) 当 $K \geqslant K_0$ 时,按测定值不低于规定值减 1 个百分点的测点数计算合格率。

(3) 当 $K < K_0$ 时,评定路段的压实度为不合格,相应分项工程为不合格。

【案例 4.7.1】

某新建公路路基施工中,对其中的一段压实度质量进行检查,压实度检测结果见表 4.7.1 所列,压实度标准值 $K_0=95\%$,规定极值为 91%。请按保证率 95% 计算该路段大代表性压实度进行质量评定。

表 4.7.1　　　　　　　　　压 实 度 检 测 结 果

序号	1	2	3	4	5	6	7	8	9	10
压实度/%	96.4	95.4	93.5	97.3	96.3	95.8	95.9	96.7	95.3	95.6
序号	11	12	13	14	15	16	17	18	19	20
压实度/%	97.6	95.8	96.8	95.7	96.1	96.3	95.1	95.5	97.0	95.3

解: 经计算得 $\overline{K}=95.97\%$,$S=0.91$

$\dfrac{t_\alpha}{\sqrt{n}}$ 查表 3.3.2 得 0.387。

压实度代表值 K_i 为算术平均值的下置信界限,即

$$K=\overline{K}-\dfrac{t_\alpha}{\sqrt{n}}S=95.97-0.91\times0.387=95.62\%$$

由于压实度代表值 $K \geqslant K_0 = 95\%$ 单点压实度 $K_{\max}=97.6\%$,$K_{\min}=93.5\%$

$K_i > K_0 - 2\% = 93\%$,全部单点压实度检验都符合要求。

且单点压实度全部大于规定极值

$$K_i > K_j = 91\%$$

合格点数 $m=20$,检测点数 $n=20$。

$$\text{合格率 } P = \dfrac{m}{n} \times 100 = \dfrac{20}{20} \times 100 = 100\%$$

所以该路段的压实质量是合格的。

复 习 思 考 题

1. 压实的作用是什么?现场压实质量用什么指标来衡量?
2. 何为压实度?路基路面压实度有哪些常用的检测方法?在什么情况下选择这些方法?
3. 确定路基最大干密度的方法有哪几种?各方法的特点是什么?
4. 简述用无核密度仪测定压实度的步骤。
5. 简述沥青面层压实度评定方法。

6. 简述灌砂法测定压实度的主要过程。

7. 新建高速公路路基施工过程中，对其中某一路段上路床压质量进行检查，压实度检测结果分别为 98.6%、95.4%、93.0%、99.2%、96.2%、92.8%、95.9%、96.8%、96.3%、95.9%、92.6%、95.6%、99.2%、95.8%、94.6%、99.5%。请按保证率95%计算该路段的代表压实度，并进行分析评定。

8. 中液限黏土填筑的路堤，实验室重型标准击实试验求得该土的最大干密度 ρ_{dmax} = 1.82g/cm³；按道路等级合部颁标准确定要求压实度 K_0=93%（重型击实标准）。检测组对已完工的一段做了压实质量测定，数据见表所列。试计算各测点干密度、压实度，并按95%保证率计算该路段压实度代表值。

表 4.7.2　　　　　　　　压 实 度 的 代 表 值

测点编号	湿密度/(g/cm³)	含水量/%	干密度/(g/cm³)	压实度/%
1	1.98	14.8		
2	1.94	14.6		
3	1.97	14.7		
4	2.03	15.6	1.76	96.7
5	2.07	16.2		
6	2.05	16.3	1.76	96.7
7	1.94	15.8		
8	2.04	16.2	1.76	96.7
9	2.02	15.7	1.75	96.1
10	2.01	15.6	1.74	95.6
11	1.99	15.4	1.72	94.5
12	2.01	15.9	1.73	95.1

学习项目 5 路面平整度检测

【项目描述】

以合肥市某新建道路路面平整度检测为项目载体,介绍三米直尺法、连续式平整度仪法、车载式颠簸累积仪、车载式激光平整度仪测定路面平整度的方法,同时对几种常用方法进行施工现场平整度检测的实训,并对施工路段平整度质量进行评定。

【学习目标】

学生通过本学习项目的学习,掌握三米直尺法、连续式平整度仪法、车载式颠簸累积仪法、车载式激光平整度仪法的适用范围、检测仪具、试验步骤、结果分析与处理;掌握路面平整度质量的评定指标及评定方法。

【情境描述】

学习任务 5.1 概　　述

路面平整度是指路表面纵向凹凸量的偏差值,它是评价路面施工质量和服务水平的重要指标之一。路面的平整度与路面各结构层次的平整度有一定的联系,各层次的平整效果累积反映到路面表面,最上层的路面面层直接与车辆及大气接触,不平整的表面将会增大行车阻力,使车辆产生附加振动作用,导致行车颠簸,影响行车的速度和安全及驾驶的平稳和乘客的舒适。同时,振动作用对路面施加冲击力,加剧了路面、汽车机件损坏和轮胎的磨损,增大油耗。此外,不平整的路面会积滞雨水,从而加速路面的破坏。因此,各结构层平整度的检测与评定是公路施工与养护非常重要的一个环节。JTG F80/1—2012《公路工程质量检验评定标准》中对不同结构层的平整度检测做了要求,见表 5.1.1。

表 5.1.1　　　　　　　　　　平整度检测要求

结构名称	检查项目	规定值或容许偏差		检查方法与频率
		高速公路、一级公路	其他公路	
土方路基	最大间隙 h/mm	15	20	3m 直尺:每 200m 测 2 处×10 尺
石方路基	最大间隙 h/mm	20	30	3m 直尺:每 200m 测 2 处×10 尺
水泥混凝土面层	σ/mm	1.2	2.0	平整度仪:全线每车道连续检测,每 100m 计算 σ 或 IRI
	IRI/(m/km)	2.0	3.2	
	最大间隙 h/mm	—	5	3m 直尺:半幅车道板带每 200m 测 2 处×10 尺
沥青混凝土面层和沥青碎(砾)石面层	σ/mm	1.2	2.5	平整度仪:全线每车道连续检测,按每 100m 计算 σ 或 IRI
	IRI/(m/km)	2.0	4.2	
	最大间隙 h/mm	—	5	3m 直尺:每 200m 测 2 处×10 尺

续表

结构名称	检查项目	规定值或容许偏差 高速公路、一级公路	规定值或容许偏差 其他公路	检查方法与频率
沥青贯入式面层	σ/mm	3.5		平整度仪：全线每车道连续检测，按每100m计算σ或IRI
沥青贯入式面层	IRI/(m/km)	5.8		平整度仪：全线每车道连续检测，按每100m计算σ或IRI
沥青贯入式面层	最大间隙h/mm	8		三米直尺：每200m测2处×10尺
沥青表面处治	σ/mm	4.5		平整度仪：全线每车道连续检测，按每100m计算σ或IRI
沥青表面处治	IRI/(m/km)	7.8		平整度仪：全线每车道连续检测，按每100m计算σ或IRI
沥青表面处治	最大间隙h/mm	10		三米直尺：每200m测2处×10尺
水泥土基层	最大间隙h/mm	—	12	三米直尺：每200m测2处×10尺
水泥土底基层	最大间隙h/mm	12	15	三米直尺：每200m测2处×10尺
水泥稳定粒料基层	最大间隙h/mm	8	12	三米直尺：每200m测2处×10尺
水泥稳定粒料底基层	最大间隙h/mm	12	15	三米直尺：每200m测2处×10尺
石灰土基层	最大间隙h/mm	—	12	三米直尺：每200m测2处×10尺
石灰土底基层	最大间隙h/mm	12	15	三米直尺：每200m测2处×10尺
石灰稳定粒料基层	最大间隙h/mm	—	12	三米直尺：每200m测2处×10尺
石灰稳定粒料底基层	最大间隙h/mm	12	15	三米直尺：每200m测2处×10尺
石灰、粉煤灰土基层	最大间隙h/mm	—	12	三米直尺：每200m测2处×10尺
石灰、粉煤灰土底基层	最大间隙h/mm	12	15	三米直尺：每200m测2处×10尺
石灰、粉煤灰稳定粒料基层	最大间隙h/mm	8	12	三米直尺：每200m测2处×10尺
石灰、粉煤灰稳定粒料底基层	最大间隙h/mm	12	15	三米直尺：每200m测2处×10尺
级配碎（砾）石基层	最大间隙h/mm	8	12	三米直尺：每200m测2处×10尺
级配碎（砾）石底基层	最大间隙h/mm	12	15	三米直尺：每200m测2处×10尺
填隙碎石（矿渣）基层	最大间隙h/mm	—	12	三米直尺：每200m测2处×10尺
填隙碎石（矿渣）底基层	最大间隙h/mm	12	15	三米直尺：每200m测2处×4尺
土路肩	最大间隙h/mm	20		三米直尺：每200m测2处×4尺
硬路肩	最大间隙h/mm	10		三米直尺：每200m测2处×10尺

目前，平整度检测常用的测试设备大致分为断面类和反应类两大类。断面类是通过测量路表凸凹情况来反映平整度，如三米直尺、连续式平整度仪和激光平整度仪等；反应类是通过测定路面凸凹引起车辆的颠簸振动来反映平整度状况，如颠簸累积仪等。常见几种平整度测试方法的特点及评价指标见表5.1.2所列。本书主要介绍这几种方法。

表5.1.2　　　　　　　　　　平整度测试方法比较

方　　法	特　　点	技术指标
三米直尺法	设备成本低，结果直观，间断测试，工作效率低	最大间隙h/mm
连续式平整度仪法	设备成本较低，连续测试，工作效率高	标准差σ/mm
激光平整度仪法	设备成本高，连续测试，工作效率高，技术指标国际通用	国际平整度指数IRI/(m/km)
颠簸累积仪法	设备成本较低，连续测试，工作效率较高，测试结果受承载车影响	单向位移累计值VBI/(cm/km)

【情境描述】

学习任务 5.2　三米直尺测定平整度试验方法

三米直尺法有单尺测定最大间隙及等距离（1.5m）连续测定两种。单尺测定最大间隙常用于施工质量控制与检查验收，测定时要计算测定段的合格率；等距离连续测定也可用于施工质量检查验收，要计算出标准偏差，用标准偏差来表示平整程度。

5.2.1　目的与适用范围

本方法规定用三米直尺测定路表面的平整度。定义三米直尺基准面距离路表面的最大间隙表示路基路面的平整度，以 mm 计。适用于测定压实成型的路面各层表面的平整度，以评定路面的施工质量，也可用于路基表面成型后的施工平整度检测。

5.2.2　仪具与材料

本方法需要下列仪具与材料：

（1）三米直尺。测量基准面长度为 3m 长，基准面应平直，用硬木或铝合金钢等材料制成。

（2）最大间隙测量器具。

1）楔形塞尺。硬木或金属制的三角形塞尺，有手柄。塞尺的长度与高度之比不小于 10，宽度不大于 15mm，边部有高度标记，刻度读数分辨率不大于 0.2mm。

2）深度尺。金属制的深度测量尺，有手柄。深度尺测量杆端头直径不小于 10mm，刻度读数分辨率不大于 0.2mm。

（3）其他。皮尺或钢尺、粉笔等。

5.2.3　方法与步骤

1. 准备工作

（1）按有关规范规定选择测试路段。

（2）测试路段的测试地点选择：当为沥青路面施工过程中的质量检测时，测试地点应选在接缝处，以单杆测定评定；除高速公路以外，可用于其他等级公路路基路面工程质量检查验收或进行路况评定，每 200m 测 2 处，每处连续测量 10 尺。除特殊需要者外，应以行车道一侧车轮轮迹（距车道线 0.8～1.0m）作为连续测定的标准位置，如图 5.2.1 所示。对旧路已形成车辙的路面，应取车辙中间位置为测定位置，用粉笔在路面上做好标记。

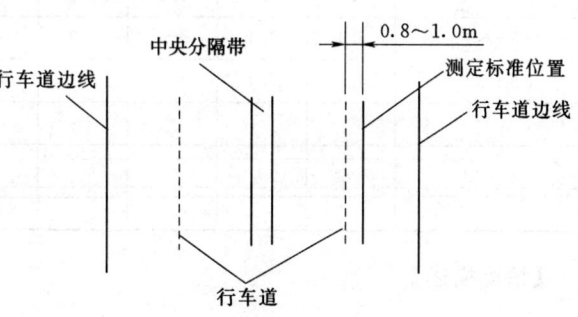

图 5.2.1　测点位置示意图

（3）清扫路面测定位置处的污物。

2. 试验步骤

（1）施工过程中检测时，根据需要确定的方向，将三米直尺摆在测试地点的路面上。

（2）目测三米直尺底面与路面之间的间隙情况，确定最大间隙的位置。

（3）用有高度标线的塞尺塞进间隙处，量测其最大间隙的高度（mm）；或者用深度尺在最大间隙位置量测直尺上顶面距地面的深度,该深度减去尺高即为测试点最大间隙的高度,准确至 0.2mm。

5.2.4 检测结果计算

单杆检测路面的平整度计算,以三米直尺与路面的最大间隙为测定结果。连续测定 10 尺时,判断每个测定值是否合格,根据要求计算合格百分率,并计算 10 个最大间隙的平均值。

5.2.5 检测报告

单杆检测的结果应随时记录测试位置及检测结果。连续测定 10 尺时,应报告平均值、不合格尺数、合格率。

【案例 5.2.1】

某高速公路沥青混凝土面层用三米直尺测定平整度记录表见表 5.2.1。

表 5.2.1 平整度检测记录表(三米直尺法)

检验单位:××检测中心   任务编号:

项目名称	××高速公路××段竣工验收				合同号		××			
施工单位	××路桥公司				监理单位		××监理公司			
检测依据	JTG F80/1—2004				检测环境		温度:18 ℃			
检测时间	2014 年 11 月 8 日				主要仪器编号		GL12345678-01			
检测					校验					
检测部位	水泥稳定碎石基层									
检测桩号或范围	检测数据/mm									
	1	2	3	4	5	6	7	8	9	10
K5+520	6.6	6.8	5.4	6.8	4.8	4.4	5.2	4.6	6.0	5.2
K5+580	4.6	4.8	7.0	3.2	4.8	6.6	6.4	5.2	4.6	3.0
K5+640	5.4	7.4	4.2	4.3	6.0	4.2	5.6	5.2	4.4	6.8
K5+700	4.6	6.4	4.2	5.2	4.8	6.0	5.4	5.4	3.2	4.2

【情境描述】

学习任务 5.3 连续式平整度仪测定平整度试验方法

5.3.1 目的与适用范围

本方法规定用连续式平整度仪量测路面的不平整度的标准差 σ,以表示路面的平整度,以 mm 计。本方法适用于测定路表面的平整度,评定路面的施工质量和使用质量,但不适用于在已有较多坑槽、破损严重的路面上测定。

5.3.2 仪具与材料

本方法需要下列仪具与材料:

(1) 连续式平整度仪。

1) 整体结构。连续式平整度仪一般标准长度为 3m，其质量应符合仪器标准的要求；中间为一个 3m 长的机架，机架可缩短或折叠，前后各 4 个行走轮，前后两组轮的轴间距离为 3m。

2) 标准差测量传感器。安装在机架中间，可以是能起落的测定轮，或非接触式位移传感器，如激光或超声位移测量传感器。

3) 其他辅助机构。蓄电池电源，距离传感器，与数据采集、处理、存储、输出部分配套的采集控制箱及计算机、打印机等。

4) 测定间距为 10cm，每一个计算区间的长度为 100m 并输出一次结果。

5) 可记录测试长度（m）、曲线振幅大于某一定值（如 3mm、5mm、8mm、10mm 等）的次数、曲线振幅的单向（凸起或凹下）累计值及以 3m 机架为基准的中点路面偏差曲线图，计算打印。

6) 机架装有一牵引钩及手拉柄，可用人力或汽车牵引。

(2) 牵引车。小面包车或其他小型牵引汽车。

(3) 皮尺或测绳。

5.3.3 方法与步骤

1. 准备工作

(1) 选择测试路段。

(2) 当施工过程中质量检测需要时，测试地点根据需要决定；当为路面工程质量检查验收或进行路况评定需要时，通常以行车道一侧车轮轮迹带作为连续测定的标准位置。对旧路已形成车辙的路面，取一侧车辙中间位置为测定位置。

按规定在测试路段路面上确定测试位置，当以内侧轮迹带（IWP）或外侧轮迹带（OWP）作为测定位置时，测定位置距车道标线 80～100cm。

(3) 清扫路面测定位置处的脏物。

(4) 检查仪器，检测箱各部分是否完好、灵敏，并将各连接线接妥，安装记录设备。

2. 测试步骤

(1) 将连续式平整度仪置于测试路段路面起点上。

(2) 在牵引汽车的后部，将连续式平整度仪与牵引汽车连接好，按照仪器使用手册依次完成各项操作。

(3) 启动牵引汽车，沿道路纵向行驶，横向位置保持稳定。

(4) 确认连续式平整度仪工作正常。牵引连续式平整度仪的速度应保持匀速，速度宜为 5km/h，最大不得超过 12km/h。

在测试路段较短时，亦可用人力拖拉平整度仪测定路面的平整度，但拖拉时应保持匀速前进。

5.3.4 检测结果计算

(1) 连续式平整度测定仪测定后，可按每 10cm 间距采集的位移值自动计算得到每 100m 计算区间的平整度标准差（mm），还可记录测试长度（m）。

(2) 每一个计算区间的路面平整度以该区间测定结果的标准差表示，按式（5.3.1）计算。

$$\sigma_i = \sqrt{\frac{\sum d_i^2 - (\sum d_i)^2/N}{N-1}} \tag{5.3.1}$$

式中 σ_i——各计算区间的平整度计算值,mm;

d_i——以 100m 为一个计算区间,每隔一定距离(自动采集间距为 10cm,人工采集间距为 1.5m)采集的路面凹凸偏差位移值,mm;

N——计算区间用于计算标准差的测试数据个数。

(3) 计算一个评定路段内各区间的平整度标准差的平均值、标准差、变异系数。

5.3.5 检测报告

试验应列表报告每一个评定路段内各测定区间的平整度标准差,各评定路段平整度的平均值、标准差、变异系数以及不合格区间数。

【案例 5.3.1】

某高速公路沥青混凝土面层用连续式平整度仪测定平整度记录表见表 5.3.1。

表 5.3.1 平整度检测记录表(连续式平整度仪法)

检验单位:××检测中心　　　　　　　　　任务编号:

项目名称	××高速公路××段竣工验收	合同号	××
施工单位	××路桥公司	监理单位	××监理公司
检测依据	JTG F80/1—2004	检测环境	温度:18 ℃
检测时间	2014 年 11 月 8 日	主要仪器编号	GL12345678-01
检测		校验	
检测部位	沥青混凝土上面层		

检测桩号或范围	偏差位移值/mm	平均值/mm	标准差/mm	变异系数/%	合格区间数	合格率/%
K5+100	0.56					
K5+200	0.48					
K5+300	0.62					
K5+400	1.68(桥头伸缩缝)					
K5+500	1.25(桥头伸缩缝)	0.54	0.06	11	8	100
K5+600	0.44					
K5+700	0.49					
K5+800	0.55					
K5+900	0.56					
K6+000	0.60					

【情境描述】

学习任务 5.4　车载式颠簸累积仪测定平整度试验方法

5.4.1 目的与适用范围

本方法适用于各类颠簸累积仪在新建、改建路面工程质量验收和无严重坑槽、车辙等病害的正常行车条件下连续采集路段平整度数据。本方法的数据采集、传输、记录和处理分别由专用软件自动控制进行。

5.4.2 仪具与材料

1. 测试系统

测试系统由承载车辆、距离测量装置、颠簸累积值测试装置和主控制系统组成。主控制系统对测试装置的操作实施控制,完成数据采集、传输、存储与计算的过程。

2. 设备承载车要求

根据设备供应商的要求选择测试系统承载车辆。

3. 测试系统基本技术要求和参数

(1) 测试速度:30~80km/h。

(2) 最大测试幅值:±20cm。

(3) 垂直位移分辨率:1mm。

(4) 距离标定误差:小于0.5%。

(5) 系统工作环境温度:0~60℃。

(6) 系统软件能够依据相关关系公式自动对颠簸累积值进行换算,间接输出国际平整度指数 IRI。

5.4.3 方法与步骤

1. 准备工作

(1) 测试车辆有下面条件之一时,都应进行仪器测值与国际平整度指数 IRI 的相关性标定,相关系数 R 应不低于0.99:在正常状态下行驶超过2万km;标定的时间间隔超过1年;减震器、轮胎等发生更换、维修。

(2) 检查测试车轮胎气压,应达到车辆轮胎规定的标准气压,车胎应清洁,不得黏附杂物,车上载重、人数以及分布应与仪器相关性标定试验时一致。

(3) 距离测量系统需要现场安装的,根据设备操作手册说明进行安装,确保紧固装置安装牢固。

(4) 检查测试系统各部分应符合测试要求,不应有明显的可视性破损。

(5) 打开系统电源,启动控制程序,检查系统各部分的工作状态。

2. 测试步骤

(1) 测试开始之前应让测试车以测试速度行驶5~10km,按照设备操作手册规定的预热时间对测试系统进行预热。

(2) 测试车停在测试起点前300~500m处,启动平整度测试系统程序,按照设备操作手册的规定和测试路段的现场技术要求设置完毕所需的测试状态。

(3) 驾驶员在进入测试路段前应保持车速在规定的测试速度范围内,沿正常行车轨迹驶入测试路段。

(4) 进入测试路段后,测试人员启动系统的采集和记录程序,在测试过程中必须及时准确地将测试路段的起终点和其他需要特殊标记点的位置输入测试数据记录中。

(5) 当测试车辆驶出测试路段后,仪器操作人员停止数据采集和记录,并恢复仪器各部分至初始状态。

(6) 操作人员检查数据文件,文件应完整,内容应正常,否则需要重新测试。

(7) 关闭测试系统电源,结束测试。

5.4.4 检测结果计算

颠簸累积仪直接测试输出的颠簸累积值 VBI，要按照相关性标定试验得到相关关系式，并以 100m 为计算区间换算成 IRI（以 m/km 计）。

5.4.5 颠簸累积仪测值与国际平整度指数 IRI 相关关系对比试验

1. 基本要求

由于颠簸累积仪测值受测试速度等因素影响，因此测试系统的每一种实际采用的测试速度都应单独进行标定，建立相关关系公式。标定过程及分析结果应详细记录并存档。

2. 试验条件

(1) 按照每段 IRI 值变化幅度不小于 1.0 的范围选择不少于 4 段不同平整度水平，且有足够加速或减速长度的路段。根据实际测试道路 IRI 的分布情况，可以增加某些范围内的标定路段。

(2) 每一路段长度不小于 300m。

(3) 每一段内的平整度应均匀，包括路段前 50m 的引道。

(4) 选择坡度变化较小的直线路段，路段交通量小，便于疏导。

(5) 标定宜选择在车道的正常行驶轮迹上进行，明确标出标定路段的轮迹、起终点。

3. 试验步骤

(1) 距离标定。

1) 依据设备供应商建议的长度，选择坡度变化较小的平坦直线路段，标出起终点和行驶轨迹。

2) 标定开始之前应让测试车以测试速度行驶 5~10km，按照设备操作手册规定的预热时间对测试系统进行预热。

3) 将测试车的前轮对准起点线，启动距离校准程序，然后令车辆沿着路段轨迹直线行驶，避免突然加速或减速，接近终点时，看指挥人员手势减速停车，确保测试车的前轮对准终点线，结束距离校准程序。重复此过程，确保距离传感器脉冲当量的准确性，应在允许误差范围之内。

(2) 令颠簸累积仪按选定的测试速度测试每个标定路段的反应值，重复测试至少 5 次，取其平均值作为该路段的反应值。

(3) IRI 值的确定。

1) 以精密水准仪作为标准仪具，分别测量标定路段两个轮迹的纵断高程，要求采样间隔为 250mm，高程测试精度为 0.5mm；然后用 IRI 标准计算程序对每个轮迹的纵断面测量值进行模型计算，得到该轮迹的 IRI 值。两个轮迹 IRI 值的平均值即为该路段的 IRI 值。

2) 其他符合世界银行一类平整度测试标准的纵断面测试仪具也可以作为确定标定路段标准 IRI 值的仪具。

4. 试验数据处理

用数理统计的方法将各标定路段的 IRI 值和相应的颠簸累积仪值进行回归分析，建立相关关系方程式，相关系数 R 不得小于 0.99。

5.4.6 检测报告

(1) 平整度测试报告应包括颠簸累积值 VBI、国际平整度 IRI 平均值和现场测试速度。

(2) 提供颠簸累积值 VBI 与国际平整度指数 IRI 在选定测试条件下的相关关系式及相关系数。

【情境描述】

学习任务 5.5　车载式激光平整度仪测定平整度试验方法

5.5.1　目的与适用范围

本方法适用于各类车载式激光平整度仪在新建、改建路面工程质量验收和无严重坑槽、车辙等病害及无积水、积雪、泥浆的正常通车条件下连续采集路段平整度数据。本方法的数据采集、传输、记录和处理分别由专用软件自动控制进行。

5.5.2　仪具与材料

1. 测试系统

测试系统由承载车辆、距离传感器、纵断面高程传感器和主控制系统组成。主控制系统对测试装置的操作实施控制，完成数据采集、传输、存储与计算过程。

2. 设备承载车要求

根据设备供应商的要求选择测试系统承载车辆。

3. 测试系统基本技术要求和参数

(1) 测试速度：30～100km/h。

(2) 采样间隔：不大于 500mm。

(3) 传感器测试精度：0.5mm。

(4) 距离标定误差：小于 0.1%。

(5) 系统工作环境温度：0～60℃。

5.5.3　方法与步骤

1. 准备工作

(1) 设备安装到承载车上以后应按规定进行相关性试验。

(2) 根据设备操作手册的要求对测试系统各传感器进行校准。

(3) 检查测试车轮胎气压，应达到车辆轮胎规定的标准气压，车胎应清洁，不得黏附杂物。

(4) 距离测量装置需要现场安装的，根据设备操作手册说明进行安装，确保机械紧固装置安装牢固。

(5) 检查测试系统各部分应符合测试要求，不应有明显的可视性破损。

(6) 打开系统电源，启动控制程序，检查各部分的工作状态。

2. 测试步骤

(1) 测试开始之前应让测试车以测试速度行驶 5～10km，按照设备操作手册规定的预热时间对测试系统进行预热。

(2) 测试车停在测试起点前 50～100m 处，启动平整度测试系统程序，按照设备操作手册的规定和测试路段的现场技术要求设置完毕所需的测试状态。

(3) 驾驶员应按照设备操作手册要求的测试速度范围驾驶测试车，宜在 50～80km/h，避免急加速和急减速，急弯路段应放慢车速，沿正常行车轨迹驶入测试路段。

车载式激光平整度仪受行车速度的影响很小,但是急加减速会引入较大偏差,应避免检测过程中出现急加减速情况。

(4) 进入测试路段后,测试人员启动系统的采集和记录程序,在测试过程中必须及时准确地将测试路段的起终点和其他需要特殊标记点的位置输入测试数据记录中。

(5) 当测试车辆驶出测试路段后,仪器操作人员停止数据采集和记录,并恢复仪器各部分至初始状态。

(6) 检查测试数据文件,文件应完整,内容应正常,否则需要重新测试。

(7) 关闭测试系统电源,结束测试。

5.5.4 检测结果计算

激光平整度仪采集的数据是路面相对高程值,应以 100m 为计算区间长度用 IRI 的标准计算程序计算 IRI 值,以 m/km 计。

5.5.5 激光平整度仪测值与国际平整度指数 IRI 相关关系对比试验

1. 试验条件

(1) 按照 IRI 值,每段间距大于 1.0 的范围选择不少于 4 段不同平整度水平,且有足够加速或减速长度的路段,根据实际测试道路 IRI 的分布情况,可以增加某些范围内的标定路段。

(2) 每一路段长度不小于 300m。

(3) 每一段内的平整度应均匀,包括路段前 50m 的引道。

(4) 选择坡度变化较小的直线路段,路段交通量小,便于疏导。

(5) 有多个激光测头的系统需要分别标定。

(6) 标定宜选择在车道的正常行驶轮迹上进行,明确画出轮迹带测线和起终点位置。

2. 试验步骤

(1) 距离标定

1) 依据设备供应商建议的长度,选择坡度变化较小的平坦直线路段,标出起终点和行驶轨迹。

2) 标定开始之前应让测试车以测试速度行驶 5~10km,按照设备操作手册规定的预热时间对测试系统进行预热。

3) 将测试车的前轮对准起点线,启动距离校准程序,然后令车辆沿着路段轨迹直线行驶,避免突然加速或减速,接近终点时,看指挥人员手势减速停车,确保测试车的前轮对准终点线,结束距离校准程序。重复此过程,确保距离传感器脉冲当量的准确性,应在允许误差范围之内。

(2) 令所标定的纵断面高程传感器对准测线重复测试 5 次,取其 IRI 计算值的平均值作为该路段的测试值。

(3) IRI 值的确定

1) 以精密水准仪作为标准仪具,测量标定路段上测线的纵断高程,要求采样间隔为 250mm,高程测试精度为 0.5mm。然后用 IRI 标准计算程序对纵断面测量值进行模型计算,得到标定线路的 IRI 值。

2) 其他符合世界银行一类平整度测试标准的纵断面测试仪具也可以作为确定标定路段标准 IRI 值的仪具。

3. 试验数据处理

用数理统计的方法将各标定路段的 IRI 值和相应的平整度仪值进行回归分析，建立相关关系方程式，相关系数 R 不得小于 0.99。

5.5.6 检测报告

平整度检测报告应包括以下内容：

（1）国际平整度 IRI 平均值。

（2）提供激光平整度仪测值与国际平整度指数 IRI 在选定测试条件下的相关关系式及相关系数。

【案例 5.5.1】

某高速公路路面工程交工验收用激光平整度仪法评定路面平整度，检测记录表见表 5.5.1。

表 5.5.1　　　　　　　　激光平整度仪检测记录表

××高速公路××段路面工程交工验收第八次检测　　　　　　　　××检测中心

标段			检测范围或桩号	K0+501～K2+900	
桩号	平整度/(m/km)		桩号	平整度/(m/km)	
	右超	右行		右超	右行
K0+501～K0+600	1.94	1.91	K1+700～K1+800	0.79	1.09
K0+600～K0+700	1.08	1.46	K1+800～K1+900	0.90	1.08
K0+700～K0+800	1.16	1.37	K1+900～K2+000	1.95	1.27
K0+800～K0+900	1.78	1.43	K2+000～K2+100	1.32	1.22
K0+900～K1+000	1.59	1.04	K2+100～K2+200	1.29	1.13
K1+000～K1+100	1.65	1.02	K2+200～K2+300	1.21	1.54
K1+100～K1+200	0.98	1.14	K2+300～K2+400	1.41	1.57
K1+200～K1+300	1.66	1.35	K2+400～K2+500	1.12	0.80
K1+300～K1+400	1.25	1.30	K2+500～K2+600	1.07	1.16
K1+400～K1+500	0.92	1.44	K2+600～K2+700	1.51	1.30
K1+500～K1+600	1.57	1.34	K2+700～K2+800	1.68	0.82
K1+600～K1+700	1.22	1.15	K2+800～K2+900	1.48	0.87

复习思考题

1. 收集最新的检测相关规程。

2. 简述"评定标准"中可以用于路面平整度检测的方法有哪些，各方法的测试原理及适用范围。

3. 简述三米直尺测定路面平整度的主要步骤及注意事项。

4. 简述连续式平整度仪测定路面平整度的主要步骤及注意事项。

5. 连续式平整度仪测定某高速公路沥青混凝土面层平整度，检测结果为 0.8mm、1.2mm、1.8mm、0.5mm、0.6mm、1.6mm、1.2mm、1.6mm、0.7mm、1.7mm。请计算平整度指标的合格率。

学习项目6 路基路面强度指标检测

【项目描述】

以合肥市某新建道路路基路面强度指标检测为项目载体,介绍贝克曼梁、自动弯沉仪、落锤式弯沉仪测定弯沉的方法,介绍贝克曼梁、承载板测定回弹弯沉,以及现场 CBR 测试方法,同时对贝克曼梁测回弹弯沉、测回弹模量,CBR 等常用试验进行施工现场的实训。

【学习目标】

学生通过本学习项目的学习,掌握贝克曼梁、自动弯沉仪、落锤式弯沉仪的适用范围、检测仪具、试验步骤、结果分析与处理;掌握承载板法的适用范围、检测仪具、试验步骤、结果分析与处理;掌握现场 CBR 试验。

【情境描述】

学习任务6.1 概 述

国内外普遍采用回弹弯沉值来表示路基路面的承载能力,回弹弯沉值越大,承载能力越小,反之则越大。通常所说的回弹弯沉值是指标准后轴载双轮组轮隙中心处的最大回弹弯沉值。在路表测试的回弹弯沉值可以反映路基路面的综合承载能力。回弹弯沉值在我国已广泛使用且有很多的经验及研究成果,它不仅用于路面结构的设计中(设计回弹弯沉)和施工控制及施工验收中(竣工验收弯沉值),同时还用在旧路补强设计中,它是公路工程的一个基本参数,所以正确的测试具有重要的意义。

6.1.1 弯沉值的几个概念

1. 弯沉

弯沉是指在规定的标准轴载作用下,路基或路面表面轮隙位置产生的总垂直变形(总弯沉)或垂直回弹变形值(回弹弯沉),以 0.01mm 为单位。通常所说的回弹弯沉值是指标准后轴载双轮组轮隙中心处的最大回弹弯沉值(图 6.1.1),在路表测试的回弹弯沉值可以反映路基、路面的综合承载能力。

2. 设计弯沉值

根据设计年限内一个车道上预测通过的累计当量轴次、公路等级、面层和基层类型而确定的路面弯沉设计值。

3. 竣工验收弯沉值

当路面厚度计算以设计弯沉值为控制指标时,则验收弯沉值不大于设计弯沉值;当

图 6.1.1 弯沉值测定示意图

厚度计算以层底拉应力为控制指标时,应根据拉应力计算所得的结构厚度,重新计算路面弯沉值,该弯沉值即为竣工验收弯沉值。

6.1.2 弯沉值的测试方法

弯沉值的测试方法较多,目前用得最多的是贝克曼梁法,在我国已有成熟的经验,但由于其测试速度等因素的限制,各国都对快速连续或动态测定进行了研究,现在用得比较普遍的有自动弯沉仪、落锤式弯沉仪(FWD)和振动弯沉仪等。现将几种方法各自的特点做简单比较。

(1) 贝克曼梁法。传统方法,速度慢,静态测试比较成熟,测定的是回弹弯沉,目前属于标准方法。

(2) 自动弯沉仪法。利用贝克曼梁原理快速连续测定,属静态测试范畴,测定的是总弯沉,因此使用时应用贝克曼梁进行标定换算。

(3) 落锤式弯沉仪法。利用重锤自由落下时瞬间产生的冲击荷载测定弯沉,属于动态弯沉,并能反算路面的回弹模量,快速连续测定,使用时应用贝克曼梁进行标定换算。

【情境描述】

学习任务 6.2　贝克曼梁测定路基路面回弹弯沉试验方法

6.2.1 目的与适用范围

(1) 贝克曼梁法利用杠杆原理制成杠杆式弯沉仪测定轮隙弯沉,适用于测定各类路基路面的回弹弯沉以评定其整体承载能力,可供路面结构设计使用。

(2) 本方法测定的路基、柔性路面的回弹弯沉值可供交工和竣工验收使用;测定的路面回弹弯沉可为公路养护管理部门制定养路修路计划提供依据。

(3) 沥青路面的弯沉检测以沥青面层平均温度20℃时为准,当路面平均温度在20℃±2℃以内可不修正,在其他温度测试时,对沥青层厚度大于5cm的沥青路面,弯沉值应予温度修正。

6.2.2 仪具与材料

本方法需要下列仪具与材料:

(1) 标准车。双轴,后轴双侧4轮的载重车。其标准轴荷载、轮胎尺寸、轮胎间隙及轮胎气压等主要参数应符合表6.2.1的要求。测试车应采用后轴10t标准轴载BZZ-100的汽车。

表 6.2.1　　　　　　　　测定弯沉用的标准车参数

标 准 轴 载 等 级	BZZ-100
后轴标准轴载 P/kN	100±1
一侧双轮荷载/kN	50±0.5
轮胎充气压力/MPa	0.70±0.05
单轮传压面当量圆直径/cm	21.3±0.5
轮隙宽度	应满足能自由插入弯沉仪测头的测试要求

153

(2) 路面弯沉仪。由贝克曼梁、百分表及表架组成。贝克曼梁由合金铝制成，上有水准泡，其前臂（接触路面）与后臂（装百分表）长度比为 2∶1，其构造如图 6.2.1 所示。弯沉仪长度有两种：一种长 3.6m，前后臂分别为 2.4m 和 1.2m；另一种加长的弯沉仪长 5.4m，前后臂分别为 3.6m 和 1.8m。当在半刚性基层沥青路面或水泥混凝土路面上测定时，应采用长度为 5.4m 的贝克曼梁弯沉仪；对柔性基层或混合式结构沥青路面可采用长度为 3.6m 的贝克曼梁弯沉仪测定。弯沉采用百分表量得，也可用自动记录装置进行测量。

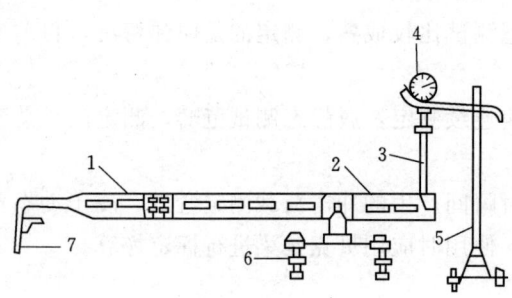

图 6.2.1 路面弯沉仪的构造
1、2—前后杠杆；3—立杆；4—百分表；
5—表架；6—支座；7—测头

(3) 接触式路表温度计。端部为平头，分度不大于 1℃。

(4) 其他。皮尺、口哨、白油漆或粉笔、指挥旗等。

6.2.3 方法与步骤

1. 准备工作

(1) 检查并保持测定用标准车的车况及刹车性能良好，轮胎胎压符合规定充气压力。

(2) 向汽车车槽中装载（铁块或集料），并用地中衡称量后轴总质量及单侧轮荷载，均应符合要求的轴重规定，汽车行驶及测定过程中，轴重不得变化。

(3) 测定轮胎接地面积。平整光滑的硬质路面上用千斤顶将汽车后轴顶起，在轮胎下方铺一张新的复写纸和一张方格纸，轻轻落下千斤顶，即在方格纸上印上轮胎印痕，用求积仪或数方格的方法测算轮胎接地面积，准确至 $0.1cm^2$。

(4) 检查弯沉仪百分表量测灵敏情况。

(5) 当在沥青路面上测定时，用路表温度计测定试验时气温及路表温度（一天中气温不断变化，应随时测定），并通过气象台了解前 5d 的平均气温（日最高气温与最低气温的平均值）。

(6) 记录沥青路面修建或改建材料、结构、厚度、施工及养护等情况。

2. 测试步骤

(1) 在测试路段布置测点，其距离随测试需要而定。测点应在路面行车车道的轮迹带上，并用白油漆或粉笔划上标记。

(2) 将试验车后轮轮隙对准测点后约 3~5cm 处的位置上。

(3) 将弯沉仪插入汽车后轮之间的缝隙处，与汽车方向一致，梁臂不得碰到轮胎，弯沉仪测头置于测点上（轮隙中心前方 3~5cm 处），并安装百分表于弯沉仪的测定杆上，百分表调零，用手指轻轻叩打弯沉仪，检查百分表应稳定回零。弯沉仪可以是单侧测定，也可以是双侧同时测定。

(4) 测定者吹哨发令指挥汽车缓缓前进，百分表随路面变形的增加而持续向前转动。当表针转动到最大值时，迅速读取初读数 L_1。汽车仍在继续前进，表针反向回转，待汽车驶出弯沉影响半径（约 3m 以上）后，吹口哨或挥动指挥红旗，汽车停止。待表针回转稳定后，再次读取终读数 L_2。汽车前进的速度宜为 5km/h 左右。

3. 弯沉仪的支点变形修正

(1) 当采用长度为 3.6m 的弯沉仪进行弯沉测定时，有可能引起弯沉仪支座处变形，在测定时应检验支点有无变形。如果有变形，此时应用另一台检测用的弯沉仪安装在测定用弯沉仪的后方，其测点架于测定用弯沉仪的支点旁。当汽车开出时，同时测定两台弯沉仪的弯沉读数，如检测弯沉仪百分表有读数，即应该记录并进行支点变形修正。当在同一结构上测定时，可在不同位置测定 5 次，求取平均值，以后每次测定时以此作为修正值。支点变形修正的原理如图 6.2.2 所示。

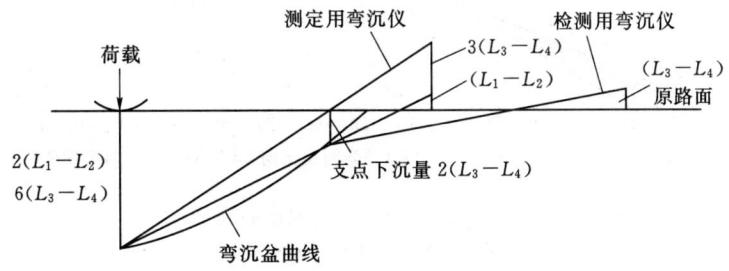

图 6.2.2 弯沉仪支点变形修正的原理

(2) 当采用长度为 5.4m 的弯沉仪测定时，可不进行支点变形修正。

6.2.4 检测结果计算及温度修正

(1) 路面测点的回弹弯沉值按式（6.2.1）计算。

$$L_t = (L_1 - L_2) \times 2 \tag{6.2.1}$$

式中 L_t——在路面温度 t 时的回弹弯沉值，0.01mm；

L_1——车轮中心临近弯沉仪测头时百分表的最大读数，0.01mm；

L_2——汽车驶出弯沉影响半径后百分表的终读数，0.01mm。

(2) 当需进行弯沉仪支点变形修正时，路面测点回弹弯沉值按式（6.2.2）计算。

$$L_t = (L_1 - L_2) \times 2 + (L_3 - L_4) \times 6 \tag{6.2.2}$$

式中 L_1——车轮中心临近弯沉仪测头时测定用弯沉仪的最大读数，0.01mm；

L_2——汽车驶出弯沉影响半径后测定用弯沉仪的终读数，0.01mm；

L_3——车轮中心临近弯沉仪测头时检验用弯沉仪的最大读数，0.01mm；

L_4——汽车驶出弯沉影响半径后检验用弯沉仪的终读数，0.01mm。

在此说明：此式适用于测定弯沉仪支座处有变形，但百分表架处路面已无变形的情况。

(3) 沥青面层厚度大于 5cm 的沥青路面，回弹弯沉值应进行温度修正。温度修正及回弹弯沉的计算宜按下列步骤进行。

1) 测定时的沥青层平均温度按式（6.2.3）计算：

$$t = \frac{t_{25} + t_m + t_e}{3} \tag{6.2.3}$$

式中 t——测定时沥青层平均温度，℃；

t_{25}——根据 t_0 由图 6.2.3 决定的路表下 25mm 处的温度，℃；

t_m——根据 t_0 由图 6.2.3 决定的沥青层中间深度的温度，℃；

t_e——根据 t_0 由图 6.2.3 决定的沥青层底面处的温度，℃。

图 6.2.3 中 t_0 为测定时路表温度与测定前 5d 日平均气温的平均值之和，日平均气温为

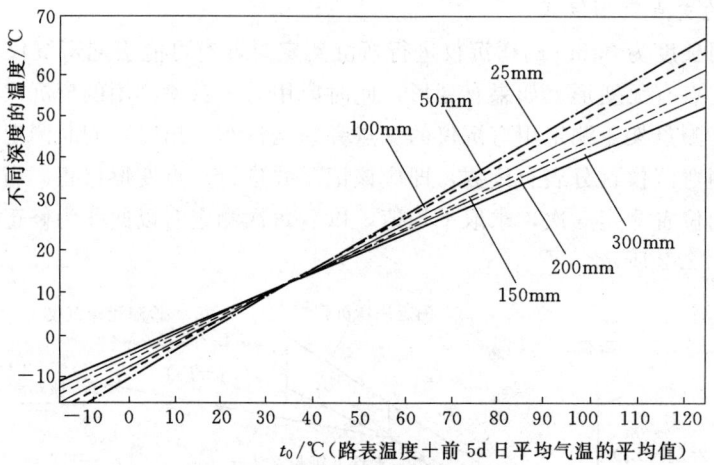

图 6.2.3 沥青层平均温度的确定
线上的数字表示从路表向下的不同深度

日最高气温与最低气温的平均值。

2）根据沥青层平均温度 t 及沥青层厚度，分别由图 6.2.4 及图 6.2.5 求取不同基层的沥青路面弯沉值的温度修正系数 K。

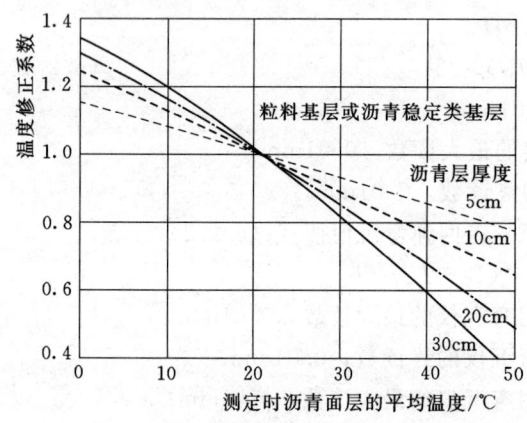

图 6.2.4 路面弯沉温度修正系数曲线
适用于粒料基层或沥青稳定类基层

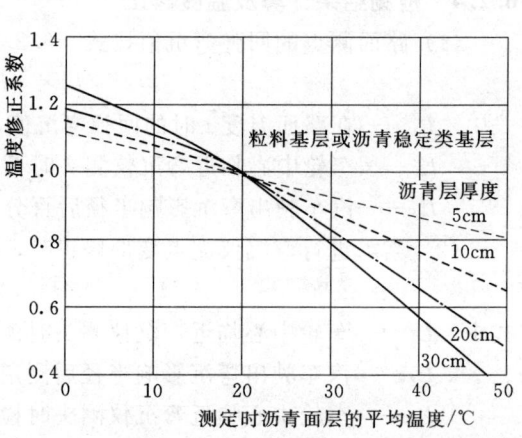

图 6.2.5 路面弯沉温度修正系数曲线
适用于无机结合料稳定的半刚性基层

3）沥青路面回弹弯沉按式（6.2.4）计算。

$$L_{20} = L_t \times K \tag{6.2.4}$$

式中 K——温度修正系数；

L_{20}——换算为 20℃ 的沥青路面回弹弯沉值，0.01mm；

L_t——测定时沥青面层的平均温度为 t 时的回弹弯沉值，0.01mm。

（4）结果评定。

1）按式（6.2.5）计算每一个评定路段的代表弯沉：

$$L_r = \overline{L} + Z_a S \tag{6.2.5}$$

式中 L_r——评定路段的代表弯沉值，0.01mm；

$\overline{L}$——评定路段内经各项修正后的各测点弯沉的平均值,0.01mm;

S——评定路段内经各项修正后全部测点弯沉的标准差,0.01mm;

Z_a——与保证率有关的系数。高速公路、一级公路,对于基层采用$Z_a=2.0$,对于沥青混凝土面层采用$Z_a=1.645$;二级、三级公路,对于基层采用$Z_a=1.645$,对于沥青混凝土面层采用$Z_a=1.50$。

当路基和柔性基层、底基层的弯沉代表值不符合要求时,可将超出$\overline{L}\pm(2\sim3)S$的弯沉特异值舍弃,重新计算平均值和标准差。对舍弃的弯沉值大于$\overline{L}\pm(2\sim3)S$的点,应找出其周围界限,进行局部处理。

2)弯沉代表值大于设计要求的弯沉值时相应分项工程为不合格。

若在非不利季节测定时,应考虑季节影响系数。

用两台弯沉仪同时进行左右轮弯沉值测定时,应按两个独立测点计,不能采用左右两点的平均值。

6.2.5 检测报告

检测报告应包括下列内容:

(1)弯沉测定表、支点变形修正值、测试时的路面温度及温度修正值。

(2)每一个评定路段的各测点弯沉的平均值、标准差及代表弯沉。

【案例 6.2.1】

某新建高速公路竣工后,在不利季节测得某段路面的弯沉值如表6.2.2所示,路面设计弯沉值为40(0.01mm),试判断该路段的弯沉值是否符合要求(保证率系数$Z_a=1.645$)。

表6.2.2　　　　　　　弯沉值检测结果 (0.01mm)

序号	1	2	3	4	5	6	7	8	9	10
L_i	29	30	28	32	31	30	29	31	30	38
序号	11	12	13	14	15	16	17	18	19	20
L_i	30	32	31	28	30	27	33	30	32	29

解:经计算:$\overline{L}=30(0.01mm)$, $S=1.59(0.01mm)$

代表弯沉值为:$L_r=\overline{L}+Z_aS=30+1.645\times1.59=32.6<L_d=40(0.01mm)$

所以该路段路面弯沉符合要求。

【情境描述】

学习任务6.3 自动弯沉仪测定路面弯沉试验方法

为提高测试效率和准确度,英国、法国等于20世纪70年代末期利用快速发展的电子和计算机技术研制开发出了自动弯沉仪。自动弯沉仪的基本测试原理是模仿贝克曼梁的工作方式,只是采用位移传感器替换了百分表进行自动测量,同时改变了测臂的长度比例,通过工业微机固化程序控制测量机构自动运作,并将所测弯沉值直接自动记录到微机中,减轻了现场测试人员的劳动强度,如图6.3.1所示。

6.3.1 目的与适用范围

(1)采用自动弯沉仪在标准条件下每隔一定距离连续测试路面的总弯沉,及测定路段的

图 6.3.1 自动弯沉仪实物图

总弯沉值的平均值。

（2）用于尚无坑洞等严重破坏的道路验收检查及旧路面强度评价，可为路面养护管理系统提供数据，经过与贝克曼梁测定值进行换算后，也可用于路面结构设计。

6.3.2 仪具与材料

（1）自动弯沉仪测定车由承载车、测量机架及控制系统、位移、温度和距离传感器、数据采集和处理系统等基本部分组成，如图 6.3.2 所示。

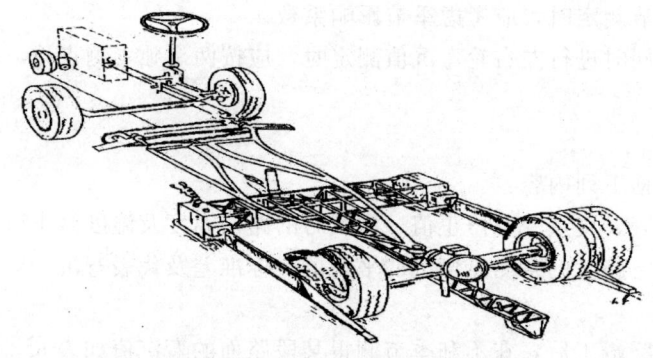

图 6.3.2 自动弯沉仪的测量机构

（2）自动弯沉仪的承载车辆应为单后轴、单侧双轮组的载重车，其标准条件参考贝克曼梁测定路基路面回弹弯沉试验方法中 BZZ-100 车型的标准参数。

（3）自动弯沉仪测试系统基本技术要求和参数如下：

1) 位移传感器分辨率：0.01mm。
2) 位移传感器有效量程：不小于 3mm。
3) 设备工作环境温度：0～60℃。
4) 距离标定误差：不大于 1%。

6.3.3 方法与步骤

1. 准备工作

（1）位移传感器标定。每次测试之前必须按照设备使用手册规定的方法进行位移传感器的标定，记录标定数据并存档。

（2）检查承载车轮胎气压。每次测试之前都必须检查后轴轮胎气压，应满足（0.70±0.5）MPa 的要求。

（3）检测承载车轮载。一般每年检查一次，如果承载车因改装等原因改变了后轴载，也必须进行此项工作，后轴载满足（100±1）kN 的要求。

（4）检查测量架的易损部件情况，及时更换损坏部件。

（5）打开设备电源进行检查，控制面板功能键、指示灯、显示器等应正常。

（6）开动承载车试测 2～3 个步距，观察测试机构，测试机构应正常，否则需要调整。

2. 测试步骤

（1）测试系统在开始测试前需要通电预热，时间不少于设备操作手册要求，并开启工程警灯和导向标等警告标志。

(2) 在测试路段前 20m 处将测量架放落在路面上,并检查各机构的部件情况。

(3) 操作人员按照设备使用手册的规定和测试路段的现场技术要求设置完毕所需的测试状态。

(4) 驾驶员缓慢加速承载车到正常测试速度,沿正常行车轨迹驶入测试路段。

(5) 测试人员将测试路段起终点、桥涵等特殊位置的桩号输入到记录数据中。

(6) 当测试车辆驶出测试路段后,操作人员停止数据采集和记录,并恢复仪器各部分至初始状态,驾驶员缓慢停止承载车,提起测量架。

(7) 操作人员检查数据文件,文件应完整,内容应正常,否则需要重新测试。

(8) 关闭测试系统电源,结束测试。

6.3.4 检测结果计算

(1) 采用自动弯沉仪采集路面弯沉盆峰值数据。

(2) 数据组中左臂测值、右臂测值按单独弯沉处理。

(3) 对原始弯沉测试数据进行温度、坡度、相关性等修正。

6.3.5 弯沉值的横坡修正

当路面横坡不超过 4% 时,不进行超高影响修正;当横坡超过 4% 时,超高影响的修正按照表 6.3.1 规定进行。

表 6.3.1 弯沉横坡修正值

横坡范围	高位修正系数	低位修正系数
>4%	$\frac{1}{1-i}$	$\frac{1}{1+i}$

注 i 为路面横坡,%。

6.3.6 检测报告

测试报告中应该包括以下内容:

(1) 弯沉的平均值、标准差、代表值、测试时的路面温度及温度修正值。

(2) 自动弯沉仪测值与贝克曼梁测值的相关关系式及相关系数。

【情境描述】

学习任务 6.4 落锤式弯沉仪测定弯沉试验方法

6.4.1 目的与适用范围

本方法适用于测定在落锤式弯沉仪(FWD)标准质量的重锤落下一定高度发生的冲击荷载的作用下,路基或路面表面所产生的瞬时变形,即测定在动态荷载作用下产生的动态弯沉及弯沉盆。并可由此反算路基路面各层材料的动态弹性模量,作为设计参数使用。所测结果经转换至回弹弯沉值后可用于评定道路承载能力,也可用于调查水泥混凝土路面接缝的传力效果,探查路面板下的空洞等。

6.4.2 仪具与材料

本方法需要下列仪具与材料:

落锤式弯沉仪：简称FWD，由荷载发生装置、弯沉检测装置、运算及控制装置与牵引装置等组成，如图6.4.1所示。

图6.4.1 落锤式弯沉仪实物图

（1）荷载发生装置。重锤的质量及落高根据使用目的与道路等级选择，荷载由传感器测定。如无特殊需要，重锤的质量为200 kg±10kg，可采用产生50kN±2.5kN的冲击荷载。承载板宜为十字对称分开成4部分且底部固定有橡胶片的承载板。承载板宜为十字对称分开成4部分且底部固定有橡胶片的承载板。承载板的直径一般为300mm。

（2）弯沉检测装置。由一组高精度位移传感器组成，如图6.4.2所示。传感器可为差动变压器式位移计（LVDT）或地震检波器。自承载板中心开始，沿道路纵向隔开一定距离布设一组传感器，传感器总数不少于7个，建议布置在0~250cm范围内，必须包括0cm、30cm、60cm、90cm四点，其他根据需要及设备性能决定。

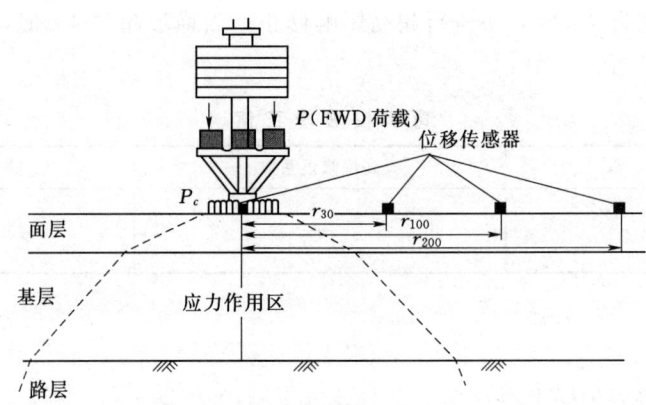

图6.4.2 落锤式弯沉仪传感器布置及应力作用状态示例

（3）运算及控制装置。能在冲击荷载作用的瞬间内，记录冲击荷载及各个传感器所在位置测点的动态变形。

（4）牵引装置。牵引FWD并安装运算及控制装置的车辆。

6.4.3 方法与步骤

1. 准备工作

（1）调整重锤的质量及落高，使重锤的质量及产生的冲击荷载符合6.4.2中第1条的要求。

（2）在测试路段的路基或路面各层表面布置测点，其位置或距离随测试需要而定。当在路面表面测定时，测点宜布置在行车道的轮迹带上。测试时，还可利用距离传感器定位。

（3）检查FWD的车况及使用性能，用手动操作检查，各项指标符合仪器规定要求。

（4）将FWD牵引至测定地点，将仪器打开，进入工作状态。牵引FWD行驶的速度不宜超过 50km/h。

(5) 对位移传感器按仪器使用说明书进行标定，使之达到规定的精度要求。

2. 测定步骤

(1) 承载板中心位置对准测点，承载板自动落下，放下弯沉装置的各个传感器。

(2) 启动落锤装置，落锤瞬即自由落下，冲击力作用于承载板上，又立即自动提升至原来位置固定。同时，各个传感器检测结构层表面变形，记录系统将位移信号输入计算机，并得到峰值，即路面弯沉，同时得到弯沉盆。每一测点重复测定应不少于 3 次，除去第一个测定值，取以后几次测定值的平均值作为计算依据。

(3) 提起传感器及承载板，牵引车向前移动至下一个测点，重复上述步骤，进行测定。

6.4.4 落锤式弯沉仪与贝克曼梁弯沉仪对比试验步骤

1. 路段选择

选择结构类型完全相同的路段，针对不同地区选择某种路面结构的代表性路段，进行两种测定方法的对比试验，以便将落锤式弯沉仪测定的动弯沉换算成贝克曼梁测定的回弹弯沉值，选择的对比路段长度 300～500mm，弯沉值应有一定的变化幅度。

2. 对比试验步骤

(1) 采用与实际使用相同且符合要求的落锤式弯沉仪及贝克曼梁弯沉仪测定车。落锤式弯沉仪的冲击荷载应与贝克曼梁弯沉仪测定车的后轴双轮荷载相同。

(2) 用油漆标记对比路段起点位置。

(3) 布置测点位置，用贝克曼梁定点测定回弹弯沉。测定车开走后，用粉笔以测点为圆心，在周围画一个半径为 15cm 的圆，标明测点位置。

(4) 将落锤式弯沉仪的承载板对准圆圈，位置偏差不超过 30mm，按前述方法进行测定。两种仪器对同一点弯沉测试的时间间隔不应超过 10min。

(5) 逐点对应计算两者的相关关系。

通过对比试验得出回归方程式，回归方程式的相关系数 R 应不小于 0.95。

在此说明：由于路面结构和材料，路基状况，温度水文条件，路面使用状况不同，对比关系也有所不同，为了提高数据的准确性，应分各种情况做此项对比试验。

6.4.5 检测结果计算

(1) 按桩号记录各测点的弯沉及弯沉盆数据，按数理统计的方法计算一个评定路段的平均值，标准差，变异系数。

(2) 当为调查水泥混凝土路面接缝的传力效果时，利用分开在接缝两边布置的位移传感器的测定值的差异及弯沉盆的形状，进行判断。

(3) 当为探查路面板下的空洞时，利用在不同位置测定的测定值的差异及弯沉盆的形状，进行判断。

6.4.6 检测报告

(1) 报告应包括下列内容：

1) 各测点的最大弯沉及弯沉盆测定数据。

2) 每一个评定路段全部测点弯沉的平均值、标准差、变异系数及代表弯沉。

(2) 如与贝克曼梁弯沉仪进行了对比试验，尚应报告相关关系式、相关系数、换算的回弹弯沉。

【情境描述】

学习任务 6.5　贝克曼梁测定路基路面回弹模量试验方法

6.5.1　目的和适用范围

本方法适用于在土基、厚度不小于 1m 的粒料整层表面，用弯沉仪测试各测点的回弹、弯沉值，通过计算求得该材料的回弹模量值的试验；也适用于在旧路表面测定路基路面的综合回弹模量。

6.5.2　仪具与材料

本试验需要下列仪具：

（1）标准车。按本任务 6.2 节的规定选用。

（2）路面弯沉仪。由贝克曼梁、百分表及表架组成。贝克曼梁由合金铝制成，上有水准泡，其前臂（接触路面）与后臂（装百分表）长度比为 2∶1，标准弯沉仪前后臂分别为 240mm 和 120mm，加长弯沉仪分别为 360mm 和 180mm。弯沉采用百分表量得。

（3）路表湿度计。分度不大于 1℃。

（4）接长杆。直径 $\phi 16mm$，长 500mm。

（5）其他。皮尺、口哨、粉笔、指挥旗等。

6.5.3　方法与步骤

1. 准备工作

（1）选择洁净的路基路面表面作为测点，在测点处做好标记并编号。

（2）无机结合料粒料基层的整层试验段（试槽）应符合下列要求：

1）整层试槽可修筑在行车带范围内或路肩及其他合适处，也可在室内修筑，但均应适于用汽车测定弯沉。

2）试槽应选择在干燥或中湿路段处，不得铺筑在软土基上。

3）试槽面积不小于 3m×2m，厚度不宜小于 1m。铺筑时，先挖 3m×2m×1m（长×宽×深）的坑，然后用欲测定的同一种路面材料按有关施工规范规定的压实层厚度分层铺筑并压实，直至顶面，使其达到要求的压实度标准。同时应严格控制材料组成，配比均匀一致，符合施工质量要求。

4）试槽表面的测点间距可按图 6.5.1 布置在中间 2m×1m 的范围内，可测定 23 点。

2. 测试步骤

选择适当的标准车，实测各测点处的路面回弹弯沉值 L_i。如在旧沥青面层上测定时，应读取温度，并按本任务 6.2 节的方法进行测定弯沉值的温度修正，得到标准温度 20℃时的弯沉值。

6.5.4　检测结果计算

（1）按式（6.5.1）～式（6.5.3）计算全部测定值的算术平均值（$\overline{L}$）、单次测量的标准差（S）和自然误差（r_0）：

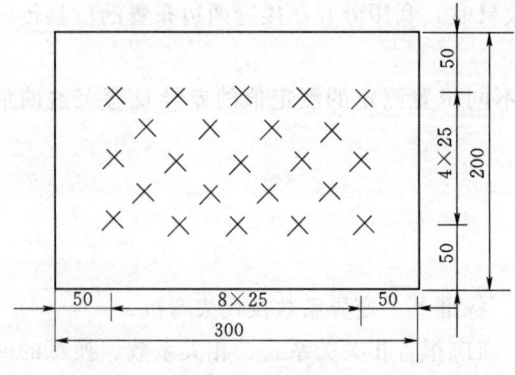

图 6.5.1　试槽表面的测点布置图

学习任务 6.5 贝克曼梁测定路基路面回弹模量试验方法

$$\bar{L} = \frac{\sum L_i}{N} \tag{6.5.1}$$

$$S = \sqrt{\frac{\sum(L_i - \bar{L})^2}{N-1}} \tag{6.5.2}$$

$$r_0 = 0.675 S \tag{6.5.3}$$

式中 $\bar{L}$——回弹弯沉的平均值，0.01mm；

S——回弹弯沉测定值的标准差，0.01mm；

r_0——回弹弯沉测定的自然误差，0.01mm；

L_i——各测点的回弹弯沉值，0.01mm；

N——测点总数。

（2）计算各测点的测定值与算术平均值的偏差值 $d_i = L_i - \bar{L}$，并计算较大的偏差与自然误差之比 d_i/r_0，当某个测点观测值的 d_i/r_0 值大于表 6.5.1 中的 d/r 极限值时则应舍弃该测点，然后重复式（6.5.1）和式（6.5.2）的步骤计算所余各测点的算术平均值（$\bar{L}$）及标准差（S）。

表 6.5.1　　　　　　　　　相应于不同观测次数的 d/r 极限值

N	5	10	15	20	50
d/r	2.5	2.9	3.2	3.3	3.8

（3）按式（6.5.4）计算代表弯沉值：

$$L_r = \bar{L} + S \tag{6.5.4}$$

式中 L_r——计算代表弯沉；

$\bar{L}$——舍弃不合要求的测点后所余各测点弯沉的算术平均值；

S——舍弃不合要求的测点后所余各测点弯沉的标准差。

（4）按式（6.5.5）计算土基、整层材料的回弹模量（E_1）或旧路的综合回弹模量：

$$E_1 = \frac{2p\delta}{L_r}(1-\mu^2)a \tag{6.5.5}$$

式中 E_1——计算的土基、整层材料的回弹模量或旧路的综合回弹模量，MPa；

p——测定车轮的平均垂直荷载，MPa；

δ——测定用标准车双圆荷载单轮传压面当量圆的半径，cm；

μ——测定层材料的泊松比，根据部颁路面设计规范的规定取用；

a——弯沉系数，为 0.712。

需要强调以下几点：

1）采用贝克曼梁弯沉测试方法规定的标准车（BZZ-100），轮胎接地压强 $p=0.7$MPa。

2）双圆荷载单轮传压面当量圆的半径按式（6.5.6）计算：

$$\delta = \frac{1}{2}\sqrt{\frac{4P}{\pi p}} \tag{6.5.6}$$

式中 P——车轮上的荷载，kN；

p——轮胎接地压强，kPa。

对于 BZZ-100，当量圆半径 $\delta=10.65$cm。

3）材料泊松比是反算回弹模量的必要指标，而且对反算结果影响较大，其值随测定方法及边界条件不同而异。但我国历来取用相同的值，取同时可参照相应设计规范，其中土基 μ

值，我国通常习惯采用 0.35，沥青材料通常采用 0.25。当无相应依据时，可参考美国 AASHTO 路面设计指南（1987 年版）的规定，见表 6.5.2 所列（此表规定仅适用于弯沉计算）。

表 6.5.2　　　　　　AASHTO 规定的道路材料供弯沉计算用的泊松比 μ 值

材料	泊松比范围	备注						常用泊松比
水泥混凝土	0.10~0.20							0.15
沥青混凝土沥青碎石	0.15~0.45	温度/℃	<0	20	30	40	>50	0.35
		μ	0.15	0.20	0.30	0.40	0.45	
水泥稳定基层	0.15~0.30	无裂缝、龄期长，取小值；裂缝多、龄期短，取大值						0.20
石灰粉煤灰稳定基层	0.15~0.30	无裂缝、龄期长，取小值；裂缝多、龄期短，取大值						0.25
无结合料粒料基层	0.30~0.40	碎石取低值						0.35
土基	0.30~0.50	非黏性土 0.30，高黏性土可近似 0.50						0.40

4）弯沉系数的取值。贝克曼梁所测定弯沉为轮隙中心的竖向变形。根据弹性层状体系下双圆均布荷载图式，由图可知，轮隙中心的计算弯沉值可由式（6.5.7）得出。

$$W = -\frac{1+\mu_i}{E_i}q\delta\int_0^\infty \frac{J_0\left(\frac{r}{\delta}x\right)J_1(x)}{x}$$
$$\times\left\{\left[A_j+\left(2-4\mu_j+\frac{z}{\delta}x\right)B_j\right]e^{-\frac{z}{\delta}x}+\left[C_j-\left(2-4\mu_j-\frac{z}{\delta}x\right)D_j\right]e^{-\frac{z}{\delta}x}\right\}dx \quad (6.5.7)$$

轮隙中心的计算弯沉值实际上是双圆在中心处产生竖向变形的叠加值（图 6.5.2），将其换算成当量圆单圆荷载下的弯沉，去除荷载、荷载半径、模量等常量的影响，即可得弯沉系数为 $\alpha=0.712$。

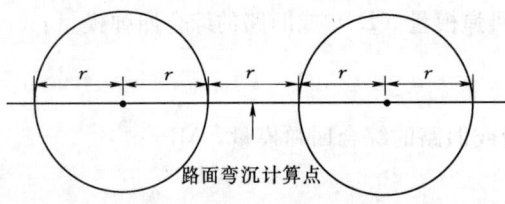

图 6.5.2　双圆均布荷载图式

6.5.5　检测报告

报告应包括弯沉测定表、计算的代表弯沉、采用的泊松比及计算得到的材料回弹模量 E_l 等，对沥青路面应报告测试时的路面温度。

【案例 6.5.1】

用贝克曼梁法测定某路段路基、路面的综合回弹模量，经整理各测点弯沉值如下：38、45、32、42、36、37、40、44、52、46、42、45、37、41、44（单位：0.01mm）。其中，测试车后轴重 100kN（轮胎气压为 0.7MPa，当量圆半径为 10.65cm），请计算该路段的综合回弹模量。$\left[\text{注}：E=0.712\times\frac{2pr}{L_r}(1-\mu^2)，\mu=0.3\right]$

解：经计算得：平均值 $\bar{l}=41.4(0.01\text{mm})$；标准偏差 $S=4.95(0.01\text{mm})$；

代表值：
$$L_r=\bar{l}+S=41.4+4.95=46.35(0.01\text{mm})$$

回弹模量：
$$E=0.712\times\frac{2pr}{L_r}(1-\mu^2)$$
$$=0.712\times\frac{2\times0.7\times10.65}{0.04635}(1-0.3^2)=208.4(\text{MPa})$$

学习任务 6.6 承载板测定土基回弹模量试验方法

【情境描述】

6.6.1 目的和适用范围

（1）本方法适用于在现场土基表面，通过承载板对土基逐级加载、卸载的方法，测出每级荷载下相应的土基回弹变形值。

（2）本方法测定的土基回弹模量可作为路面设计参数使用。

6.6.2 仪具与材料

本试验需要下列仪具与材料：

（1）加载设施。载有铁块或集料等重物、后轴重不小于 60kN 的载重汽车一辆，作为加载设备。在汽车大梁的后轴之后约 80cm 处，附设加劲小梁一根做反力架。汽车轮胎充气压力 0.50MPa，如图 6.6.1 所示。

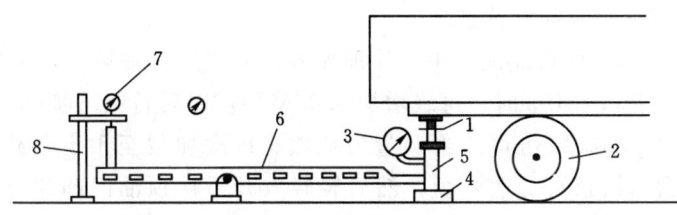

图 6.6.1 承载板示意图
1—支撑小横梁；2—汽车后轮；3—千斤顶油压表；4—承载板；
5—千斤顶；6—弯沉仪；7—百分表；8—表架

（2）现场测试装置如图 6.6.2 所示，由千斤顶、测力计（测力环或压力表）及球座组成。

（3）刚性承载板一块，板厚 20mm，直径 30cm，直径两端设有立柱和可以调整高度的支座，供安放弯沉仪测头，承载板安放在土基表面上。

（4）路面弯沉仪两台，由贝克曼梁、百分表及支架组成。

（5）液压千斤顶一台，80~100kN，装有经过标定的压力表或测力环，其容量不小于土基强度，测定精度不小于计量程的 1/100。

（6）秒表。

（7）水平尺。

（8）其他。细砂、毛刷、垂球、镐、铁锹、铲等。

6.6.3 方法与步骤

1. 准备工作

（1）根据需要选择有代表性的测点，测点应位于水平的路基上，土质均匀，不含杂物。

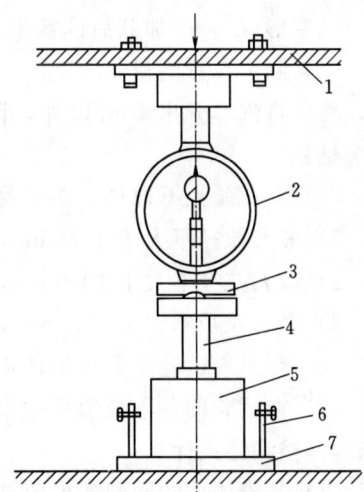

图 6.6.2 承载板试验现场测试装置
1—加劲横梁；2—测力计；3—钢板及球座；
4—钢圆筒；5—加载千斤顶；6—立柱
支座；7—承载板

（2）仔细平整土基表面，撒干燥洁净的细砂填平土基凹处，砂子不可覆盖全部土基表面避免形成一层。

（3）安置承载板，并用水平尺进行校正，使承载板置水平状态。

（4）将试验车置于测点上，在加劲小梁中部挂垂球测试，使之恰好对准承载板中心，然后收起垂球。

（5）在承载板上安放千斤顶，上面衬垫钢圆筒、钢板，并将球座置于顶部与加劲横梁接触。如用测力环时，应将测力环置于千斤顶与横梁中间，千斤顶及衬垫物必须保持垂直，以免加压时千斤顶倾倒发生事故并影响测试数据的准确性。

（6）安放弯沉仪，将两台弯沉仪的测头分别置于承载板立柱的支座上，百分表对零或其他合适的初始位置上。

2. 测试步骤

（1）用千斤顶开始加载，注视测力环或压力表，至预压0.05MPa，稳压1min，承载板与土基紧密接触，同时检查百分表的工作情况是否正常，然后放松千斤顶油门卸载，稳压1min后，将指针对零或记录初始读数。

（2）测定土基的压力-变形曲线。用千斤顶加载，采用逐级加载法，用压力表或测力环控制加载量，荷载小于0.1MPa时，每级增加0.02MPa，以后每级增加0.04MPa左右。为了使加载和计算方便，加载数值可适当调整为整数。每次加载至预定荷载（P）后，稳定1min，立即读记两台弯沉仪百分表数值，然后轻轻放开千斤顶油门卸载至0，待卸载稳定1min后，再次读数，每次卸载后百分表不再对零。当两台弯沉仪百分表读数之差小于平均值的30%时，取平均值。如超过30%，则应重测。当回弹变形值超过1mm时，即可停止加载。

（3）各级荷载的回弹变形和总变形，按以下方法计算：

回弹变形(L) = (加载后读数平均值 - 卸载后读数平均值) × 弯沉仪杠杆比　　(6.6.1)
总变形(L') = (加载后读数平均值 - 加载初始前读数平均值) × 弯沉仪杠杆比　　(6.6.2)

（4）测定总影响量α。最后一次加载卸载循环结束后，取走千斤顶，重新读取百分表读数，然后将汽车开出10m以外，读取终读数，两只百分表的初、终读数差之平均值即为总影响量α。

（5）在试验点下取样，测定材料含水量。取样数量如下：

1) 最大粒径不大于4.75mm，试样数量约120g。
2) 最大粒径不大于19.0mm，试样数量约250g。
3) 最大粒径不大于31.5mm，试样数量约500g。

（6）在紧靠试验点旁边的适当位置，用灌砂法或环刀法等测定土基的密度。

（7）本试验的各项数值可记录在记录表上。

6.6.4 检测结果计算

（1）各级压力的回弹变形值加上该级的影响量后，则为计算回弹变形值。表6.6.1是以后轴重60kN的标准车为测试车的各级荷载影响量的计算值。当使用其他类型测试车时，各级压力下的影响α_i按式（6.6.3）计算：

$$\alpha_i = \frac{(T_1+T_2)\pi D^2 p_i}{4T_1 Q}\alpha \qquad (6.6.3)$$

式中 T_1——测试车前后轴距,m;
T_2——加劲小梁距后轴距离,m;
D——承载板直径,m;
Q——测试车后轴重,N;
p_i——该承载板压力,Pa;
α——总影响量,0.01mm;
α_i——该级压力的分级影响量,0.01mm。

表 6.6.1　　　　　　　　各级荷载影响量（后轴 60kN 车）

承载板压力/Pa	0.05	0.10	0.15	0.20	0.30	0.40	0.50
影响量	0.06α	0.12α	0.18α	0.24α	0.36α	0.48α	0.60α

（2）将各级计算回弹变形值点绘于标准计算纸上，排除显著偏离的异常点并绘出顺滑的 p-L 曲线。如曲线起始部分出现反弯，则按图 6.6.3 所示修正原点 O，O' 则是修正后的原点。

（3）计算相应于各级荷载下的土基回弹模量 E_i 值：

$$E_i = \frac{\pi D}{4} \frac{p_i}{L_i}(1-\mu_0^2) \qquad (6.6.4)$$

式中 E_i——相应于各级荷载下的土基回弹模量,MPa;
μ_0——土的泊松比,根据部颁路面设计规范规定选用;
D——承载板直径 30cm;
p_i——承载板单位压力,MPa;
L_i——相对于荷载 p_i 时的回弹变形,cm。

（4）取结束试验前的各回弹变形值按线性回归方法计算土基回弹模量 E_0 值：

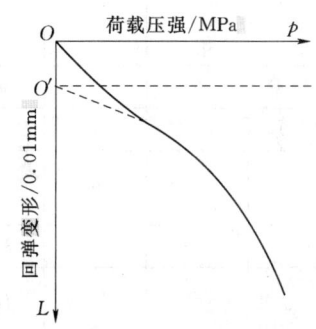

图 6.6.3　修正原点示意图

$$E_0 = \frac{\pi D}{4} \frac{\sum p_i}{\sum L_i}(1-\mu_0^2) \qquad (6.6.5)$$

式中 E_0——土基回弹模量,MPa;
μ_0——土的泊松比,根据部颁路面设计规范规定选用;
L_i——结束试验前的各级实测回弹变形值;
p_i——对应于 p_i 的各级压力值。

6.6.5　检测报告

试验报告应记录下列结果：
（1）试验时所采用的汽车。
（2）近期天气情况。
（3）试验时土基的含水量,%。
（4）土基密度和压实度。
（5）相应于各级荷载下的土基回弹模量 E_i 值。
（6）土基回弹模量 E_0 值,MPa。

【案例 6.6.1】

用承载板测定土基回弹模量，检测结果见表 6.6.2 所列，请计算该测点的土基回弹模量。

表 6.6.2 承载板测定土基回弹模量记录表

测点层位：土基　　桩号：　　测定用汽车型号：东风 EQ155
承载板直径：30cm　　测试日期：　年　月　日

千斤顶读数	荷载 p /kPa	承压板单位压力 /MPa	百分表读数 /0.01mm		平均读数 /0.01mm	总弯沉 /0.01mm	回弹弯沉 /0.01mm	分级影响量 /0.01mm	计算回弹弯沉 /0.01mm	备注
0	0	0	0	0						预压
10	3.08	0.05	15	12	27					
0	0	0	4	3		20				相差18%
调零	0	0	0	0	0		0	0	0	
10	3.08	0.05	14	13						
0	0	0	4	4	27	19				相差18%
调零	0	0	0	0	0		0	0	0	正式测定
10	3.08	0.05	11	13	24					
0	0	0	3	3		18	0.06×7=0.42	18.42		
20	6.16	0.1	31	28	59					
0	0	0	14	13		32	0.12×7=0.484	32.84		
30	9.24	0.15	65	54	119					
0	0	0	40	31		48				
40	12.32	0.2	90	83	173					
0	0	0	56	53		64	0.24×7=1.68	65.68		
60	18.47	0.3	148	117	266					
0	0	0	98	74		94	0.36×7=2.52	96.52		
70	21.55	0.35	165	144	299					
0	0	0	108	93		108				$L \geqslant 1\text{mm}$，终止加载
取走千斤顶		0	103	89						
汽车开走后		0	99	86		7				
总影响量 a_i			$\dfrac{(103-99)\times 2 + (89-86)\times 2}{2} = 7$							
土基回弹模量 E_0(MPa)：62.3										

解：根据下表所列数据可计算出总影响量：

$$a_Z = (89-86) \times 2 = 6 (0.01\text{mm})$$

$$\alpha_Y = (103-99) \times 2 = 8(0.01\text{mm})$$
$$\alpha_{Z+Y} = (\alpha_Z + \alpha_Y)/2 = (6+8)/2 = 7(0.01\text{mm})$$

故各级影响量分别为

$$\alpha_{0.5} = 0.06\alpha_{Z+Y} = 0.06 \times 7 = 0.42(0.01\text{mm})$$
$$\vdots$$
$$\alpha_{3.0} = 0.36\alpha_{Z+Y} = 0.36 \times 7 = 2.52(0.01\text{mm})$$
$$\alpha_{3.5} = 0.42\alpha_{Z+Y} = 0.42 \times 7 = 2.94(0.01\text{mm})$$

故各级回弹弯沉分别为

$$L_{0.5} = (L_{0.5Z} + L_{0.5Y})/2 = (16+20)/2 + 0.42 = 18.42(0.01\text{mm})$$
$$\vdots$$
$$L_{3.0} = (L_{3.0Z} + L_{3.0Y})/2 = (100+86)/2 + 2.52 = 96.52(0.01\text{mm})$$

考虑到原点修正和消除异常点后（本例没有），用线性归纳法公式计算土基模量 E_0：

$$E_0 = 20.7 \times \frac{(0.05+0.10+0.15+0.20+0.30)}{(18.42+32.84+49.36+65.63) \times 10^{-3}} = 62.3(\text{MPa})$$

【情境描述】

学习任务 6.7 土基现场 CBR 试验方法

CBR 又称加州承载比，最早由加利福尼亚公路局提出，用于评定路基土和路面材料的强度指标。由于该法简便，因而被许多国家采用。

CBR 值是指试件抵抗局部荷载压入贯入量达 2.5mm 或 5mm 时的强度与标准碎石压入相同贯入量时的标准荷载（7MPa 或 10.5MPa）的比值，用百分数来表示。标准荷载强度用高质量碎石材料由试验求得。

为了合理选择路基填料，确保路基的强度和稳定性，JTG D30—2004《公路路基设计规范》、JTG F10—2006《公路路基施工技术规范》和 JTG D50—2006《公路沥青路面设计规范》等相关规范中都规定了路基填料的最小强度（即 CBR 值）。在路基施工前，必须对所用填料进行 CBR 试验。路基填料最小强度值和最大粒径要求见表 6.7.1。

表 6.7.1 路基填料最小强度（CBR）值和最大粒径要求

项目分类	路面底面下深度 /m	填料最小强度 CBR/%			填料最大粒径 /mm
		高级、一级公路	二级公路	三级、四级公路	
填方路基	上路床（0~0.3）	8	6	5	100
	下路床（0.3~0.8）	5	4	3	100
	上路堤（0.8~1.5）	4	3	3	150
	下路堤（>1.50）	3	3	3	150
零填及挖方路基	0~0.3	8	6	5	100
	0.3~0.8	5	4	3	100

注 1. 当路基填料 CBR 值达不到表列要求时，可掺石灰或其他稳定粒料处理。
   2. 当三级、四级公路铺筑沥青混凝土和水泥混凝土路面时，应采用二级公路的确定。

土基现场 CBR 值与土工试验的室内 CBR 值有所区别。首先是试验条件不同，这里所指的是在公路现场条件下测定，土基含水率、压实度与室内试验不同，也未经泡水。故应通过试验，寻找两者之间的关系，换算为室内试验 CBR 值后，再用于路基施工强度检测或评定。其次是试验的出发点不同，路基填料的 CBR 试验是为了评定路用的材料的强度，而本方法更多是为了衡量土基的整体承载力。其测试原理是在公路路基施工现场，用载重汽车作为反力架，通过千斤顶连续加载，使贯入杆匀速压入土基。为了模拟路面结构对土基的附加压力，在贯入杆位置安装荷载板。路基强度越高，贯入量为 2.5mm 或 5.0mm 时荷载越大，即 CBR 值越大。

图 6.7.1 土基现场 CBR 值测试仪实物图

6.7.1 目的和适用范围

（1）本方法适用于在现场测定各种土基材料的现场 CBR 值（图 6.7.1），同时也适合于基层、底基层砂类土、天然砂砾、级配碎石等材料 CBR 值的试验。

（2）本方法所用试样的最大集料粒径宜小于 19.0mm，最大不得超过 31.5mm。

6.7.2 仪具与材料

本试验采用下列仪具与材料：

（1）荷载装置。装载有铁块或集料等重物的载重汽车，后轴重不小于 60kN，在汽车大梁的后轴之后设有一加劲横梁做反力架用。

（2）现场测试装置。由千斤顶（机械或液压）、测力计（测力环或压力表）及球座组成，如图 6.7.2 所示。千斤顶可使贯入杆的贯入速度调节成 1mm/min。测力计的容量不小于土基强度，测定精度不小于测力计量程的 1%。

（3）贯入杆。直径 $\phi50$mm，长约 200mm 的金属圆柱体。

（4）承载板。每块 1.25kg，直径 $\phi150$mm，中心孔眼直径 $\phi52$mm，不少于 4 块，并沿直径分为两个半圆块。

（5）贯入量测定装置。百分表量程 20mm，精度 0.01mm，数量 2 个，对称固定在贯入杆上，端部与平台接触，平台跨度不小于 50cm。

在此说明：此设备也可用两台贝克曼梁弯沉仪代替。

（6）细砂。洁净干燥的细干砂，粒径 0.3~0.6mm。

（7）其他。铁铲、盘、直尺、毛刷、天平等。

6.7.3 方法与步骤

1. 准备工作

（1）将试验地点约直径 $\phi30$cm 范围的表面找平，用毛刷刷净浮土，如表面为粗粒土时，应撒少许洁净的干砂填平，但不能覆盖全部土基表面避免形成一层。

（2）装置测试设备。千斤顶顶在加劲横梁上且调节至高度适中。贯入杆应与土基表面紧密接触。

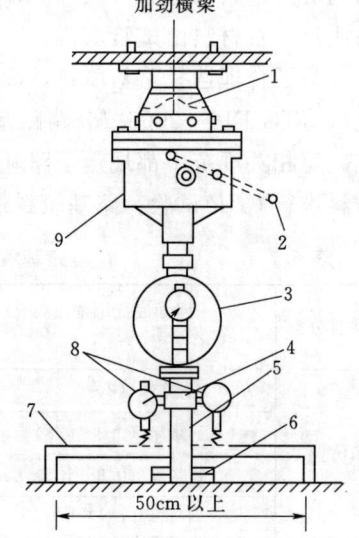

图 6.7.2 CBR 现场测试装置

1—球座；2—手柄；3—测力计；4—百分表夹具；5—贯入杆；6—承载板；7—平台；8—百分表；9—加载千斤顶

(3) 安装贯入量测定装置。将支架平台、百分表（或两台贝克曼梁弯沉仪）安装好。

2. 测试步骤

(1) 在贯入杆位置安放 4 块 1.25kg 的分开成半圆的承载板，共 5kg。

(2) 试验贯入前，先在贯入杆上施加 45N 荷载后，将测力计及贯入量百分表调零，记录初始读数。

(3) 启动千斤顶，使贯入杆以 1mm/min 的速度压入土基，相应于贯入量为 0.5mm、1.0mm、1.5mm、2.0mm、2.5mm、3.0mm、4.0mm、5.0mm、6.5mm、10.0mm 及 11.5mm 时，分别读取测力计读数。根据情况，也可在贯入量达 6.5mm 时结束试验。

说明一点：用千斤顶连续加载，两个贯入量百分表及测力计均应在同时刻读数。当两个百分表读数差值不超过平均值的 30% 时，以其平均值作为贯入量；当两个表读数差值超过平均值的 30% 时，应停止试验。

(4) 卸除荷载，移去测定装置。

(5) 在试验点下取样，测定材料含水率。取样数量如下：

1) 最大粒径不大于 4.75mm，试样数量约 120g。
2) 最大粒径不大于 19.0mm，试样数量约 250g。
3) 最大粒径不大于 31.5mm，试样数量约 500g。

(6) 在紧靠试验点旁边的适当位置，用灌砂法或环刀法等测定土基的密度。

6.7.4 检测结果计算

(1) 用贯入试验得到的等级荷重数除以贯入断面积 (19.625cm²)，得到各级压强，绘制荷载压强-贯入量曲线，如图 6.7.3 所示。当图中曲线在起点处有明显凹凸的情况时，应在曲线的拐弯处作切线延长进行修正，以与坐标轴相交的点 O' 做原点，得到修正后的压强-贯入量曲线。

(2) 从压强-贯入量曲线上读取贯入量为 2.5mm 及 5.0mm 时的荷载压强 p_1，按式 (6.7.1) 计算现场 CBR 值。CBR 一般以贯入量 2.5mm 时的测定值为准，当贯入量 5.0mm 时的 CBR 大于 2.5mm 时的 CBR 时，应重新试验；如重新试验仍然如此时，则以贯入量 5.0mm 时的 CBR（%）为准。

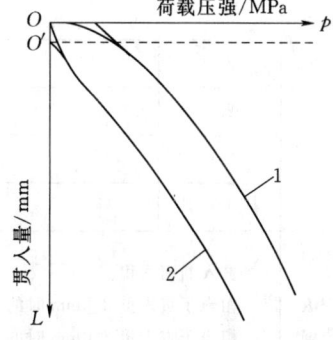

图 6.7.3 荷载压强-贯入量关系曲线

$$现场 CBR = \frac{p_1}{p_0} \times 100 \tag{6.7.1}$$

式中 p_1——荷载压强，MPa；

p_0——标准压强，当贯入量为 2.5mm 时为 7MPa，当贯入量为 5.0mm 时 10.5MPa。

原点修正时，应注意压强和贯入量需随平移后的原点而变化。各级贯入量下标准压强见表 6.7.2。

表 6.7.2　　　　　　　　　各级贯入量下标准压强

贯入量/cm	0.254	0.508	0.762	1.016	1.270
标准压强/MPa	7030	10550	13360	16170	18230

6.7.5 检测报告

试验报告应包括下列结果：

(1) 土基含水率（%）。

(2) 测点的干密度（g/cm³）。

(3) 现场 CBR 值及相应的贯入量。

试验记录格式见表 6.7.3。

表 6.7.3　　　　　现场 CBR 值测定记录表

路线和编号：　　　　　　　路面结构：　　　　　　　测定层次：

承载板直径（cm）：　　　　　　　　　　　　　　　测定日期：　年　月　日

	预定贯入量 /mm	贯入量百分表读数/0.01mm			测力计读数	压强 /MPa
		1	2	平均		
加载记录	0					
	0.5					
	1.0					
	1.5					
	2.0					
	2.5					
	3.0					
	4.0					
CBR 计算	贯入断面面积：　　　cm²					
	相当于贯入量 2.5mm 时的荷载压强 = 标准压强 = 7MPa　　$CBR_{2.5}$ =　　（%）					
	相当于贯入量 5.0mm 时的荷载压强 = 标准压强 = 10.5MPa　　$CBR_{2.5}$ =　　（%）					
	试验结果现场 CBR =　　（%）					

	序号	湿土质量/g	干土质量/g	水质量/g	含水率/%	平均含水率/%
含水率	1					
	2					

	序号	试样湿质量/g	试样干质量/g	体积/cm²	干密度/(g/cm³)	平均干密度/(g/cm²)
密度	1					
	2					

批准：　　　　　审核：　　　　　校核：　　　　　检验：

复习思考题

1. 什么叫 CBR？简述土基 CBR 值测试要点。

2. 请论述承载板测定土基回弹模量的主要过程。

3. 用承载板测定土基回弹模量，检测结果见下表所列，请计算该测点的土基回弹模量 $\left[a_i = \dfrac{(T_1+T_2)\pi D^2 p_i}{4T_1 Q} a = 0.97 p_i a,\ D=30\text{cm},\ \mu_0=0.35,\ a=10.4\times 10^{-2}\text{mm}\right]$。

p_i/MPa	0.02	0.04	0.06	0.08	0.10	0.14	0.18	0.22
加载读数/0.01mm	12.3	21.1	39.4	50.6	58.7	77.5	97.3	127.0
卸载读数/0.01mm	10.2	12.0	23.1	28.3	32.4	41.2	51.5	61.8

4. 某承载板试验结果见下表所列，请绘制 $p-l$ 曲线（$a_i = 0.97 p_i a$）。

序 号	承载板 p 压力 /MPa	百分表读数/0.01mm			
		加载后		加载前	
		左	右	左	右
1	0.02	14	13	3	3
2	0.04	28	29	7	8
3	0.06	38	40	8	9
4	0.08	52	54	10	11
5	0.10	66	72	12	14
总影响量	0	左 6			
		右 8			

学习项目7 路面抗滑性能检测

【项目描述】

以合肥市某新建道路路面抗滑性能检测为项目载体,介绍手工铺砂法、电动铺砂法、车载式激光构造深度仪测定路面构造深度的方法,介绍摆式仪测定路面摩擦系数试验方法,介绍单轮式横向力系数测试系统测定路面摩擦系数试验方法,同时对几种常用方法进行施工现场抗滑性能检测的实训,并对施工路段抗滑性能质量进行评定。

【学习目标】

学生通过本学习项目的学习,掌握手工铺砂法、电动铺砂法、车载式激光构造深度仪法、摆式仪法以及单轮式横向力系数测试法的适用范围、检测仪具、试验步骤、结果分析与处理;掌握路面抗滑性能质量的评定指标及评定方法。

【情境描述】

学习任务7.1 概 述

路面抗滑性能是指车辆轮胎受到制动时沿表面滑移所产生的力,通常用轮胎与路面间的摩阻系数来表示。影响抗滑性能的因素主要有路面表面特性、路面潮湿程度以及行车速度等。路面表面特性又包括路表面细构造和粗构造。路表面细构造是指集料表面的构造粗糙程度,用石料的磨光值(SPV)表示。在 JTG D50—2006《公路沥青路面设计规范》中规定:在设计高速公路、一级公路的沥青混凝土路面面层时,应选用抗滑、耐磨石料,磨光值应大于42。而粗构造是指路表外露集料间形成的构造,粗构造能使车轮下的路表水迅速排除,以避免形成水膜,由构造深度(TD)表征。

JTG F80/1—2004《公路工程质量检验评定标准》中主要通过构造深度和摩擦系数两个方面来判定路面的抗滑性能,路面抗滑性能检测要求见表7.1.1。

表7.1.1 路面抗滑性能检测要求

结构名称	检查项目	规定值或容许偏差		检查方法与频率
		高速公路、一级公路	其他公路	
水泥混凝土面层	抗滑构造深度/mm	一般路段不小于0.7且不大于1.1;特殊路段不小于0.8且不大于1.2	一般路段不小于0.5且不大于1.0;特殊路段不小于0.6且不大于1.1	铺砂法:每200m测1处
沥青混凝土面层和沥青碎(砾)石面层	抗滑摩擦系数	符合设计要求	符合设计要求	摆式仪:每200m测1处;摩擦系数测定车:全线连续
	抗滑构造深度			铺砂法:每200m测1处

其中，JTG D50—2006《公路沥青路面设计规范》中规定，沥青混凝土路面面层的抗滑性能检测宜在竣工后第一个夏季进行检测，抗滑性能应符合表7.1.2要求。

表7.1.2　　　　　　　　　　　　沥青路面抗滑性能标准

公路等级	竣工验收值		
	横向力系数 SFC	摩阻摆值 BPN	构造深度 TD/mm
高速公路、一级公路	≥54	≥45	≥0.55

JTG E60—2008《公路路基路面现场测试规程》中具体说明了构造深度和摩擦系数的检测方法。构造深度的测试方法有：手工铺砂法、电动铺砂法以及车载式激光构造深度仪法。摩擦系数的测试方法有：摆式仪法、横向力系数测试法以及动态旋转式摩擦系数测试法。各方法的特点及测试指标见表7.1.3。

表7.1.3　　　　　　　　　　　　路面抗滑性能测试方法比较

测试方法	测试指标	特点及适用范围
制动距离法	摩阻系数 f	测试速度快，必须中断交通
摆式仪法	摩阻摆值 BPN	定点测量，原理简单，不仅可用于室内测量，而且可用于野外测试沥青路面及混凝土路面的抗滑值
手工铺砂仪法、电动铺砂仪法	构造深度 TD/mm	定点测量，原理简单，便于携带，结果直观。适用于测定沥青路面及水泥混凝土路面的构造深度，以及评定路表面的宏观粗糙度、排水性能及抗滑性能
激光构造深度仪法	构造深度 TD/mm	测试速度快，适用于测定沥青路面干燥表面的构造深度，以及评价路面抗滑及排水能力，但不适用于多坑槽、显著不平整或裂缝过多的路段
摩阻系数测试车测定路面横向力系数	横向力系数 SFC	测试速度快，用于标准的摩阻系数测试车测定沥青或水泥混凝土路面的横向力系数，结果作为竣工验收或使用期评定路面抗滑能力的依据

【情境描述】

学习任务7.2　路面构造深度检测

构造深度以前称纹理深度，指一定面积的路表面上凹凸不平的开口孔隙的平均深度，是路面粗糙度的重要指标。它与路表抗滑性能、排水、噪声等都有一定关系。手工铺砂法与电动铺砂法都是将细砂铺在路面上，计算嵌入凹凸不平的表面空隙中的砂的体积与覆盖面积之比，从而求得构造深度。这是目前工程上最为基本也是最为常用的方法。

7.2.1　手工铺砂法

1. 适用范围及检测频率

本方法适用于测定沥青路面及水泥混凝土路面表面的构造深度，用以评定路面表面的宏观构造。检测频率为每200m测一处。

2. 仪器与材料

(1) 人工铺砂仪。由量砂筒、推平板和刮平尺组成。

1) 量砂筒。形状尺寸如图7.2.1所示，一端是封闭的，容积为（25±0.15）mL，可通过称量砂筒中水的质量以确定其容积 V，并调整其高度，使其容积符合要求。

2）推平板。形状尺寸如图 7.2.2 所示，推平板应为木制或铝制，直径 50mm，底面粘一层厚 1.5mm 的橡胶片，上面有一圆柱把手。

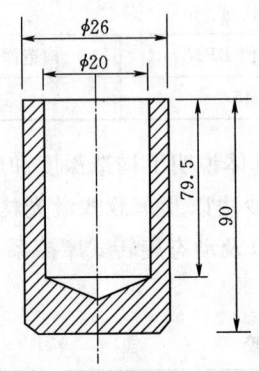
图 7.2.1 量砂筒（单位：mm）

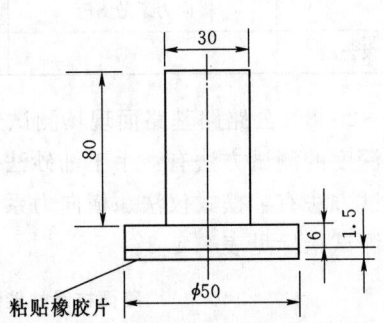
图 7.2.2 推平板（单位：mm）

3）刮平尺。可用 30cm 钢尺代替，其主要作用是用来将筒口量砂刮平。

（2）量砂。足够数量的干燥洁净的均匀砂，粒径为 0.15～0.3mm。

（3）量尺。钢板尺、钢卷尺，或采用已按式（7.2.1）将直径换算成构造深度作为刻度单位的专用构造深度尺。

（4）其他。装砂容器（小铲）、扫帚或毛刷、挡风板等。

3．方法与步骤

（1）准备工作。

1）量砂准备。取洁净的细砂，晾干过筛，取 0.15～0.3mm 的砂置适当的容器中备用。量砂只能在路面上使用一次，不宜重复使用。

2）选择测点。对测试路段按 JTG E60—2008《公路路基路面现场测试规程》中随机选点的方法，在行车道上随机选取测点所在的横断面位置。测点应选在车道的轮迹带上，距路面边缘不应小于 1m。

（2）测试步骤。

1）清扫现场。用扫帚或毛刷子将测点附近的路面清扫干净，面积不小于 30cm×30cm。

2）装砂。用小铲装砂，沿筒壁向圆筒中注满砂，手提圆筒上方，在硬质路表面上轻轻地叩打 3 次，使砂密实，补足砂面用钢尺一次刮平。

3）铺砂。将砂倒在路面上，用底面粘有橡胶片的推平板，由里向外重复作旋转摊铺运动，稍稍用力将砂细心地尽可能地向外摊开，使砂填入凹凸不平的路表面的空隙中，尽可能将砂摊成圆形，并不得在表面上留有浮动余砂。

4）测直径。用钢板尺测量所构成圆的两个垂直方向的直径，取其平均值，准确至 5mm。

5）按以上方法，同一处平行测定不少于 3 次，3 个测点均位于轮迹带上，测点间距 3～5m。对同一处，应该由同一个试验员进行测定。该处的测定位置以中间测点的位置表示。

4．注意事项

(1) 本方法对于具有较大不规则孔隙或坑槽的沥青路面和具有防滑沟槽结构的水泥路面不适用。

(2) 量砂只能在路面上使用一次，不宜重复使用。

(3) 不可直接用量砂筒装砂，以免影响量砂密度的均匀性。

(4) 摊铺时不可用力过大或向外推挤。

5．计算

(1) 路面表面构造深度测定结果按下式计算：

$$TD = \frac{1000V}{\pi D^2/4} = \frac{31831}{D^2} \qquad (7.2.1)$$

式中 TD——路面表面构造深度，mm；

V——砂的体积，25cm³；

D——摊平砂的平均直径，mm。

(2) 每一处均取 3 次路面构造深度的测定结果的平均值作为试验结果，精确至 0.01mm。

(3) 计算每一个评定区间路面构造深度的平均值、标准差、变异系数。

6．报告

(1) 列表逐点报告路面构造深度的测定值及 3 次测定的平均值，当平均值小于 0.2mm 时，试验结果以小于 0.2mm 表示。

(2) 每一个评定区间路面构造深度的平均值、标准差、变异系数。

【案例 7.2.1】

某高速公路沥青混凝土路面用手工铺砂法评定路面摩擦性能，测定结果及数据计算见表 7.2.1。

表 7.2.1　　　　　　　　构造深度检测记录表（手工铺砂法）

工程名称：××工程　　　　　结构层次：沥青混凝土路面

公路等级：高速公路　　　　　路段桩号：K0+200～K0+600

检验者：　　　　计算者：　　　　校核者：　　　　检验日期：

桩号	编号	砂体积 V /cm³	摊平砂平均直径 D/mm	构造深度 TD/mm	平均值 /mm	路况描述	备注
K0+200	1	25	200	0.8	0.8	干燥	
	2	25	205	0.8			
	3	25	195	0.8			
K0+400	1	25	210	0.7	0.6	干燥	
	2	25	230	0.6			
	3	25	236	0.6			
K0+600	1	25	200	0.8	0.8	干燥	
	2	25	195	0.8			
	3	25	210	0.7			
测点数	9	规定值/mm	≥0.55	平均值/mm	0.7	标准差/mm	0.11	变异系数/%	15	合格率/%	100

7.2.2 电动铺砂法

1. 目的与适用范围

本方法适用于测定沥青路面及水泥混凝土路面表面构造深度,用以评定路面表面的宏观构造。

2. 仪器与材料

(1) 电动铺砂仪。利用可充电的直流电源将量砂通过砂漏铺设成宽度5cm、厚度均匀一致的器具,如图7.2.3所示。

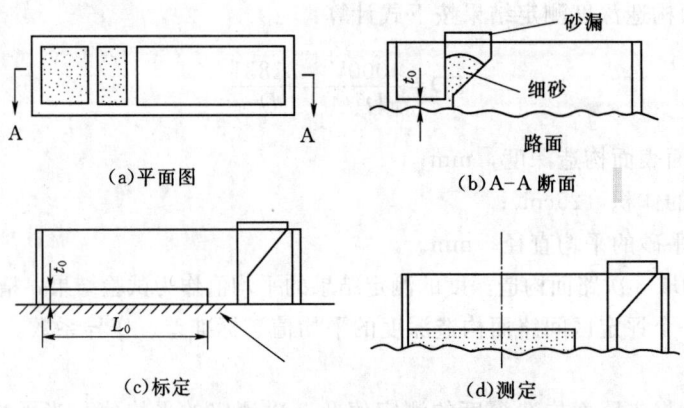

图7.2.3 电动铺砂仪

(2) 量砂。足够数量的干燥洁净的匀质砂,粒径为0.15~0.3mm。

(3) 标准量筒。容积50mL。

(4) 玻璃板。面积大于铺砂器,厚5mm。

(5) 其他。直尺、扫帚、毛刷等。

3. 方法与步骤

(1) 准备工作。

1) 量砂准备。取洁净的细砂,晾干过筛,取0.15~0.3mm的砂置适当的容器中备用。

2) 选择测点:对测试路段按JTG E60—2008《公路路基路面现场测试规程》中随机选点的方法,在行车道上随机选取测点所在的横断面位置。测点应选在车道的轮迹带上,距路面边缘应不小于1m。

(2) 电动铺砂器标定。

1) 将铺砂器平放在玻璃板上,将砂漏移至铺砂器端部。

2) 使灌砂漏斗口和量筒口大致齐平。通过漏斗向量筒中缓缓注入准备好的量砂至高出量筒成尖顶状,用直尺沿筒口一次刮平,其容积为50mL。

3) 使漏斗口与铺砂器砂漏上口大致齐平。将砂通过漏斗均匀倒入砂漏,漏斗前后移动,使砂的表面大致齐平,但不得用任何其他工具刮动砂。

4) 开动电动机,使砂漏向另一端缓缓运动,量砂沿砂漏底部铺成如图7.2.4所示的宽5cm的带状,待砂全部漏完后停止。

5) 按图7.2.4,式(7.2.2)由L_1及L_2的平均值决定量砂的摊铺长度L_0,准确至1mm。

学习任务 7.2 路面构造深度检测

$$L_0 = (L_1 + L_2)/2 \qquad (7.2.2)$$

6）重复标定 3 次，取平均值决定 L_0，准确至 1mm。

（3）测试步骤。

1）将测试地点用毛刷刷净，面积大于铺砂仪。

2）将铺砂仪沿道路纵向平稳地放在路面上，将砂漏移至端部。

3）按以上电动铺砂仪标定过程中 2）～5）相同的步骤，在测试地点摊铺 50mL 量砂，按图中方法量取摊铺长度 L_1 及 L_2，由式（7.2.3）计算 L，准确至 1mm。

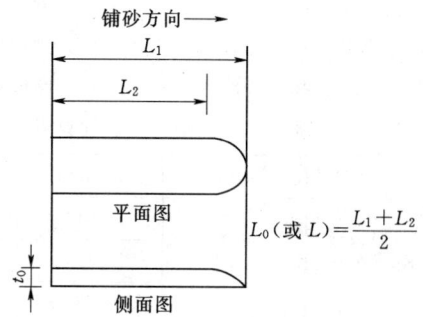

图 7.2.4　决定 L_0 及 L 的方法
L_0—玻璃板上 50mL 量砂摊铺的长度，mm；
L—路面上 50mL 量砂摊铺的长度，mm

$$L = (L_1 + L_2)/2 \qquad (7.2.3)$$

4）按以上方法，同一处平行测定不少于 3 次，3 个测点均位于轮迹带上，测点间距 3～5m。该处的测定位置以中间测点的位置表示。

4．注意事项

（1）量砂只能在路面上使用一次，不宜重复使用。

（2）标定应在每次测试前进行，用同一种量砂，由承担测试的同一试验员进行。

5．计算

（1）按式（7.2.4）计算铺砂仪在玻璃板上摊铺的量砂厚度 t_0：

$$t_0 = \frac{V}{B \times L_0} \times 1000 = \frac{1000}{L_0} \qquad (7.2.4)$$

式中　t_0——量砂在玻璃板上摊铺的标定厚度，mm；

V——量砂体积，$V = 50$mL；

B——铺砂仪铺砂宽度，$B = 50$mm；

L_0——玻璃板上 50mL 量砂摊铺的长度，mm。

（2）按式（7.2.5）计算路面构造深度 TD：

$$TD = \frac{L_0 - L}{L} \times t_0 = \frac{L_0 - L}{L \times L_0} \times 1000 \qquad (7.2.5)$$

式中　TD——路面的构造深度，mm；

L——路面上 50mL 量砂摊铺的长度，mm。

（3）每一处均取 3 次路面构造深度测定结果的平均值作为试验结果，精确至 0.1mm。

（4）计算每一个评定区间路面构造深度的平均值、标准差、变异系数。

6．报告

（1）列表逐点报告路面构造深度的测定值及 3 次测定的平均值，当平均值小于 0.2mm 时，试验结果以小于 0.2mm 表示。

（2）每一个评定区间路面构造深度的平均值、标准差、变异系数。

【案例 7.2.2】

某高速公路沥青混凝土路面用电动铺砂法评定路面摩擦性能，测定结果及数据计算见表 7.2.2。

表 7.2.2　　　　　　　　　　　电动铺砂构造深度试验记录

工程名称：××工程　　　　　　　结构层次：沥青混凝土路面
公路等级：高速公路　　　　　　　路段桩号：K0+200～K0+600
检验者：　　　　　计算者：　　　　　校核者：　　　　　检验日期：

桩号	L_0/mm	L_1/mm	L_2/mm	L/mm	TD/mm	平均值/mm
K0+200	263	234	215	225	0.64	0.67
		237	214	226	0.63	
		232	212	222	0.70	
K0+400	265	239	215	227	0.63	0.69
		230	211	221	0.75	
		233	215	224	0.69	
K0+600	262	234	214	224	0.69	0.70
		231	213	222	0.73	
		238	212	225	0.67	
测点数	9	平均值/mm	0.69	标准差/mm	0.01	变异系数/%	0.01	合格率/%	100

7.2.3　车载式激光构造深度仪

1. 目的与适用范围

本方法适用于各类车载式激光构造深度仪在新建、改建路面工程质量验收和无严重破损病害及无积水、积雪、泥浆等正常行车条件下测定，连续采集路面构造深度，但不适用于带有沟槽构造的水泥混凝土路面构造深度的测定。本方法的数据采集、传输、记录和处理分别由专用软件自动控制进行。

2. 仪器与材料

（1）测试系统构成。

测试系统由承载车辆、距离传感器、激光传感器和主控制系统组成。主控制系统对测试装置的操作实施控制，完成数据采集、传输、存储与计算过程。

（2）设备承载车要求。

根据设备供应商的要求选择测试系统承载车辆。

（3）测试系统基本技术要求和参数。

1）最大测试速度：不小于50km/h。

2）采样间隔：不大于10mm。

3）传感器测试精度：0.1mm。

4）距离标定误差：小于0.1%。

5）系统工作环境温度：0～60℃。

3. 方法与步骤

（1）准备工作。

1）设备安装到承载车上以后应进行相关性标定试验。

2）根据设备操作手册的要求对测试系统各传感器进行校准。

3）距离测量装置需要现场安装的，根据设备操作手册说明进行安装，确保机械紧固装置安装牢固。

4）测试系统各部分应符合测试要求，不应有明显的可视性破损。

5）打开系统电源，启动控制程序，检查各部分的工作状态。

（2）测试步骤。

1）按照设备使用说明规定的预热时间对测试系统预热。

2）测试车停在测试起点前 50~100m 处，启动测试系统程序，按照设备操作手册的规定和测试路段的现场技术要求设置完毕所需的测试状态。

3）驾驶员应按照设备操作手册要求的测试速度范围驾驶测试车，避免急加速和急减速，急弯路段应放慢车速，沿正常行车轨迹驶入测试路段。

4）进入测试路段后，测试人员启动系统的采集和记录程序，在测试过程中必须及时准确地将测试路段的起终点和其他需要特殊标记的位置输入测试数据记录中。

5）当测试车辆驶出测试路段后，测试人员停止数据采集和记录，并恢复仪器各部分至初始状态。

6）检查。测试数据文件应完整，内容应正常，否则需要重新测试。

7）关闭测试系统电源，结束测试。

4．激光构造深度仪测值与铺砂法构造深度值相关关系对比试验

（1）选择构造深度分别在 0~0.3mm、0.3~0.55mm、0.55~0.8mm、0.8~1.2mm 范围的 4 个各长 100m 的试验路段。试验前将路面清扫干净，并在起终点做上标记。

（2）在每个试验路段上沿一侧行车轮迹用铺砂法测试至少 10 点的构造深度值，并计算平均值。

（3）驾驶测试车以 30~50km/h 速度驶过试验路段，并且保证激光构造深度仪的激光传感器探头沿铺砂法所测构造深度的行车轮迹运行，计算试验路段的构造深度平均值。

（4）建立两种方法的相关关系式，要求相关系数 R 不小于 0.97。

5．报告

构造深度检测报告应包括以下内容：

（1）路段构造深度平均值、标准差。

（2）提供激光构造深度仪测值与铺砂法构造深度值在选定测试条件下的相关关系式及相关系数。

【情境描述】

学习任务7.3　路面摩擦系数检测

7.3.1　摆式仪测定路面摩擦系数

摆式仪法是我国普遍采用的一种抗滑性能测试方法。它的基本原理是，将摆式仪的摆锤底面装一橡胶滑块，当摆锤从一定高度自由下摆时，滑块面同试验表面接触，由于两者间的摩擦而损耗部分能量，使摆锤只能回摆到一定高度，表面摩擦阻力越大，回摆高度越小（即摆值越大）。路面的抗滑摆值（BPN 值）指用标准的手提式摆式摩擦系数测定仪测定的路面在潮湿条件下对摆的摩擦阻力，是反映路面抗滑性能的综合性指标。

1. 适用范围及检测频率

本方法适用于以摆式摩擦系数测定仪测定沥青路面、标线或其他材料试件的抗滑值,用以评定路面或路面材料试件在潮湿状态下的抗滑能力。检测频率为每200m测一处。

2. 仪器与材料

本方法需要下列仪具与材料:

(1) 摆式仪。形状及结构如图7.3.1所示。摆及摆的连接部分总质量为(1500±30)g,摆动中心至摆的重心距离为(410±5)mm,测定时摆在路面上滑动长度为(126±1)mm,摆上橡胶片端部距摆动中心的距离为510mm,橡胶片对路面的正向静压力为(22.2±0.5)N。

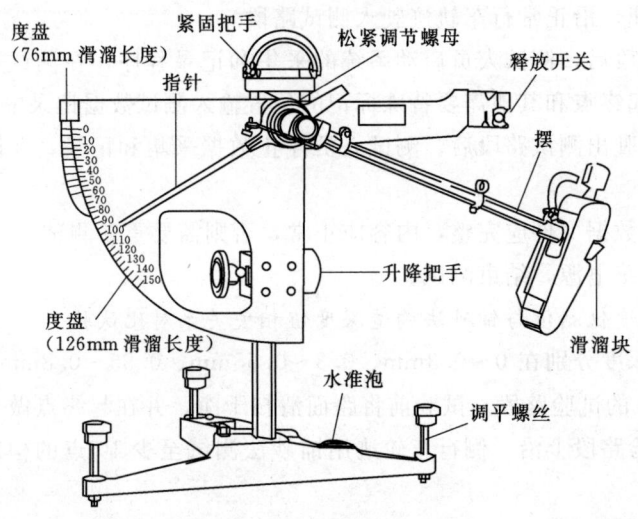

图7.3.1 摆式仪结构示意图

(2) 橡胶片。当用于测定路面抗滑值时,其尺寸为6.35mm×25.4mm×76.2mm。橡胶质量应符合表7.3.1要求。当橡胶片使用后,端部在长度方向上磨耗超过1.6mm或边缘在宽度方向上磨耗超过3.2mm,或有油类污染时,即应更换新橡胶片。新橡胶片应先在干燥路面上测试10次后再用于测试。橡胶片的有效使用期从出厂日期起算为12个月。

表7.3.1　　　　　　　　　橡胶物理性质技术要求

性质指标	温度/℃				
	0	10	20	30	40
弹性/%	43～49	58～65	66～73	71～77	74～79
硬度/IR	55±5				

(3) 滑动长度量尺。长126mm。

(4) 喷水壶。

(5) 硬毛刷。

(6) 路面温度计。分度不大于1℃。

(7) 其他。扫帚、记录表格等。

3. 方法与步骤

(1) 准备工作。

1) 检查摆式仪的调零灵敏情况，并定期进行仪器的标定。

2) 按 JTG E60—2008《公路路基路面现场测试规程》中随机选点的方法，进行测试路段的取样选点。在横断面上测点应选在行车道的轮迹带上，距路面边缘应不小于1m。

(2) 测试步骤。

1) 清洁路面。用扫帚或其他工具将测点附近的路面清扫干净。

2) 仪器调平。

a. 将仪器置于路面测点上，并使摆的摆动方向与行车方向一致。

b. 转动底座上的调平螺栓，使水准泡居中。

3) 调零。

a. 放松紧固把手，转动升降把手，使摆升高并能自由摆动，然后旋紧紧固把手。

b. 将摆固定在右侧悬臂上，使摆处于水平释放位置，并把指针拨至右端与摆杆平行处。

c. 按下释放开关，使摆向左带动指针摆动。当摆达到最高位置后下落时，用手将摆杆接住，此时指针应指零。

d. 若不指零，可稍旋紧或旋松摆的调节螺母。

e. 重复上述4个步骤，直至指针指零。调零允许误差为±1BPN。

4) 校核滑动长度。

a. 让摆处于自然下垂状态，松开固定把手，转动升降把手，使摆下降。与此同时，提起举升柄使摆向左侧移动，然后放下举升柄使橡胶片下缘轻轻触地，紧靠橡胶片摆放滑动长度量尺，使量尺左端对准橡胶片下缘；再提起举升柄使摆向右侧移动，然后放下举升柄使橡胶片下缘轻轻触地，检查橡胶片下缘应与滑动长度量尺的右端齐平。

b. 若齐平，则说明橡胶片两次触地的距离（滑动长度）符合126mm的规定。校核滑动长度时，应以橡胶片长边刚刚接触路面为准，不可借摆的力量向前滑动，以免标定的滑动长度与实际不符。

c. 若不齐平，升高或降低摆或仪器底座的高度。微调时用旋转仪器底座上的调平螺丝调整仪器底座的高度的方法比较方便，但需注意保持水准泡居中。

d. 重复上述动作，直至滑动长度符合126mm的规定。

5) 将摆固定在右侧悬臂上，使摆处于水平释放位置，并把指针拨至右端与摆杆平行处。

6) 用喷水壶浇洒测点，使路面处于湿润状态。

7) 按下右侧悬臂上的释放开关，使摆在路面滑过。当摆杆回落时，用手接住，读数但不记录。然后使摆杆和指针重新置于水平释放位置。

8) 重复6)和7)的操作5次，并读记每次测定的摆值。

单点测定的5个值中最大值与最小值的差值不得大于3。如差值大于3时，应检查产生的原因，并再次重复上述各项操作，至符合规定为止。

取5次测定的平均值作为单点的路面抗滑值（即摆值BPN_t），取整数。

9) 在测点位置用温度计测记潮湿路表温度，准确至1℃。

10) 每个测点由3个单点组成，即需按以上方法在同一测点处平行测定3次，以3次测定结果的平均值作为该测点的代表值（精确到1）。

3个单点均应位于轮迹带上，单点间距离为3～5m。该测点的位置以中间单点的位置表示。

4. 抗滑值的温度修正

当路面温度为 t（℃）时，测得的摆值为 BPN_t 必须按式（7.3.1）换算成标准温度 20℃ 的摆值 BPN_{20}。

$$BPN_{20} = BPN_t + \Delta BPN \tag{7.3.1}$$

式中　BPN_{20}——换算成标准温度 20℃ 时的摆值；

　　　BPN_t——路面温度 t 时测得的摆值；

　　　ΔBPN——温度修正值按表 7.3.2 采用。

表 7.3.2　　　　　　　　温 度 修 正 值

温度/℃	0	5	10	15	20	25	30	35	40
温度修正值 ΔBPN	-6	-4	-3	-1	0	+2	+3	+5	+7

5. 注意事项

（1）水泥路面不宜采用摆式仪法测定抗滑性能。

（2）按下释放开关后，摆杆回落时用手接住，减少橡胶片与地面的磨损。

（3）路面温度不为 20℃ 需按表 7.3.2 进行温度修正，在中间温度时，可用内插法计算。

6. 报告

（1）路面单点测定值 BPN_t 经温度修正后的 BPN_{20}、现场温度、3 次的平均值。

（2）评定路段路面抗滑值的平均值、标准差、变异系数。

【案例 7.3.1】

某高速公路中粒式沥青混凝土路面用摆式仪测定摩擦摆值原始记录及数据计算见表 7.3.3。

表 7.3.3　　　　　　　　路面抗滑值试验原始记录表

工程名称：<u>××工程</u>　　路面类型：<u>中粒式沥青</u>　　路段桩号：<u>K0+200～K0+600</u>　　检验日期：

检验者：　　　　　　计算者：　　　　　　校核者：　　　　　　路面温度：<u>25℃</u>

测点位置		测点序号	摆值（BPN）						测点摆值/BPN	温度修正值	修正后摆值
桩号	横距/m		1	2	3	4	5	平均值			
K0+200	距中线 0.85	1	44	43	46	45	46	45	47	2	49
		2	47	48	45	46	48	47			
		3	46	48	49	47	48	48			
K0+400	距中线 0.90	1	45	46	45	47	46	46	46	2	48
		2	46	47	48	45	46	46			
		3	48	46	47	46	47	47			
K0+600	距中线 0.90	1	49	46	48	49	47	48	45	2	47
		2	45	42	43	44	45	44			
		3	46	43	45	43	44	44			
测点数	9	规定值（BPN）	≥45		平均值（BPN）	48		标准差（BPN）	1	变异系数/%	21	合格率/%	100

7.3.2 单轮式横向力系数测试系统

1. 适用范围及检测频率

(1) 本方法适用于工作原理和结构与 SCRIM 测试车相同的横向力系数测试系统在新建、改建路面工程质量验收和无严重坑槽、车辙等病害的正常行车条件下连续采集路面的横向力系数。

(2) 本方法的数据采集、传输、记录和处理分别由专用软件自动控制进行。

2. 仪器与材料

(1) 测试系统构成。测试系统由承载车辆、距离测试装置、横向力测试装置、供水装置和主控制系统组成，如图 7.3.2 所示。主控制系统除实施对测试装置和供水装置的操作控制外，同时还控制数据的传输、记录与计算等环节。

(2) 设备承载车基本技术要求和参数。横向力系数测试系统的承载车辆应为能够固定和安装测试、储供水、控制和记录等系统的载货车底盘，具有在水罐满载状态下最高车速大于 100km/h 的性能。

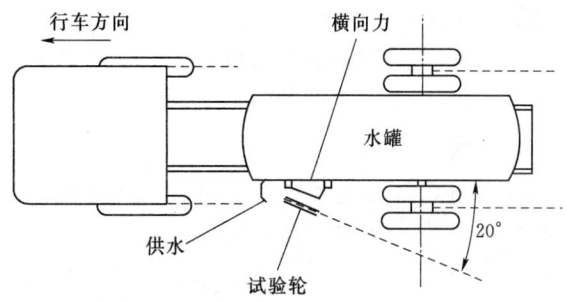

图 7.3.2 单轮式横向力系数测试系统构造示意图

(3) 测试系统技术要求和参数。

1) 测试轮胎类型。光面天然橡胶充气轮胎。

2) 测试轮胎规格：3.00/20。

3) 测试轮胎标准气压：(350±20) kPa。

4) 测试轮偏置角：19.5°～21°。

5) 测试轮静态垂直标准荷载：(2000±20) N。

6) 拉力传感器非线性误差：小于 0.05%。

7) 拉力传感器有效量程：0～2000N。

8) 距离标定误差：小于 2%。

3. 方法与步骤

(1) 准备工作。

1) 每个测试项目开始前或连续测试超过 1000km 后必须按照设备使用手册规定的方法进行测试系统的标定，记录标定数据并存档。

2) 检查测试车轮胎气压，应达到车辆轮胎规定的标准气压。

3) 检查测试轮胎磨损情况，当其直径比新轮胎减小达 6mm（也即胎面磨损 3mm）以上或有明显磨损裂口时，必须立即更换新轮胎。更换的新轮胎在正式测试前应试测 2km。

4) 检测测试轮气压，应达到 (0.35±0.02) MPa 的要求。

5) 检查测试轮固定螺栓应拧紧。将测试轮放到正常测试时的位置，检查其应能够沿两侧滑柱上下自由升降。

6) 根据测试里程的需要向水罐加注清洁测试用水。

7) 检查洒水口出水情况和洒水位置应正常；洒水位置应在测试轮触地面中点沿行驶方向前方 (400±50) mm 处，洒水宽度应为中心线两侧各不小于 75mm。

8) 将控制面板电源打开，检查各项控制功能键、指示灯和技术参数选择状态应正常。

（2）测试步骤。

1) 正式开始测试前，首先应按设备操作手册规定的时间要求对系统进行通电预热。

2) 进入测试路段前应将测试轮胎降至路面上预跑约500m。

3) 按照设备操作手册的规定和测试路段的现场技术要求设置完毕所需的测试状态。

4) 驾驶员在进入测试路段前应保持车速在规定的测试速度范围内，沿正常行车轨迹驶入测试路段。

5) 进入测试路段后，测试人员启动系统的采集和记录程序。在测试过程中必须及时准确地将测试路段的起终点和其他需要特殊标记点的位置输入测试数据记录中。

6) 当测试车辆驶出测试路段后，仪器操作人员停止数据采集和记录，提升测量轮并恢复仪器各部分至初始状态。

7) 操作人员检查数据文件应完整，内容应正常，否则需要重新测试。

8) 关闭测试系统电源，结束测试。

4. SFC值的修正

（1）SFC值的速度修正。测试系统的标准测试速度范围规定为 (50 ± 4) km/h，其他速度条件下测试的SFC值必须通过式（7.3.2）转换至标准速度下的等效SFC值。

$$SFC_{标}=SFC_{测}-0.22(v_{标}-v_{测}) \tag{7.3.2}$$

式中　$SFC_{标}$——标准测试速度下的等效SFC值；

　　　$SFC_{测}$——现场实际测试速度条件下的SFC测试值；

　　　$v_{标}$——标准测试速度，取值50km/h；

　　　$v_{测}$——现场实际测试速度。

（2）SFC值的温度修正。测试系统的标准现场测试地面温度范围为 $(20\pm5)℃$，其他地面温度条件下测试的SFC值必须通过表7.3.4转换至标准温度下的等效SFC值。系统测试要求地面温度控制在8~60℃范围内。

表7.3.4　　　　　　　　　　SFC 温 度 修 正

温度/℃	10	15	20	25	30	35	40	45	50	55	60
修正	-3	-1	0	+1	+3	+4	+6	+7	+8	+9	+10

5. 不同类型摩擦系数测试设备间相关关系对比试验

（1）基本要求。不同类型摩擦系数测试设备的测值应换算成SFC值后使用，所以制动式摩擦系数测试设备和其他类型横向力式测试设备在使用时必须和SCRIM系统进行对比试验，建立测试结果与SCRIM系统测值——SFC值的相关关系。

（2）试验条件。

1) 按SFC值0~30、30~50、50~70、70~100的范围选择4段不同摩擦系数的路段，路段长度可为100~300m。

2) 对比试验路段地面应清洁干燥，地面温度应在10~30℃范围内，天气条件宜为晴天无风。

(3) 试验步骤。

1) 测试系统和需要进行对比试验的其他类型设备分别按准备工作的方法及其操作手册规定的程序准备就绪。

2) 两套设备分别以 40km/h、50km/h、60km/h、70km/h、80km/h 的速度在所选择的 4 种试验路段上各测试 3 次,3 次测试的平均值的绝对差值不得大于 5,否则重测。

3) 两种试验设备设置的采样频率差值不应超过一倍,每个试验路段的采样数据量不应少于 10 个。

(4) 试验数据处理。

1) 分别计算出每种速度下各路段 3 次测试结果的总平均值和标准差,超过 3 倍标准差的值应予以舍弃。

2) 用数理统计的回归分析方法建立试验设备测值与速度的相关关系式,相关系数 R 不得小于 0.95。

3) 建立不同速度下试验设备测值 SFC 的相关关系式,相关系数 R 不得小于 0.95。

6. 报告

报告应包括横向力系数 SFC 的平均值、标准差、代表值及现场测试速度和温度。

【案例 7.3.2】

某高速公路路面工程交工验收用单轮式横向力系数测试车测定路面摩擦系数,检测记录表见表 7.3.5。

表 7.3.5　　　　　　　　　　单轮横向力系数检测记录表

××高速公路××段路面工程交工验收第八次检测　　　　　　　××检测中心

标段		路面××标		检测范围或桩号		K0+500~K2+900	
桩号	SFC	桩号	SFC	桩号	SFC	桩号	SFC
K0+500	73	K1+100	69	K1+700	71	K2+300	71
K0+600	73	K1+200	68	K1+800	68	K2+400	69
K0+700	72	K1+300	68	K1+900	68	K2+500	62
K0+800	73	K1+400	67	K2+000	72	K2+600	68
K0+900	70	K1+500	64	K2+100	71	K2+700	70
K1+000	69	K1+600	69	K2+200	71	K2+800	68

复 习 思 考 题

1. 收集最新的检测相关规程。
2. 简述"评定标准"中可以用于沥青混凝土面层抗滑性能测试的方法有哪些,各方法的测试原理及适用范围。
3. 简述手工铺砂法测定路面抗滑性能的测试要点。
4. 简述电动铺砂法测定路面抗滑性能的试验过程。
5. 简述摆式仪测定路面摩擦系数的试验过程。

6. 某高速公路，用摆式仪测定沥青路面的摩擦摆值（路面温度为25℃），其测定结果见表 7.3.6，试计算该处路面的摩擦摆值。

表 7.3.6 摩 擦 摆 值 测 定 结 果

测点桩号	测定平行值（BPN）					
	1	2	3	4	5	6
K0+340	49	52	51	53	51	52
	49	48	48	55	50	51
	51	52	51	49	50	50

学习项目 8　沥青路面渗水系数和车辙测试

【项目描述】

以合肥市某新建道路沥青路面渗水系数及外观检测为项目载体，介绍沥青路面渗水系数的测试方法，以及车辙的测试方法，同时进行现场渗水系数检测的实训。

【学习目标】

学生通过本学习项目的学习，掌握沥青路面渗水系数检测的意义、检测仪具及试验步骤；掌握沥青路面车辙检测的目的意义、检测仪具及试验步骤。

【情境描述】

学习任务 8.1　沥青路面渗水系数测试方法

沥青路面渗水性能是反映路面沥青混合料级配组成的一个间接指标，也是沥青路面水稳定性的一个重要指标。如果整个沥青面层均透水，则水势必进入基层或路基，使路面承载力降低。相反，如果沥青面层中有一层不透水，而表层能很快透水，则不致形成水膜，对抗滑性能有很大好处。所以路面渗水系数是评价路面使用性能的一个重要指标。

路面渗水系数是指在规定的条件下，单位时间内渗入路面结构中水的体积，用 C_w 表示，单位为 mL/min。JTG F80/1—2004《公路工程质量检验评定标准》中规定：路面表层渗水系数宜在路面成型后立即测定。高速公路、一级公路渗水系数要求：SMA 路面 200mL/min；其他沥青混凝土路面 300mL/min。

8.1.1　适用范围及检测频率

本方法适用于在路面现场测定沥青路面的渗水系数。检测频率为每 200m 测一处。

8.1.2　仪具与材料

本方法需要下列仪具与材料：

（1）路面渗水仪：形状及尺寸如图 8.1.1 所示，上部盛水量筒由透明有机玻璃制成，容积 600mL，上有刻度，在 100mL 和 500mL 处有粗标线，下方通过 φ10mm 的

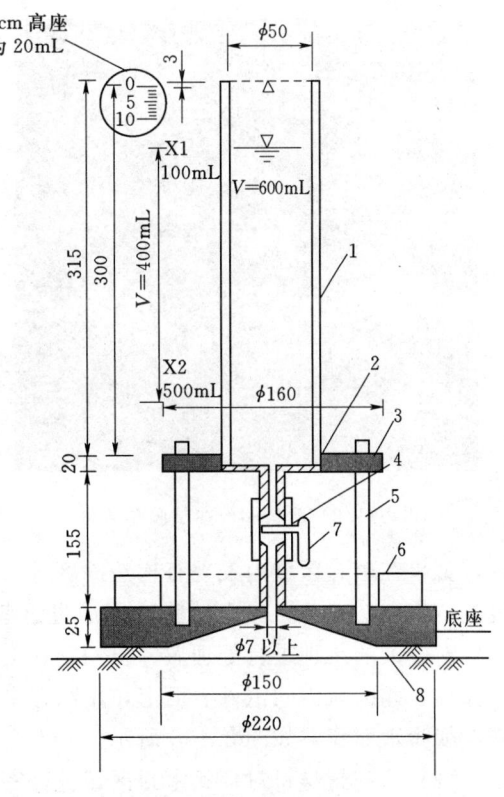

图 8.1.1　渗水仪结构图（单位：mm）

1—透明有机玻璃筒；2—螺纹连接；3—顶板；4—阀；
5—立柱支架；6—压重铁圈；7—把手；8—密封材料

细管与底座相接，中间有一开关。量筒通过支架联结，底座下方开口内径 ϕ150mm，外径 ϕ220mm，仪器附不锈钢圈压重两个，每个质量约 5kg，内径 ϕ160mm。

(2) 水筒及大漏斗。

(3) 秒表。

(4) 密封材料。防水腻子、油灰或橡皮泥。

(5) 其他。水、粉笔、塑料圈、刮刀、扫帚等。

8.1.3 方法与步骤

1. 准备工作

(1) 在测试路段的行车道路面上，按 JTG E60—2008《公路路基路面现场测试规程》中公路路基路面现场测试随机选点方法确定测试位置，每一个检测路段应测定 5 个测点，并用粉笔画上测试标记。

(2) 试验前，首先用扫帚清扫表面，并用刷子将路面表面的杂物刷去。杂物的存在一方面会影响水的渗入，另一方面也会影响渗水仪和路面或者试件的密封效果。

2. 试验步骤

(1) 将塑料圈置于试件中央或者路面表面的测点上，用粉笔分别沿着塑料圈的内侧和外侧画上圈，在外环和内环之间的部分就是需要用密封材料进行密封的区域。测试步骤如图 8.1.2～图 8.1.4 所示。

图 8.1.2 塑料圈放在试验位置处

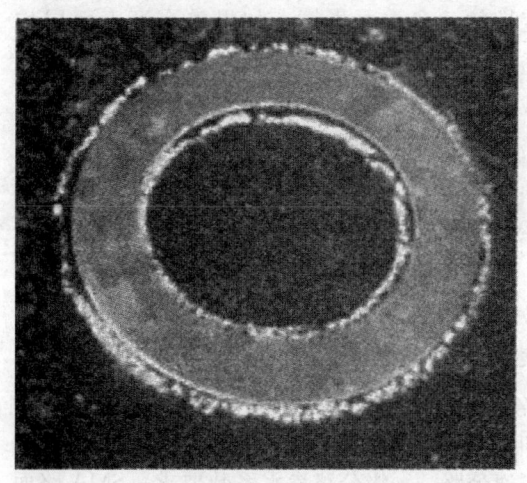
图 8.1.3 用粉笔沿塑料圈内侧和外侧画上圈

如果在密封区域内发现有构造深度较大的部位时，必须先用密封剂对这些部位的纹理深度进行填充，以防止渗水试验时水通过这些表面纹理渗出从而影响试验结果如图 8.1.5 所示。对较大的纹理进行处理后，再用密封剂对环状密封区域进行处理，用刮刀将密封剂均匀地涂抹在此区域内的试件表面上，用刮刀刮平，可以防止渗水仪压上去后密封剂被挤到内圈而改变渗水面积，如图 8.1.6 所示。

(2) 用密封材料对环状密封区域进行密封处理，注意不要使密封材料进入内圈。如果密封材料不小心进入内圈，必须用刮刀将其刮走。然后再将搓成拇指粗细的条状密封材料摞在环状密封区域的中央，并且摞成一圈，如图 8.1.7 所示。

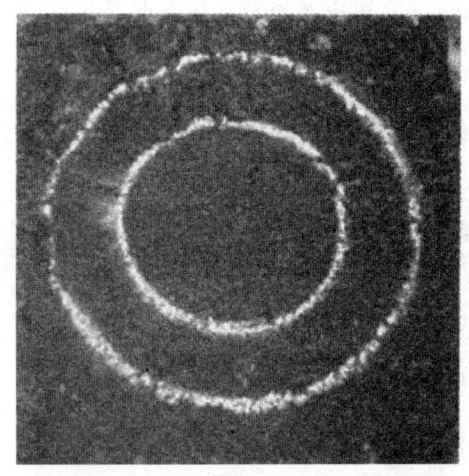 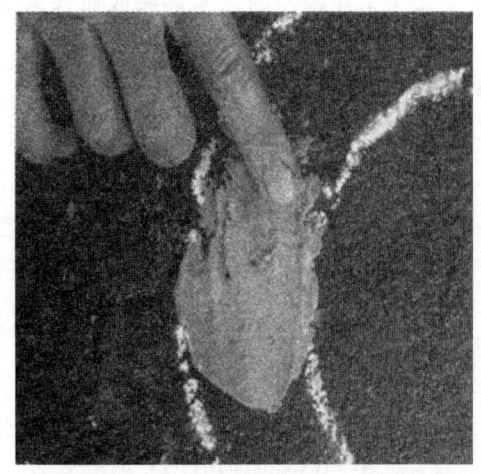

图 8.1.4　内环和外环之间为密封区域　　　图 8.1.5　局部部位填充密实处理

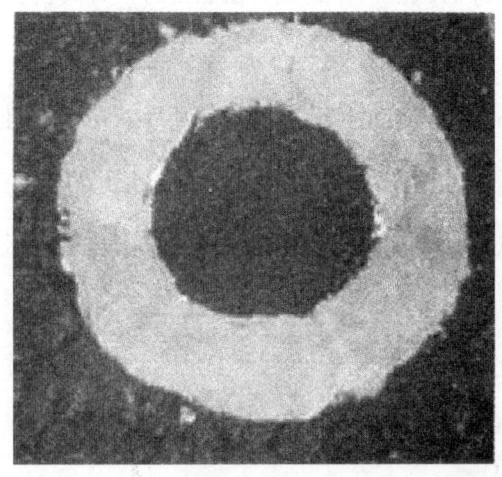 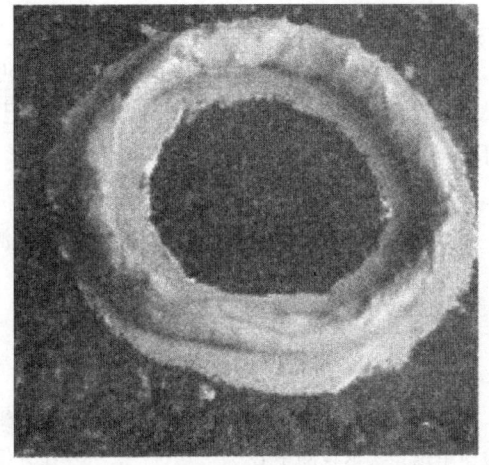

图 8.1.6　密封剂刮平处理后图形　　　　图 8.1.7　密封材料外部密封处理图

（3）将渗水仪放在试件或者路面表面的测点上，注意使渗水仪的中心尽量和圆环中心重合，然后略微使劲将渗水仪压在条状密封材料表面，再将配重加上，以防压力水从底座与路面间流出。

（4）将开关关闭，向量筒中注满水，然后打开开关，使量筒中的水下流排出渗水仪底部内的空气，当量筒中水面下降速度变慢时用双手轻压渗水仪使渗水仪底部的气泡全部排出。关闭开关，并再次向量筒中注满水。

（5）将开关打开，待水面下降至 100mL 刻度时，立即开动秒表开始计时，每间隔 60s，读记仪器管的刻度一次，至水面下降至 500mL 时为止。测试过程中，如水从底座与密封材料间渗出，说明底座与路面密封不好，应移至附近干燥路面处重新操作。当水面下降速度较慢，则测定 3min 的渗水量即可停止；如果水面下降速度较快，在不到 3min 的时间内达到了 500mL 刻度线，则记录到达 500mL 刻度线时的时间；若水面下降至一定程度后基本保持不动，说明基本不透水或根本不透水，在报告中注明。

(6) 按以上步骤在同一个检测路段选择 5 个测点测定渗水系数,取其平均值作为检测结果。

8.1.4 检测结果计算

计算时以水面从 100mL 下降至 500mL 所需的时间为标准,若渗水时间过长,也可以采用 3min 通过的水量计算。

$$C_w = \frac{V_2 - V_1}{t_2 - t_1} \times 60 \tag{8.1.1}$$

式中 C_w——路面渗水系数,mL/min;

V_1——第一次计时时的水量,mL,通常为 100mL;

V_2——第二次计时时的水量,mL,通常为 500mL;

t_1——第一次计时的时间,s;

t_2——第二次计时的时间,s。

8.1.5 注意事项

(1) 采用防水腻子作为密封材料时,要用新鲜的腻子,存放时要注意密封,时间较长或比较干燥的腻子不能再使用。

(2) 对渗水较快,水面从 100mL 降至 500mL 的时间不长时,中间也可不读数,如果渗水太慢,则从水面降至 100mL 时开始,测记 3min 即可中止试验,若水面基本不动,说明路面不透水,则在报告中注明即可。

8.1.6 报告

现场检测,每一个检测路段应测定 5 个测点,计算其平均值作为检测结果。若路面不透水,在报告中注明渗水系数为 0。

【案例 8.1.1】

某高速公路沥青路面渗水系数记录表见表 8.1.1。

表 8.1.1　　　　　　　　　沥青路面渗水系数记录表

检验单位:××检测中心　　　　　任务编号:

项目名称	××高速公路××段竣工验收	合同号	××
施工单位	××路桥公司	监理单位	××监理公司
检测依据	JTG E60—2008	检测环境	温度:18 ℃
检测时间	2014 年 11 月 8 日	主要仪器编号	GL12345678-01
检测		校验	

检测范围	测点桩号位置	水面从 V_1 (100mL) 下降至 V_2 (500mL) 所需时间/s			从水面下降 V_1 (100mL) 开始,3min 的渗水量 V_2 (mL)	单点渗水系数 C_w /(mL/min)	测点渗水系数平均值 /(mL/min)
		t_1	t_2	t_2-t_1			
K10+000~K09+000 右幅行车道	K09+900 距中 5.0m	0	92	92		261	283
	K09+902 距中 5.0m	0	70	70		343	
	K09+904 距中 5.0m	0	84	84		286	
	K09+906 距中 5.0m	0	96	96		250	
	K09+908 距中 5.0m	0	87	87		270	

续表

检测范围	测点桩号位置	水面从 V_1 (100mL) 下降至 V_2 (500mL) 所需时间/s			从水面下降 V_1 (100mL) 开始，3min 的渗水量 V_2/mL	单点渗水系数 C_w /(mL/min)	测点渗水系数平均值 /(mL/min)
		t_1	t_2	t_2-t_1			
K10+000～K09+000 左幅行车道	K09+900 距中 5.0m				320	107	119
	K09+902 距中 5.0m				370	123	
	K09+904 距中 5.0m				346	115	
	K09+906 距中 5.0m				358	119	
	K09+908 距中 5.0m				384	128	

【情境描述】

学习任务 8.2　沥青路面车辙测试方法

近年来，随着国内高速公路的大量通车运行，沥青路面的车辙现象日益严重，交通部 2004 年 3 号令《公路工程竣（交）工验收办法》和 JTG H20—2007《公路技术状况评定标准》均以把车辙作为单独评定的技术指标。

8.2.1　仪具与材料

（1）路面横断面仪。如图 8.2.1 所示。其长度不小于一个车道宽度，横梁上有一位移传感器，可自动记录横断面形状，测试间距小于 20cm，测试精度 1mm。

（2）激光或超声波车辙仪。包括多点激光或超声波车辙仪、线激光车辙仪和线扫描激光车辙仪等类型，通过激光测距技术或激光成像和数字图像分析技术得到车道横断面相对高程数据，并按规定模式计算车辙深度。

要求激光或超声波车辙仪有效测试宽度不小于 3.2m，测点不少于 13 点，测试精度 1mm。

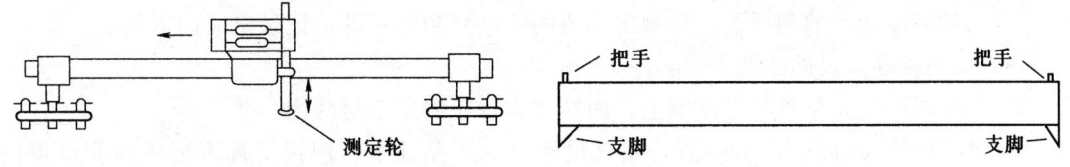

图 8.2.1　路面横断面仪　　　　图 8.2.2　路面横断面尺

（3）横断面尺。如图 8.2.2 所示。横断面尺为硬木或金属制直尺，刻度间距 5cm，长度不小于一个车道宽度。顶面平直，最大弯曲不超过 1mm。两端有把手及高度为 10～20cm 的支脚，两支脚的高度相同。

（4）量尺。钢板尺、卡尺、塞尺，量程大于车辙深度，刻度至 1mm。

（5）其他。皮尺、粉笔等。

8.2.2　方法与步骤

1. 确定车辙测定的基准测量宽度

（1）对高速公路及一级公路，以发生车辙的一个车道两侧标线宽度中点到中点的距离为基准测量宽度。

（2）对二级及二级以下公路，有车道区画线时，以发生车辙的一个车道两侧标线宽度中点到中点的距离为基准测量宽度；无车道区画线时，以形成车辙部位的一个设计车道宽度作为基准测量宽度。

2. 确定车辙测定的间距

以一个评定路段为单位，用激光车辙仪连续检测时，测定断面间隔不大于10m。用其他方法非连续测定时，在车道上每隔50m作为一测定断面，用粉笔画上标记进行测定。根据需要也可按JTG E60—2008《公路路基路面现场测试规程》中随机选点方法在行车道上随机选取测定断面，在特殊需要的路段如交叉口前后可予以加密。

3. 各种仪器的测定方法

（1）采用激光或超声波车辙仪的测试步骤如下：

1）将检测车辆就位于测定区间起点前。

2）启动并设定检测系统参数。

3）启动车辙和距离测试装置，开动测试车沿车道轮迹位置且平行于车道线平稳行驶，测试系统自动记录出每个断面和距离数据。

4）到达测定区间终点后，结束测定。

5）系统处理软件按照图规定的模式通过各横断面相对高程数据计算车辙深度。

传感器数量较多的设备能够采集到全部计算控制点的高程，因此车辆在车道上的行驶位置对测试结果的影响不大；但传感器数量少的设备，必须保证车辆严格在行车轨迹上行驶，否则将导致传感器与车辙计算控制点错位，采集不到控制点高程数据，进而计算出错误的车辙深度。

（2）采用路面横断面仪的测试步骤如下：

1）将路面横断面仪就位于测定断面上，方向与道路中心线垂直，两端支脚立于测定车道的两侧边缘，记录断面桩号。

2）调整两端支脚高度，使其等高。

3）移动横断面仪的测量器，从测定车道的一端移到另一端，记录出断面形状。

（3）采用横断面尺的测试步骤：

1）将横断面尺就位于测定断面上，两端支脚置于测定车道两侧。

2）沿横断面尺每隔20cm一点，用量尺垂直立于路面上，用目平视测记横断面尺顶面与路面之间的距离，准确至1mm。如断面的最高处或最低处明显不在测定点上应加测该点距离。

3）记录测定读数，绘出断面图，最后连接成圆滑的横断面曲线。

4）横断面尺也可用线绳代替。

5）当不需要测定横断面，仅需要测定最大车辙时，亦可用不带支脚的横断面尺架在路面上由目测确定最大车辙位置用尺量取。

8.2.3 检测结果计算

测定结果计算整理：

（1）根据断面线按图8.2.3的方法画出横断面图及顶面基准线。通常为其中一种形式。

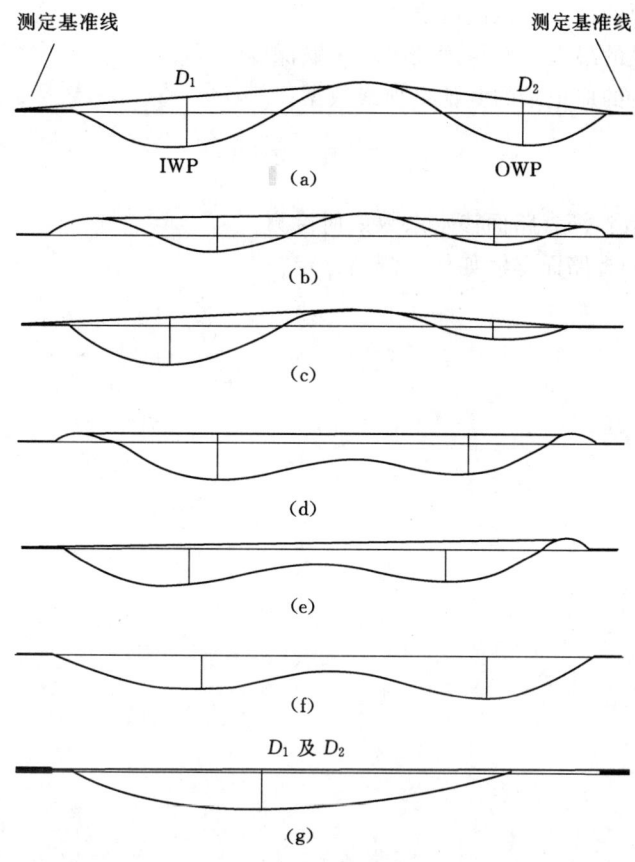

图 8.2.3 不同形状、不同程度的路面车辙示意图
IWP、OWP 表示内侧轮迹带及外侧轮迹带

(2) 在图上确定车辙深度 D_1 及 D_2,读至 1mm。以其中最大值作为断面的最大车辙深度。

(3) 求取各测定断面最大车辙深度的平均值作为该评定路段的平均车辙深度。

(4) 由于造成车辙的原因不同(沥青混合料推挤流动、压密、路基压实、沉降)以及车轮横向分布的不同,车辙形状是不同的。断面图概括了不同形状及不同程度的车辙。

世界各国采用的车辙深度计算方法有所不同。例如,美国以两条车辙中部最高点与车辙最低点的两个高差的平均值作为测试断面的车辙深度,这种模式只要测横断面上 3 点的高程即可;而我国将车辙分为 7 种形式,先通过控制点画出基准线,再以车辙最低点到基准线的距离作为车辙深度,并且只取同一断面上的最大深度作为测试结果。

8.2.4 检测报告

测试报告应记录下列事项:
(1) 采用的测定方法。
(2) 路段描述,包括里程桩号、路面结构及横断面、使用年限、交通情况等。
(3) 各测定断面的横断面图。

(4) 各测定断面的最大车辙深度表。

(5) 各评定路段的最大车辙深度及平均车辙深度。

(6) 根据测定目的应记录的其他事项或数据。

复 习 思 考 题

1. 何谓渗水系数？沥青路面渗水系数如何检测？
2. 何谓车辙？沥青路面车辙如何检测及评定？

学习项目9 地基承载力检测

【项目描述】

以合肥市某新建道路桥梁地基承载力检测为项目载体,介绍平板载荷试验、圆锥动力触探试验、标准贯入试验三种分别如何确定地基承载力,同时对平板载荷试验、轻型触探进行施工现场检测的实训,评定地基的承载力。

【学习目标】

学生通过本学习项目的学习,掌握平板载荷试验、圆锥动力触探试验、标准贯入试验的适用范围、检测仪具、试验步骤、结果分析与处理;掌握地基承载力不同试验的确定方法。

【情境描述】

学习任务9.1 概 述

地基直接承受上部结构物传来的荷载,地基的过大沉降或不均匀沉降往往是造成结构物破坏的主要因素。因此,在桥梁工程设计或施工过程中往往需要准确测定地基的承载力。地基承载力是指地基所能承受荷载的能力,可根据地质勘测、原位测试、野外载荷试验以及邻近建(构)筑物调查对比,由经验和理论公式计算综合分析确定。

确定地基承载力的方法有:

(1)原位试验法。这是一种通过现场直接试验确定承载力的方法。包括(静)载荷试验、静力触探试验、动力触探试验、标准贯入试验、旁压试验等,其中以(静)载荷试验法为最可靠的基本的原位测试法。

(2)理论公式法。这是根据土的抗剪强度指标计算的理论公式确定承载力的方法。

(3)规范表格法。这是根据室内试验指标、现场测试指标或野外鉴别指标,通过查规范所列表格得到承载力的方法。规范不同(包括不同部门、不同行业、不同地区的规范),其承载力不会完全相同,应用时需注意各自的使用条件。

(4)当地经验法。这是一种基于地区的使用经验,进行类比判断确定承载力的方法,它是一种宏观辅助方法。

本任务主要介绍几种现场直接测试确定承载力的原位测试法。

【情境描述】

学习任务9.2 平 板 载 荷 试 验

载荷试验是确定地基承载力最主要的方法,是在保持地基土的天然状态下,在一定面积的刚性承压板上向地基土逐级施加荷载,并观测每级荷载下地基土的变形,是测定地基土的压力与变形特性的一种原位测试方法,相当于在工程原位进行的缩尺原型试验,即模拟建筑物地基土的受荷条件下，测试反映承压板下1.5～2.0倍承压板直径或宽度范围内，地基土强度、变形的综合性状，比较直观地反映地基土的变形特性。具有直观和可靠性高的特点，在原位测试中占有重要地位，往往成为其他方法的检验标准。载荷试验的局限性在于费用较高、周期较长和压板的尺寸效应。

载荷试验按试验深度分为浅层载荷试验和深层载荷试验，按承压板形状分为平板载荷试验和螺旋板载荷试验，按载荷性质分为静力载荷试验和动力载荷试验。浅层平板载荷试验适用于地表浅层地基土（包括各种填土和碎石土）。深层平板载荷试验适用于深层地基土和大直径桩的桩端土。螺旋板载荷试验适用于深层地基土或地下水位以下的地基土。深层平板载荷试验的试验深度不应小于5m。

9.2.1 浅层平板载荷试验

1. 试验原理

浅层平板静力载荷测试（PLT），简称载荷测试，适用于确定浅部地基土层（深度小于3m）承压板下压力主要影响范围内的承载力和变形模量。在试验土层表面放置一定规格的方形或圆形刚性承压板，在其上逐级施加荷载，每级荷载增量持续时间按规范规定进行观测，测记每级荷载作用下荷载板沉降量的稳定值，加载至总沉降量为25mm，或达到加载设备的最大容量为止；然后卸载，其持续时间应不小于一级荷载增量的持续时间，并记录土的回弹值。根据试验记录绘制荷载-沉降（p-s）关系曲线，如图9.2.1所示。然后分析地基土的强度与变形特性，求得地基土容许承载力与变形模量等力学参数。

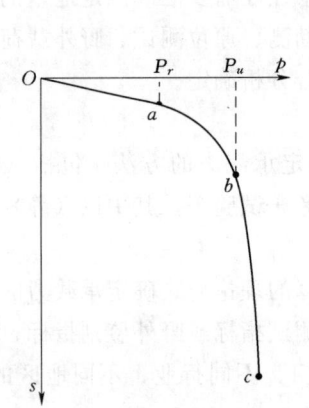

图9.2.1 荷载与沉降量的关系曲线　　图9.2.2 地基破坏过程的三个阶段

地基在荷载作用下达到破坏状态的过程，可分为三个阶段，如图9.2.2所示。

(1) 直线变形阶段。相当于p-s曲线上的Oa直线段，这时土中各点的剪应力均小于土的抗剪强度，土体压力与变形呈线性关系，土体处于弹性平衡状态。该阶段荷载板沉降主要是由土中孔隙的减少引起，土颗粒主要是竖向变位，且随时间增长将土体压密，所以也称压密阶段。与a点相应的荷载P_r为比例界限。

(2) 剪切阶段。相当于p-s曲线上的ab段，这时p-s曲线的土体荷载与变形不再呈线性关系，其沉降的增长率随荷载的增大而增大。除土体压密外，在承压板边缘局部的土体剪应力达到或超过土的抗剪强度，土体开始发生塑性变形。土的变形是由于土中空隙压缩和土颗粒的剪切移动引起的，土颗粒同时发生竖向和侧向变位，且随时间不易稳定，故称为局部剪切变形阶段。随着荷载的继续增大，土体中的塑性区范围也逐步扩大，直到土体中形成连续的滑动面，土在荷载板两侧挤出而破坏。因此，剪切阶段是地基中塑性区的发生和发展阶段，与在 p-s 曲线上 b 点相应的荷载 P_u 为极限荷载。

（3）破坏阶段。相当于 p-s 曲线上的 bc 段。当荷载超过极限荷载后，即使荷载不再增加，沉降也不能稳定，荷载板急剧下沉，土中产生连续的滑动面，土从承压板下挤出，土体隆起呈环状或放射状裂隙，故称为破坏阶段。这时土体的变形主要由土的剪切变位引起，土体的侧向移动使地基土失稳而破坏。

2. 仪器与材料

载荷试验装置由承压板、加荷稳压系统、反力锚定系统、观测系统四部分组成。

以半自动稳压油压荷载试验设备为例。该设备适用于承压板面积不小于 $0.25m^2$，对于软土地基不小于 $0.50m^2$。利用高压油泵，通过稳压器及反力锚定装置，将压力稳定地传递到承压板。

（1）承压板。JTG D63—2007《公路桥涵地基与基础设计规范》规定承压板面积不应小于 $0.25m^2$，对于软土地基不应小于 $0.5m^2$。

（2）加荷稳压系统。由加荷千斤顶、立柱、稳压器和支撑稳压器的三脚架组成。加荷千斤顶、稳压器、储油箱和高压油泵分别用高压油管连接，构成一个油路系统。

（3）反力锚定系统。包括桁架和反力锚定两部分，桁架由中心柱套管、深度调节丝杆、斜撑管、主钢丝绳、三向接头等组成。

（4）观测系统。用百分表或电子位移计等其他观测装置进行观测。

3. 方法与步骤

（1）设备安装。

1) 开挖试坑。当场地尚未开挖基坑时，需在研究的土层上挖试坑，坑底标高与基底设计标高相同。试验基坑宽度不应小于承压板宽度 b 或直径 d 的 3 倍，试验土层应保持原状结构和天然湿度。试坑开挖时，在试验点位置周围预留一定厚度的土层，在安装承压板前再清理至试验高程。承压板与土层接触处，宜用厚度不超过 20mm 的粗砂或中砂找平。

2) 设备安装。依次安放承压板，放置加荷装置（如千斤顶）及测力系统于承压板上，安装反力锚定系统，安装观测系统。注意应确保荷载板与地基表面接触良好且反力锚定系统和加荷稳压系统的共同作用力与承压板中心在一条垂线上。仪器设备安装如图 9.2.3 所示。根据现场情况，也可采用地锚代替荷重的方式，也可二者兼用。

（2）测试步骤。

1) 荷载分级。试验加荷分级不应少于 8 级，第一级荷载包括设备重力。每级荷载增量为地基土层预估极限承载力的 $1/10 \sim 1/8$。最大加载量不应小于设计要求的 2 倍。

2) 加载。按确定好的荷载分级逐级加载，试验精度不应低于最大荷载的 1%，承压板的沉降精度不应低于 0.01mm。

3) 测读沉降量，确定每级荷载稳定标准。每级加载后，按间隔 10min、10min、10min、15min、15min，以后为每隔 30min 测读一次沉降量。当在连续两小时内，每小时的沉降量小于 0.1mm 时，则认为已趋稳定，可加下一级荷载。

4) 根据现场条件，确定是否终止加载。当现场出现下列情况之一时，即可终止加载：

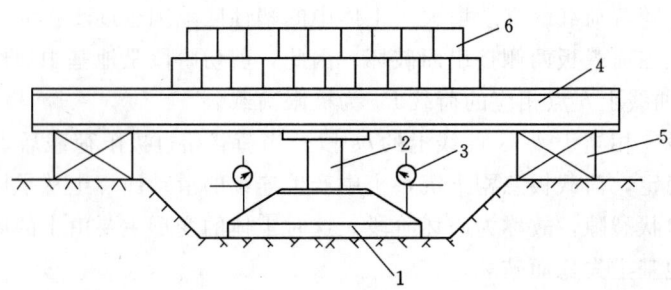

图 9.2.3　现场载荷试验
1—荷载板；2—千斤顶；3—百分表；4—反力架；5—枕木垛；6—荷重

　　a. 承压板周围的土出现明显侧向挤出。
　　b. 沉降 s 急骤增大，荷载-沉降（p-s）曲线出现陡降段。
　　c. 在某一级荷载下，24h 内沉降速率不能达到稳定。
　　d. 沉降量与承压板宽度或直径之比不小于 0.06。
　　当满足前三种情况之一时，其对应的前一级荷载定为极限荷载。
　　5）卸载及回弹观测。分级卸载，分级卸荷量为分级加荷量的 2 倍，15min 观测一次，1h 后再卸下一级荷载。荷载完全卸除后，应继续观测 3h。
　　6）试验完成后，试验点附近应有取土孔提供土工试验指标或其他原位测试资料。试验后，应在承压板中心向下开挖取土试样，并描述 2 倍承压板直径（或宽度）范围内土层的结构变化。

5. 注意事项

　　（1）试验土层应保持在原有位置上，保持土的原状结构、天然湿度。试坑开挖时，在试验点位置周围预留一定厚度的土层，在安装承压板前再清理至试验高程。
　　（2）注意确保反力锚定系统、加荷装置和承压板的传力重心在一条垂直线上。
　　（3）用油压千斤顶加荷、卸荷虽然方便，但要注意设备是否变形、千斤顶是否漏油及荷载板是否下沉等，要防止千斤顶压力不稳定。注意随时调节，保持压力恒定。
　　（4）试验过程的各级荷载要始终确保稳压，百分表行程接近零值时应再加下一级荷载前调整，并随时注意平台上翘、锚桩拔起、撑板上爬、撑杆倾斜、坑壁变形等不安全因素，及时采取处置措施，必要时可终止试验。

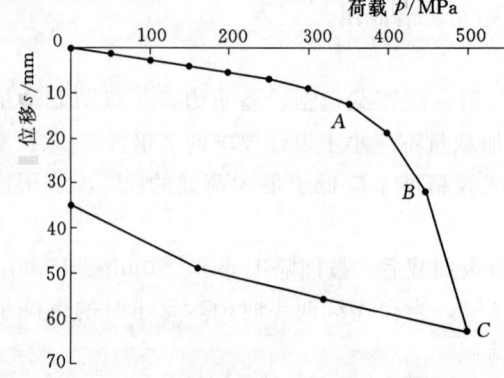

图 9.2.4　地基载荷试验荷载-位移曲线

6. 数据处理

　　（1）复核、整理原始数据，编制荷载与沉降值、时间与沉降值汇总表。
　　（2）确定地基承载力。
　　1）绘制 p-s 曲线，如图 9.2.4 所示，必要时绘制 s-t 曲线。若绘出的 p-s 曲线的直线段不通过坐标原点，可按直线段的趋势确定曲线的起始点，以便对 p-s 曲线进行修正。
　　2）确定曲线特征值，当 p-s 曲线具有明显的直线段及转折点时，一般将转折点所对应的压力定为比例界限值，将曲线陡降段的渐近线和横坐标的交点定为极限荷载值。

3) 承载力基本容许值的确定应符合下列规定：

a. 当 p-s 曲线上有比例界限值时，取该比例界限值所对应的荷载值。

b. 当极限荷载小于对应比例界限的荷载值的 2 倍时，取极限荷载值的一半。

c. 当不能按上述两款要求确定时，当压板面积为 $0.25 \sim 0.50 m^2$ 时，可取 S/b（或 S/d）= $0.01 \sim 0.015$ 所对应的荷载，但其值不应大于最大加载量的一半。

4) 同一土层参加统计的试验点不应少于三点。当试验实测值的极差不超过其平均值的 30% 时，取此平均值作为该土层的地基承载力基本容许值 $[f_{a0}]$。

9.2.2 深层平板载荷试验

(1) 深层平板载荷试验可用于确定深部地基及大直径桩桩端在承压板压力主要影响范围内土层的承载力。适用于埋深等于或大于 3.0m 和地下水位以上的地基土。承压板采用直径为 0.8m 的刚性板，紧靠承压板周围外侧的土层高度不应小于 0.8m。

(2) 加荷等级可按预估极限承载力的 1/15～1/10 分级施加。每级加荷后，第一个小时内按间隔 10min、10min、10min、15min、15min，以后为每隔 30min 测读一次沉降。当在连续两小时内，每小时的沉降量小于 0.1mm 时，则认为已趋稳定，可加下一级荷载。

(3) 当现场出现下列情况之一时，即可终止加载：

1) 沉降急骤增大，荷载-沉降（p-s）曲线上有可判定极限承载力的陡降段，且沉降量超过 $0.04d$（d 为承压板直径）。

2) 在某级荷载下，24h 内沉降速率不能达到稳定。

3) 本级沉降量大于前一级沉降量的 5 倍。

4) 当持力层土层坚硬，沉降量很小时，最大加载量不小于设计要求的 2 倍。

(4) 承载力基本容许值的确定应符合下列规定：

1) 当 p-s 曲线上有比例界限时，取该比例界限所对应的荷载值。

2) 满足上述前三款终止加载条件之一时，其对应的前一级荷载定为极限荷载；当该值小于对应比例界限的荷载值的 2 倍时，取极限荷载值的 1/2。

3) 不能按上述两款要求确定时，可取 $s/b = 0.01 \sim 0.015$ 所对应的荷载，但其值应不大于最大加载量的 1/2。

(5) 同一土层参加统计的试验点不应少于三点。当试验实测值的极差不超过其平均值的 30% 时，取此平均值作为该土层的地基承载力基本容许值 $[f_{a0}]$。

【情境描述】

学习任务 9.3 圆锥动力触探试验

动力触探是利用一定质量的落锤，以一定高度的自由落距将标准规格的圆锥形探头打入土层中，根据探头贯入的难易程度（可用贯入度、锤击数或探头单位面积动贯入阻力来表示）判定土层性质。这是公路桥涵工程勘察中的原位测试方法之一。动力触探具有设备简单，坚固耐用；操作及测试方法容易；适用性广；快速、经济，能连续测试土层；有些动力触探，可同时取样，观察描述；经验丰富，使用广泛等特点。

根据锤击能量，圆锥动力触探的类型可分为轻型、重型和超重型三种。GB 50021—2009《岩土工程勘察规范》中其规格应符合见表9.3.1。

表9.3.1　　　　　　　　　圆锥动力触探类型

类 型		轻 型	重 型	超重型
落锤	锤的质量/kg	10	63.5	120
	落距/cm	50	76	100
探头	直径/mm	40	74	74
	锥角/°	60	60	60
探杆直径/mm		25	42	50～60
指标		贯入30cm的读数N_{10}	贯入10cm的读数$N_{63.5}$	贯入10cm的读数N_{120}

9.3.1　适用范围

轻型圆锥动力触探试验一般用于贯入深度小于4m的黏性土、黏性土组成的素填土和粉土。可用于施工验槽、地基检验和地基处理效果的检测。

重型圆锥动力触探试验一般适用于砂土、中密以下的碎石土和极软岩。

超重型圆锥动力触探试验一般适用于较密实的碎石土、极软岩和软岩。

9.3.2　试验设备

圆锥动力触探试验设备主要由圆锥触探头、触探杆、穿心锤三部分组成，如图9.3.1和图9.3.2所示。

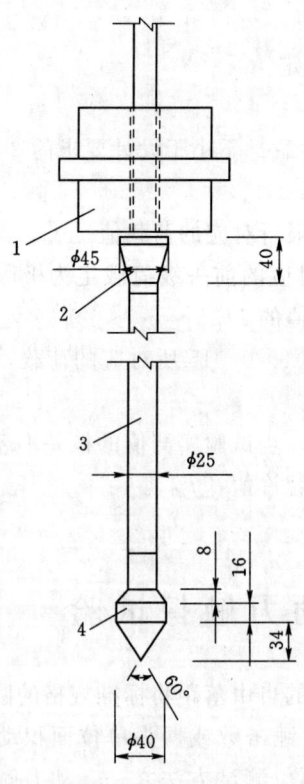
图9.3.1　轻型圆锥动力触探
试验设备（单位：mm）

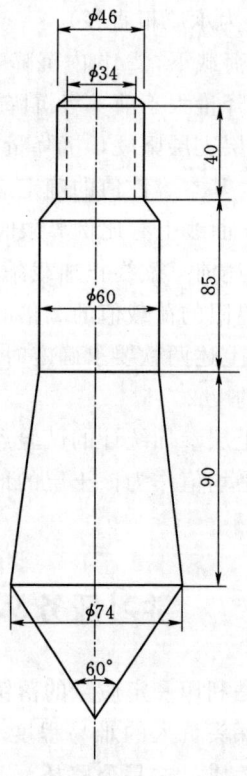
图9.3.2　重型、超重型圆锥动力触探
试验探头（单位：mm）

9.3.3 方法与步骤

1. 试验设备安装

试验前和试验过程中,应认真检查机具设备是否完好。安装过程中各部件连接紧固,触探架安装平稳,保持触探孔垂直。

2. 轻型动力触探测试步骤

(1) 先用轻便钻具钻至试验土层标高以上 0.3m 处,然后对土层进行连续触探。

(2) 试验时,穿心锤落距为 (0.50±0.02)m,记录每打入 0.30m 所需的锤击数。

(3) 如想取样,则需把触探杆拔出,换钻头进行取样。

(4) 遇坚硬土层,当贯入 0.30m 锤击数大于 100 击或贯入 0.15m 大于 50 击时,即可停止试验。如需对下卧土层进行试验,可用钻具穿透坚实土层后再贯入。

(5) 本试验一般用于贯入深度小于 4m 的土层,必要时也可在贯入 4m 后,用钻具清孔后继续贯入 2m。

3. 重型、超重型动力触探测试步骤

(1) 试验前将触探架安装平稳,使触探保持垂直地进行。垂直度的最大偏差不得超过 2%。

(2) 贯入时应使穿心锤自由落下。地面上的触探杆的高度不宜过高,以免倾斜与摆动太大。

(3) 锤击速率宜为每分钟 15~30 击,打入过程应尽可能连续,所有超过 5min 的间断都应在记录中予以注明。

(4) 及时记录每贯入 0.10m 所需的锤击数。

(5) 对于一般砂、圆砾和卵石,触探深度不宜超过 12~15m,超过该深度时,需考虑触探杆的侧壁摩阻的影响。

(6) 每贯入 0.1m 所需锤击数连续三次超过 50 击时,应停止试验。

9.3.4 注意事项

(1) 采用自动落锤装置。

(2) 触探杆最大偏斜度不应超过 2%,锤击贯入应连续进行,同时防止锤击偏心、探杆倾斜和侧向晃动,保持探杆垂直度;锤击速率宜为 15~30 击/min。

(3) 每贯入 1m,宜将探杆转动一圈半;当贯入深度超过 10m 时,每贯入 20cm 宜转动探杆一次。

(4) 对轻型动力触探,当 $N'_{10}>100$ 或贯入 15cm 的锤击数超过 50 击时,可停止试验;对重型动力触探,当连续三次 $N'_{63.5}>50$ 时,可停止试验或改用超重型动力触探。

9.3.5 试验成果整理

1. 触探指标

(1) 实测触探锤击数。各种类型的圆锥动力触探试验是以贯入一定深度的锤击数(如 N'_{10}、$N'_{63.5}$、N'_{120})作为触探指标,通过与其他室内试验和原位测试指标建立相关关系获得地基土的物理力学性质指标,从而评价地基土的性质。

(2) 修正后的触探杆锤击数。

1) 探杆长度的修正。当采用重型和超重型圆锥动力触探试验确定碎石土的密实度时,锤击数应按式(9.3.1)和式(9.3.2)进行修正。

$$N_{63.5} = \alpha_1 N'_{63.5} \tag{9.3.1}$$

$$N_{120} = \alpha_2 N'_{120} \tag{9.3.2}$$

式中 $N_{63.5}$、N_{120}——修正后的重型和超重型圆锥动力触探试验的锤击数；

α_1、α_2——重型和超重型圆锥动力触探试验锤击数的修正系数，按表9.3.2和表9.3.3取值；

$N'_{63.5}$、N'_{120}——实测重型和超重型圆锥动力触探锤击数。

表 9.3.2　　　　　　　　　重型圆锥动力触探锤击数修正系数 α_1

杆长/m \ $N'_{63.5}$	5	10	15	20	25	30	35	40	≥50
2	1.00	1.00	1.00	1.00	1.00	1.00	1.00	1.00	—
4	0.96	0.95	0.93	0.92	0.90	0.89	0.87	0.86	0.84
6	0.93	0.90	0.88	0.85	0.83	0.81	0.79	0.78	0.75
8	0.90	0.86	0.83	0.80	0.77	0.75	0.73	0.71	0.67
10	0.88	0.83	0.79	0.75	0.72	0.69	0.67	0.64	0.61
12	0.85	0.79	0.75	0.70	0.67	0.64	0.61	0.59	0.55
14	0.82	0.76	0.71	0.66	0.62	0.58	0.56	0.53	0.50
16	0.79	0.73	0.67	0.62	0.57	0.54	0.51	0.48	0.45
18	0.77	0.70	0.63	0.57	0.53	0.49	0.46	0.43	0.40
20	0.75	0.67	0.59	0.53	0.48	0.44	0.41	0.39	0.36

表 9.3.3　　　　　　　　　超重型圆锥动力触探锤击数修正系数 α_2

杆长/m \ N'_{120}	1	3	5	7	9	10	15	20	25	30	35	40
1	1.00	1.00	1.00	1.00	1.00	1.00	1.00	1.00	1.00	1.00	1.00	1.00
2	0.96	0.92	0.91	0.90	0.90	0.90	0.90	0.89	0.89	0.88	0.88	0.88
3	0.94	0.88	0.86	0.85	0.84	0.84	0.84	0.83	0.82	0.82	0.81	0.81
5	0.92	0.82	0.79	0.78	0.77	0.77	0.76	0.75	0.74	0.73	0.72	0.72
7	0.90	0.78	0.75	0.74	0.73	0.72	0.71	0.70	0.68	0.68	0.67	0.66
9	0.88	0.75	0.72	0.70	0.69	0.68	0.67	0.66	0.64	0.63	0.62	0.62
11	0.87	0.73	0.69	0.67	0.66	0.66	0.64	0.62	0.61	0.60	0.59	0.58
13	0.86	0.71	0.67	0.65	0.64	0.63	0.61	0.60	0.58	0.57	0.56	0.55
15	0.86	0.69	0.65	0.63	0.62	0.61	0.59	0.58	0.56	0.55	0.54	0.53
17	0.85	0.68	0.63	0.61	0.60	0.60	0.57	0.56	0.54	0.53	0.52	0.50
19	0.84	0.66	0.62	0.60	0.58	0.58	0.56	0.54	0.52	0.51	0.50	0.48

2) 侧壁摩擦影响的修正。对于砂土和松散-中密的圆砾、卵石,触探深度在1～15m范围内时,一般不考虑侧壁摩擦的影响。

3) 地下水影响的修正。对于地下水位以下的中砂、粗砂、砾砂和圆砾、卵石,锤击数可按式(9.3.3)修正。

$$N_{63.5} = 1.1 N'_{63.5} + 1.0 \tag{9.3.3}$$

式中 $N'_{63.5}$——修正前的锤击数。

2. 绘制触探曲线

对于圆锥动力触探试验所获得的锤击数值,在剖面图上或柱状图上绘制随深度变化的关系曲线。

9.3.6 评价地基承载力

黏性土地基的承载力,当贯入深度小于4m时,可根据$\overline{N}_{10}$按表9.3.4确定。

表9.3.4　　　　　　　　　　黏性土地基承载力值

$\overline{N}_{10}$/(击/30cm)	15	20	25	30
黏性土地基承载力/kPa	100	140	180	220

冲积、洪积成因的中砂、砾砂和碎石类土地基的承载力,当贯入深度小于20m时,可根据$\overline{N}_{63.5}$按表9.3.5确定。

表9.3.5　　　　　　　　中砂、砾砂、碎石土地基承载力值

$\overline{N}_{63.5}$/(击/10cm)	3	4	5	6	7	8	9	10	12	14
碎石土地基承载力/kPa	140	170	200	240	280	320	360	400	480	540
中砂、砾砂地基承载力/kPa	120	150	180	220	260	300	340	380	—	—
$\overline{N}_{63.5}$/(击/10cm)	16	18	20	22	24	26	28	30	35	40
碎石土地基承载力/kPa	600	660	720	780	830	870	900	930	970	1000

【情境描述】

学习任务9.4　标准贯入试验

标准贯入试验是国内外广泛应用的一种现场原位测试手段。它是采用质量为63.5kg的穿心锤,以76cm的自由落距,将一定规格尺寸的标准贯入器在孔底预打入土中15cm,然后开始记录锤击数,将标准贯入器再打入土中30cm,用此30cm的锤击数作为标准贯入试验的指标。标准贯入试验锤击数N值,可对砂土、粉土、黏性土的物理状态,土的强度、变形参数、地基承载力、单桩承载力,砂土和粉土的液化,成桩的可能性等做出评价。

9.4.1　适用范围

标准贯入试验适用于砂土、粉土和一般黏性土,不适用于软塑-流塑的软土。

9.4.2　试验设备

标准贯入试验设备主要由标准贯入器、触探杆、穿心锤三部分组成,如图9.4.1所示,设备应符合表9.4.1的规定。

9.4.3 方法与步骤

水电部土工试验规程规定，其测试程序和相关要求如下：

(1) 用钻具钻至试验土层标高以上 0.15m 处，清除残土。清孔时，应避免试验土层受到扰动。当在地下水位以下的土层中进行试验时，应使孔内水位保持高于地下水位，以免出现涌砂和塌孔，必要时，应下套管或用泥浆护壁。

(2) 贯入前应拧紧钻杆接头，将贯入器放入孔内，避免冲击孔底，注意保持贯入器、钻杆、导向杆连接后的垂直度。孔口宜加导向器，以保证穿心锤中心施力。贯入器放入孔内后，应测定贯入器所在深度，要求残土厚度不大于 0.1m。

(3) 将贯入器以每分钟击打 15～30 次的频率，先打入土中 0.15m，不计锤击数；然后开始记录每打入 0.10m 及累计 0.30m 的锤击数 N，并记录贯入深度与试验情况。若遇密实土层，锤击数超过 50 击时，不应强行打入，并记录 50 击的贯入深度。

(4) 旋转钻杆，然后提出贯入器，取贯入器中的土样进行鉴别、描述记录，并测量其长度。将需要保存的土样仔细包装、编号，以备试验之用。

(5) 重复 (1)～(4) 步骤，进行下一深度的标准贯入测试，直至所需深度。一般每隔 1m 进行一次标准贯入试验。

9.4.4 注意事项

(1) 标准贯入试验不宜在含有碎石的土层中进行，以免损坏标准贯入器的管靴刃口。

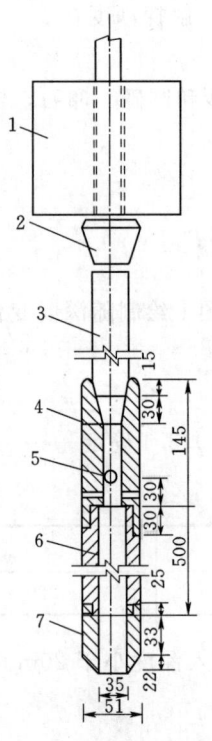

图 9.4.1　标准贯入试验设备
（单位：mm）
1—穿心锤；2—锤垫；3—钻杆；
4—贯入器头；5—出水孔；6—由两半圆形管并合而成的贯入器身；
7—贯入器靴

表 9.4.1　　　　标准贯入试验设备规格

		锤的质量/kg	63.5
落　　锤		落距/cm	76
贯入器	对开管	长度/mm	>500
		外径/mm	51
		内径/mm	35
	管　靴	长度/mm	50～76
		刃口角度/(°)	18～20
		刃口单刃厚度/mm	2.5
钻杆		直径/mm	42
		相对弯曲	<1/1000

(2) 须保持孔内水位高出地下水位一定高度，以免塌孔；保持孔底土处于平衡状态，不使孔底发生涌砂变松，影响 N 值。

(3) 下套管不要超过试验标高。

(4) 须缓慢地下放钻具，避免孔底土的扰动。

(5) 细心清除孔底浮土,孔底浮土应尽量少,其厚度不得大于 10cm。

(6) 如钻进中需取样,则不应在锤击法取样后立刻做标准贯入试验,而应继续钻进一定深度(可根据土层软硬程度而定)后再做标准贯入试验,以免人为增大 N 值。

(7) 钻孔直径不宜过大,以免加大锤击时探杆的晃动。钻孔直径过大时,可减少 N 50%,建议钻孔直径上限为 100mm,以免影响 N 值。

(8) 每贯入 0.45m 必须提钻一次,然后换上钻头进行回转钻进至下一试验深度,重新开始试验。

(9) 若遇比较密实的土层,贯入深度不足 30cm 的锤击数已达 50 击时,应终止试验,并记录实际贯入深度 ΔS,按式(9.4.1)换算成相当于 30cm 的标准贯入试验锤击数 N:

$$N = 30 \times \frac{50}{\Delta S} \qquad (9.4.1)$$

式中 N——换算成贯入 30cm 的锤击数;

ΔS——50 击时的贯入度,cm。

9.4.5 试验成果整理

(1) 标准贯入试验数据整理时,应包括钻孔孔径、钻进方式、护孔方式、落锤方式、地下水位及孔内水位(或泥浆高程)、初始贯入度、预打击数、试验标准贯入击数、记录深度、贯入器所取扰动土样的鉴别描述等。

(2) 由于钻杆的弹性压缩会引起能量损耗,钻杆过长时传入贯入器的动能降低,因而减少每击的贯入深度,亦即提高了锤击数,所以需要根据杆长按式(9.4.2)对锤击数进行修正。

$$N = \alpha N' \qquad (9.4.2)$$

式中 N'——实际记录的锤击数;

α——修正系数,按钻杆长度由表 9.4.2 确定;

N——修正后的锤击数。

表 9.4.2 标准贯入试验钻杆长度修正系数

钻杆长度/mm	3	6	9	12	15	18	21
α	1.00	0.92	0.86	0.81	0.77	0.73	0.70

(3) 绘制标准贯入试验锤击数 N 与深度 H 的关系曲线,或在地质剖面图上,标出试验深度处的 N 值。

(4) 结合钻探及其他原位试验,依据 N 值在深度上的变化,对各土层的 N 值进行统计,统计时要剔除个别异常值。

9.4.6 试验成果应用

(1) 如表 9.4.3 所示,根据 N 估计砂土的密实度。

表 9.4.3 砂土的密实度

标准贯入试验锤击数 N	密实度	标准贯入试验锤击数 N	密实度
N≤10	松散	15<N≤30	中密
10<N≤15	稍密	N>30	密实

（2）根据标准贯入试验锤击数 N 估计天然地基的容许承载力 $[\sigma_0]$，见表 9.4.4 和表 9.4.5。

根据标准贯入试验确定承载力时应按式（9.4.3）修正锤击数。

$$N=\overline{N}-1.645\sigma \tag{9.4.3}$$

表 9.4.4　　　　　　　　　砂土地基容许承载力 $[\sigma_0]$

土　类	N			
	10	15	30	50
中、粗砂地基容许承载力/kPa	180	250	340	500
粉、细砂地基容许承载力/kPa	140	180	250	340

表 9.4.5　　　　　　　一般黏性土和老黏性土的容许承载力 $[\sigma_0]$

N	3	5	7	9	11	13	15	17	19	21	23
$[\sigma_0]$/kPa	120	160	200	240	280	320	360	420	500	580	660

复习思考题

1. 收集最新的桥涵地基检测相关规程。
2. 简述地基的检验内容有哪些。
3. 简述如何用 JTG D63—2007《公路桥涵地基与基础设计规范》确定地基承载力。
4. 简述浅层平板荷载试验要点。
5. 简述动力触探有哪些类型，各适用于什么情况。
6. 简述动力触探的试验要点。

学习项目10 钻孔灌注桩检测

【项目描述】

以合肥市某新建道路钻孔灌注桩检测为项目载体,介绍钻孔灌注桩施工过程的检测,介绍钻孔灌注桩完整性检测以及承载力检测,同时进行施工现场的基桩低应变反射波法、超声波法的实训,并对基桩质量进行评定。

【学习目标】

学生通过本学习项目的学习,掌握低应变反射波法、超声波法、高应变法、钻取芯样法的适用范围、检测仪具、试验步骤、结果分析与处理;掌握单桩竖向抗压静载荷试验、单桩竖向抗拔静载荷试验。

【情境描述】

学习任务10.1 施工过程检测

桩基工程是隐蔽工程,影响桩基工程的因素非常多,所以桩的施工质量具有很多不确定因素。因此,加强基桩施工过程中的质量管理和施工后的质量检测,提升基桩检测工作的质量和提高检测评定结果的可靠性,对确保整个桩基工程的质量与安全有着重要的意义。

桩基工程的检验按时间顺序可分为三个阶段:施工前检验、施工检验和施工后检验。

施工前应严格对桩位进行检验。灌注桩施工前应进行下列检验:混凝土拌制应对原材料质量与计量、混凝土配合比、坍落度、混凝土强度等级等进行检查;钢筋笼制作应对钢筋规格、焊条规格、品种、焊口规格、焊缝长度、焊缝外观和质量、主筋和箍筋的制作偏差等进行检查,钢筋笼制作允许偏差应符合相关要求。

灌注桩施工过程中应进行下列检验:灌注混凝土前,应按照有关施工质量要求,对已成孔的中心位置、孔深、孔径、垂直度、孔底沉渣厚度进行检验;应对钢筋笼安放的实际位置等进行检查,并填写相应质量检测、检查记录;干作业条件下成孔后应对大直径桩桩端持力层进行检验。

施工后检验,根据不同桩型应检查成桩桩位偏差。工程桩应进行承载力和桩身质量检验。

10.1.1 钻孔灌注桩实测项目

1. **基本要求**

(1)桩身混凝土所用的水泥、砂、石、水、外掺剂及混合材料的质量和规格必须符合有关规范的要求,按规定的配合比施工。

(2)成孔后必须清孔,测量孔径、孔深、孔位和沉淀层厚度,确认满足设计或施工技术规范要求后,方可灌注水下混凝土。

(3) 水下混凝土应连续灌注,严禁有夹层和断桩。
(4) 嵌入承台的锚固钢筋长度不得低于设计规范规定的最小锚固长度。
(5) 应选择有代表性的桩用无破损法进行检测,重要工程或重要部位的桩宜逐根进行检测。设计有规定或对桩的质量有怀疑时,应采取钻取芯样法对桩进行检测。
(6) 凿除桩头预留混凝土后,桩顶应无残余的松散混凝土。

2. 实测项目

钻孔灌注桩实测项目见表 10.1.1。

表 10.1.1　　　　　　　　　钻孔灌注桩实测项目

项次	检查项目		规定值或允许偏差	检测方法和频率	权值
1△	混凝土强度/MPa		在合格标准内	按 JTG F80/1—2004《公路工程质量检验评定标准》附录 D 检查	3
2△	桩位/mm	群桩	100	全站仪或经纬仪：每桩检查	2
		排架桩 允许值	50		
		极值	100		
3△	孔深/m		不小于设计	测绳量：每桩测量	3
4△	孔径/mm		不小于设计	探孔器：每桩测量	3
5	钻孔倾斜度/mm		1%桩长,且不大于 500	用测壁(斜)仪或钻杆垂线法：每桩检查	1
6△	沉淀厚度/mm	摩擦桩	符合设计规定,设计未规定时按施工规范要求	沉淀盒或标准测锤：每桩检查	2
		支承桩	不大于设计规定		
7	钢筋骨架底面高程/mm		±50	水准仪：测每桩骨架顶面高程后反算	1

3. 外观鉴定

(1) 桩的质量有缺陷,但经设计单位确认仍可用时,应减 3 分。
(2) 桩顶面应平整,桩柱连接处应平顺且无局部修补,不符合要求时减 1~3 分。

10.1.2 泥浆性能指标检测

钻孔灌注桩的施工中,泥浆调制可能存在泥浆原料膨润土性能差,泥浆外加剂纯碱、氢氧化钠或膨润土粉末等掺入量不合适等问题,加上地质条件复杂、施工人员专业素质参差不齐等因素,调制的泥浆性能指标可能存在不符合要求的现象,从而导致塌孔、扩径、缩径、夹泥、孔底沉渣过厚等问题,影响成孔质量,最终影响桩的承载能力的发挥。因此,在钻孔施工中应进行泥浆各种性能指标测定,以确保成孔质量。

1. 灌注桩泥浆性能指标

(1) 钻孔泥浆一般由水、黏土(或膨润土)和添加剂按适当配合比配制而成,其性能指标见表 10.1.2。
(2) 对大直径或超长钻孔灌注桩,泥浆的选择应根据钻孔的工程地质情况、孔位、钻机性能、泥浆材料条件等确定。在地质复杂、覆盖层较厚、护筒下沉不到岩层的情况下,宜使用丙烯酰胺,即 PHP 泥浆。

表 10.1.2　　　　　　　　　　　　泥浆性能指标选择

钻孔方法	地层情况	泥浆性能指标							
		相对密度	黏度/(Pa·s)	含砂率/%	胶体率/%	失水率/(mL/30min)	泥皮厚/(mm/30min)	静切力/Pa	酸碱度(pH值)
正循环	一般地层	1.05～1.20	16～22	8～4	≥96	≤25	≤2	1.0～2.5	8～10
	易坍地层	1.20～1.45	19～28	8～4	≥96	≤15	≤2	3～5	8～10
反循环	一般地层	1.02～1.06	16～20	≤4	≥95	≤20	≤3	1.0～2.5	8～10
	易坍地层	1.06～1.10	18～28	≤4	≥95	≤20	≤3	1.0～2.5	8～10
	卵石土	1.10～1.15	20～35	≤4	≥95	≤20	≤3	1.0～2.5	8～10
推钻冲抓	一般地层	1.10～1.20	18～24	≤4	≥95	≤20	≤3	1.0～2.5	8～11
冲击	易坍地层	1.20～1.40	22～30	≤4	≥95	≤20	≤3	3～5	8～11

注：1. 地下水位高或其流速大时，指标取高限，反之取低限。
　　2. 地质状态较好、孔径或孔深较小的取低限，反之取高限。
　　3. 在不易坍塌的黏质土层中，使用推钻、冲抓、反循环回转钻进时，可用清水提高水头（不小于2m）维护孔壁。
　　3. 若当地缺乏优良黏质土，远运膨润土也很困难，调制不出合格泥浆时，可掺用添加剂改善泥浆性能，各种添加剂掺量可按 JTG/T F50—2011《公路桥涵施工技术规范》附录 C-1 选取。
　　5. 泥浆的各种性能指标测定方法见后。

2．泥浆性能指标检测

（1）相对密度 ρ_x。可用泥浆相对密度计测定。将要量测的泥浆装满泥浆杯，加盖并洗净从小孔溢出的泥浆，然后置于支架上，移动游码，使杠杆呈水平状态（即气泡处于中央），读出游码左侧所示刻度，即为泥浆的相对密度。

若工地无以上仪器，可用一口杯，先称其质量为 m_1，再装满清水称其质量 m_2，再倒去清水，装满泥浆并擦去杯周溢出的泥浆，称其质量设为 m_3，则

$$\rho_x = \frac{m_3 - m_1}{m_2 - m_1} \quad (10.1.1)$$

（2）黏度 η（s）。工地用标准漏斗黏度计测定，黏度计如图 10.1.1 所示。用两端开口量杯分别量取 200mL 和 500mL 泥浆，通过滤网滤去大砂粒后，将泥浆 700mL 均注入漏斗，然后使泥浆从漏斗流出，流满 500mL 量杯所需时间（s），即为所测泥浆的黏度。

校正方法：漏斗中注入 700mL 清水，流出 500mL，所需时间应是 15s，其偏差如超过 ±1s，则量测泥浆黏度时应校正。

（3）含砂率（％）。工地用含砂率计（图 10.1.2）测定。量测时，把调制好的泥浆 50mL 倒进含砂率计，然后再倒入 450mL 清水，将仪器口塞紧，摇动 1min，使泥浆与水混合均匀，再将仪器竖直静放 3min，仪器下端沉淀物的体积（由仪器上刻度读出）乘以 2 就是含砂率（％）（有一种大型的含砂率计，容积为 1000mL，从刻度读出的数不需乘 2，即为含砂率）。

（4）胶体率（％）。胶体率也称稳定率，它是泥浆中土粒保持悬浮状态的性能。测定方法：可将 100mL 泥浆倒入干净量杯中，用玻璃片盖上，静置 24h 后，量杯上部泥浆可能澄清为透明的水，量杯底部可能有沉淀物。以 100－（水＋沉淀物）体积即等于胶体率。

（5）失水率和泥皮厚。用一张 120mm×120mm 的滤纸，置于水平玻璃板上，中央画一直径 30mm 的圆圈，将 2mL 的泥浆滴于圆圈中心，30min 后，量算湿润圆圈的平均半径减去

泥浆摊平成为泥饼的平均半径（mm），即为失水量，单位为 mL/min。在滤纸上量出泥饼的厚度（mm），即为泥皮厚。泥皮越平坦、越薄，则泥浆质量越高，一般不宜厚于 2～3mm。

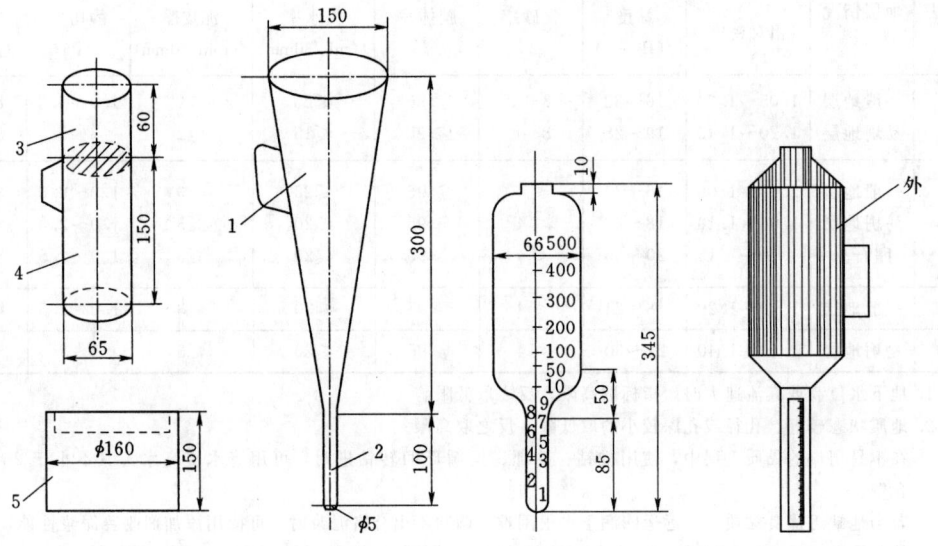

图 10.1.1　黏度计（单位：mm）　　　图 10.1.2　含砂率计（单位：mm）

10.1.3　成孔质量检验及质量标准

成孔质量的好坏，直接影响钻孔灌注桩浇注后的成桩质量。如桩径是保证基桩承载力的基本因素，而桩径的大小关键是由钻孔的孔径来决定的；基桩的垂直度是衡量基桩承载力能否有效发挥作用的关键因素，而基桩的垂直度又是由钻孔的倾斜度来决定的；桩底沉渣厚度极大地影响了桩端承载力的发挥，这是由清孔后孔底沉淀土厚度决定的。因此，成孔后，在灌注混凝土之前必须进行成孔质量检测。

JTG/T F50—2011《公路桥涵施工技术规范》中规定：

（1）钻、挖孔在终孔和清孔后，应进行孔位、孔深检验。

（2）孔径、孔形和倾斜度宜采用专用仪器测定。当缺乏专用仪器时，可采用外径为钻孔桩钢筋笼直径加 100mm（不得大于钻头直径），长度为 4～6 倍外径的钢筋检孔器吊入钻孔内检测。

（3）钻、挖孔成孔的质量标准见表 10.1.3。

表 10.1.3　　　　　　　　　钻、挖孔成孔质量标准

项　目	允　许　偏　差
孔的中心位置/mm	群桩：100；单排桩：50
孔径/mm	不小于设计桩径
倾斜度	钻孔：小于 1%；挖孔：小于 0.5%
孔深	摩擦桩：不小于设计规定 支承桩：比设计深度超深不小于 50mm
沉淀厚度/mm	摩擦桩：符合设计要求，当设计无要求时，对于直径≤1.5m 的桩，≤300mm；对桩径＞1.5m 或桩长＞40m 或土质较差的桩，≤500mm； 支承桩：不大于设计规定
清孔后泥浆指标	相对密度：1.03～1.10；黏度：17～20Pa·s；含砂率：＜2%；胶体率：＞98%

【情境描述】

学习任务 10.2 完 整 性 检 测

桩身完整性是评价基桩质量的主要指标之一,在 JTG/T F81-01—2004《公路工程基桩动测技术规程》中规定:公路工程基桩应进行 100% 的完整性检测。桩身完整性类别划分见表 10.2.1。

表 10.2.1　　　　　　　　　桩身完整性类别划分

桩身完整性类别	特　　征
Ⅰ类桩	桩身完整,可正常使用
Ⅱ类桩	桩身基本完整,有轻度缺陷,不影响正常使用
Ⅲ类桩	桩身有明显缺陷,对桩身结构承载力有影响
Ⅳ类桩	桩身有严重缺陷,对桩身结构承载力有严重影响

钻孔灌注桩桩身完整性检测方法主要有低应变反射波法、声波透射法以及钻探取芯法。实际检测过程中,应将三种方法有机结合,并考虑桩的设计条件、承载性状及施工过程等因素进行综合分析。如低应变反射波法操作简单、成本低,可以进行高比例的抽样检测,但是对于桥梁基础长桩,由于能量的消耗,桩底反射信号微弱甚至不可见桩底反射信号,这样会给桩身完整性判定带来困难,因此,必须选取一定比例的基桩,用声波透射法进行完整性检测。对于桩身情况复杂,或者对判定结果仍存在疑虑的情况,可用钻芯法进行验证。下面逐一介绍这三种方法。

10.2.1　低应变反射波法

1. 基本原理

低应变反射波法是目前国内外使用最广泛的一种基桩无损检测方法,它借一维弹性波动理论对实测桩顶速度或加速度响应信号的时、频域特征来分析判定被检桩的桩身完整性,其中包括桩身存在的缺陷位置及其影响程度、桩端与持力层的结合状况。

根据一维弹性杆件波动理论,对桩顶进行锤击产生入射波,入射波为下行压力波,当桩身某处波阻抗发生变化时将产生上行反射波。从广义上讲,在某一桩身截面处波阻抗降低,则表现为反射波与入射波的相位相同,如夹泥、离析、缩径甚至断裂等;反之则表现为相位相反,如扩径等。根据反射波与入射波相位的关系,可判别某一波阻抗界面的性质,这是低应变反射波法判别桩底情况及桩身缺陷的理论依据。桩身阻抗变化的反射波特征曲线见表 10.2.2。

表 10.2.2　　　　　　　　　桩身阻抗变化的反射波特征曲线

缺陷	典型曲线	曲线特征
完整		(1) 短桩:桩底反射波与入射波频率相近,振幅略小; (2) 长桩:桩底反射振幅小,频率低; (3) 摩擦桩的桩底反射波与入射波同相位,端承桩的桩底反射波与入射波反相位

续表

缺陷	典型曲线	曲线特征
扩径		(1) 曲线不规则，可见桩间反射。扩径第一反射子波与入射波反相位；后续反射子波与入射波同相位；反射子波的振幅与扩径尺寸正相关； (2) 可见桩底反射
缩径		(1) 曲线不规则，可见桩间反射。缩径第一反射子波与入射波同相位；后续反射子波与入射波反相位；反射子波的振幅大小与缩径尺寸正相关； (2) 一般可见桩底反射
离析		(1) 曲线不规则，一般见不到桩底反射； (2) 离析的第一反射子波与入射波同相位，幅值视离析程度呈正相关，但频率明显降低； (3) 中、浅部严重离析，可见到多次反射子波
断裂		(1) 浅部断裂（<2m）由于受钢筋和下部桩影响，反映为锯齿状子波又叠加在低频背景上的脉冲子波，峰—峰为 Δf； (2) 中部、浅部断裂为一多次反射子波等距出现，振幅和频率逐次下降； (3) 深部断裂似桩底反射曲线，但所计算的波速远大于正常波速； (4) 一般见不到桩底反射
夹泥空洞微裂		(1) 曲线不规则，一般可见桩底反射； (2) 缺陷的第一反射子波与入射波同相位，后续反射子波与入射波反相位； (3) 子波的幅值与缺陷的程度呈正相关
桩底沉渣		桩底存在沉渣，桩底反射波与入射波同相位，其幅值大小与沉渣的厚度呈正相关

2. 试验目的及适用范围

本方法通过分析实测桩顶速度响应信号的特征来检测桩身的完整性，判定桩身缺陷位置及影响程度，判断桩端嵌固情况。适用于混凝土灌注桩和预制桩等刚性材料桩的桩身完整性检测。使用本方法时，被检桩的桩端反射信号应能有效识别。

反射波法仪器设备轻便，操作简单，成本低廉；可对桩基工程进行普查，检测覆盖面大，是一种广泛使用的基桩无损检测方法。但是，仅仅通过反射波的相位特征来判定桩身缺陷的具体类型具有一定的困难。因此，本方法应结合岩土工程地质和施工技术资料，通过综合分析来对桩身和桩端存在的缺陷及其类型和影响程度作出定性判定。

另外，对于嵌岩桩，由于桩端嵌入基岩之中，往往存在有桩材料与基岩广义波阻抗相接近的情况，使得在时域曲线上桩端反射不明显或基本无法识别，这时应结合岩土工程勘察资料和实测时域曲线来判断桩端嵌固情况。

3. 检测仪器设备

反射波法检测系统由基桩动测仪、传感器和激振设备组成，如图10.2.1所示。JTG/T F81-01—2004《公路工程基桩动测技术规程》做如下规定：

(1) 基桩动测仪信号采集及处理应符合：

1) 数据采集装置的模-数转换器不得低于12bit。

2) 采样间隔宜为 10~500μs，可调。

3) 单通道采样点不少于 1024 点。

4) 放大器增益宜大于 60dB，可调，线性度良好，其频响范围应满足 5~5000Hz。

(2) 传感器的性能应符合：

1) 传感器宜选用压电式加速度传感器或磁电式速度传感器，频响曲线的有效范围应覆盖整个测试信号的频带范围。

2) 加速度传感器的电压灵敏度应大于 100mV/g，电荷灵敏度应大于 200PC/g，上限频率不应小于 5kHz，安装谐振频率不应小于 6kHz，量程应大于 100g。

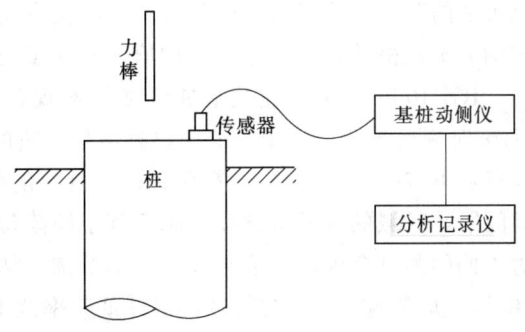

图 10.2.1　反射波法测试仪器设备框图

3) 速度传感器的固有谐振频率不应大于 30Hz，灵敏度应大于 200mV/(cm/s)，上限频率不应小于 1.5kHz，安装谐振频率不应小于 1.5kHz。

(3) 激振设备。根据桩型和检测目的，宜选择不同材质和质量的力锤和力棒，以获得所需的激振频率和能量。

4. 现场检测技术

(1) 准备工作。

1) 现场踏勘及资料收集。接受检测任务后，检测人员应对被检工程进行现场调查，搜集其工程地质资料、基桩设计图纸和施工记录、监理日志等，了解施工工艺及施工过程中出现的异常情况。然后根据检测委托书编制检测纲要。

2) 桩头处理。被检桩顶面条件的好坏直接影响着测试信号的质量和对桩身完整性判定的准确性，因此，要求被检桩顶面的混凝土质量、截面尺寸应与桩身设计条件基本相同。检测前需凿去桩顶浮浆或松散、破损部分，以露出坚硬的混凝土表面为准；桩顶表面平整干净、无积水；将传感器安装点与敲击点部位磨平；当周围钢筋笼对信号存在干扰时，应将钢筋截除后再进行检测。对于混凝土预应力管桩，当法兰盘与桩身混凝土之间结合紧密时，可不进行处理，若有损裂现象，则必须用电锯或电砂轮将其截除磨平后方可进行检测。检测前将被检桩顶部与相连的垫层或承台断开。

(2) 仪器设置安装。

1) 传感器的选择及安装。目前基桩动测所用的传感器主要为压电式加速度传感器，其频率响应范围较宽、动态范围大、失真度小，能较好地反映桩身的反射信息。速度传感器多为磁电式，高频响应受到限制，可测范围窄，但灵敏度高，低频部分性能好，对检测桩体深部缺陷信息好。

传感器的安装可采用石膏、黄油、橡皮泥等耦合剂，黏结应牢固，黏结层应尽可能薄，必要时，可采用冲击钻打孔安装，传感器与桩顶面垂直。对混凝土灌注桩，传感器宜安装在距桩中心 1/2~2/3 半径处，根据桩径大小，桩心对称布置，且距离桩的主筋不宜小于 50mm。当桩径不大于 1000mm 时不宜少于 2 个测点；当桩径大于 1000mm 时不宜少于 4 个测点；对混凝土预制桩，当边长不大于 600mm 时不宜少于 2 个测点；当边长大于 600mm 时不宜少于 3 个测点；对预应力混凝土管桩不应少于 2 个测点。

2) 动测仪的参数设置。桩长参数以实际施工记录的桩长为依据，设定桩长为桩顶测点至桩底的距离。测试前，桩身波速可根据本地区同类型桩的测试值初步设定；然后，根据测试的若干根桩的真实波速的平均值，对初步设定的波速进行调整。

JGJ 106—2003《建筑基桩检测技术规范》中规定：时域信号记录的时间段长度应在 $2L/c$ 时刻后延续不少于 5ms；幅频信号分析的频率范围上限不应小于 2000Hz。时域信号采样点数不宜少于 1024 点。在保证以上规定的前提下，选用较高的采样频率或较小的采样时间间隔，时域的分辨率越高，越有利于缺陷位置的判断，但是频域的分辨率会越低。因此，对不同的测试要求，可适当改变频率范围，如要测 3～5m 内的浅部缺陷，可将频率调到 1～2kHz，如要测桩底反射信号，可降低频率范围 0～0.6kHz。

3）激振设备的选择。瞬态激振通过改变锤的重量及锤头材料，可改变冲击入射波的脉冲宽度和频率成分。锤头质量较大或刚度较小时，冲击入射波脉冲较宽，低频成分为主；当冲击力大小相同时，其能量较大，应力波衰减较慢。锤头较轻或刚度较大时，冲击入射波脉冲较窄，含高频成分较多；冲击力大小相同时，虽其能量较小并加剧大直径桩的尺寸效应影响，但较适宜于桩身浅部缺陷的识别及定位。因此，短桩或浅部缺陷桩的检测宜采用轻锤短脉冲激振；长桩、大直径桩或深部缺陷桩的检测宜采用重锤宽脉冲激振，也可采用不同的锤垫来调整激振脉冲宽度。

(3) 激振及信号采集。混凝土灌注桩的检测宜在成桩 14d 以后进行；打入或静压式预制桩的检测应在相邻桩打完后进行。将选择好满足以上仪器设置要求的激振设备、传感器及动测仪，按图 10.2.1 在处理好的桩顶连接好，并检查测试系统各部分之间是否连接良好，确认整个测试系统处于正常工作状态。

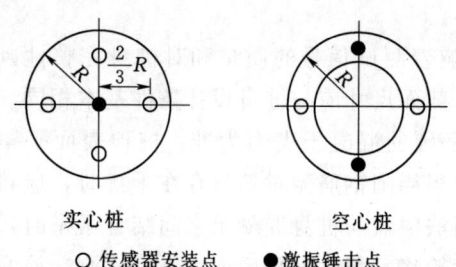

图 10.2.2 传感器安装点、激振锤击点布置图

混凝土灌注桩、混凝土预制桩的激振点宜在桩顶中心部位；预应力混凝土管桩的激振点和传感器安装点与桩中心连线的夹角不应小于 45°，如图 10.2.2 所示。采用力棒激振时，应自由下落；采用力锤敲击时，应使其作用力方向与桩顶面垂直。

实测信号应能反映桩身完整性特征，有明显的桩底反射信号，每个检测点记录的有效信号数不宜少于 3 个。不同测点及同一测点的多次实测时域信号应一致性好，不好时应分析原因，找出问题后进行重测。信号幅值不应超过测量系统的量程。

5. 检测数据分析与判定

桩身完整性分析宜以时域曲线为主，辅以频域分析，并结合施工情况、岩土工程勘察资料和波形特征等因素进行综合分析判定。

(1) 确定桩身波速的平均值。

1) 当桩长已知、桩端反射信号明显时，选取相同条件下不少于 5 根 I 类桩的桩身波速，按下式计算平均值：

$$c_m = \frac{1}{n} \sum_{i=1}^{n} c_i \tag{10.2.1}$$

$$c_i = \frac{2L \times 1000}{\Delta T} \tag{10.2.2}$$

$$c_i = 2L\Delta f \tag{10.2.3}$$

式中 c_m——桩身波速平均值，m/s；

c_i——第 i 根桩的桩身波速计算值，m/s，c_i 取值离散性不能太大，$|c_i - c_m|/c_m \leqslant 5\%$；

L——完整桩桩长，m；

ΔT——时域信号第一峰与桩端反射波峰间的时间差，ms，如图 10.2.3 所示；

Δf——幅频曲线桩端相邻谐振峰间的频差，Hz，计算时不宜取第一峰与第二峰，如图 10.2.4 所示；

n——基桩数量，$n \geqslant 5$。

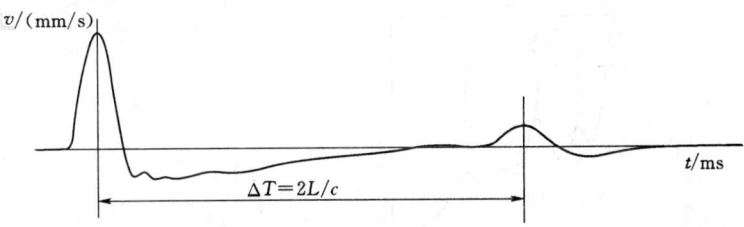

图 10.2.3　完整桩典型时域信号特征

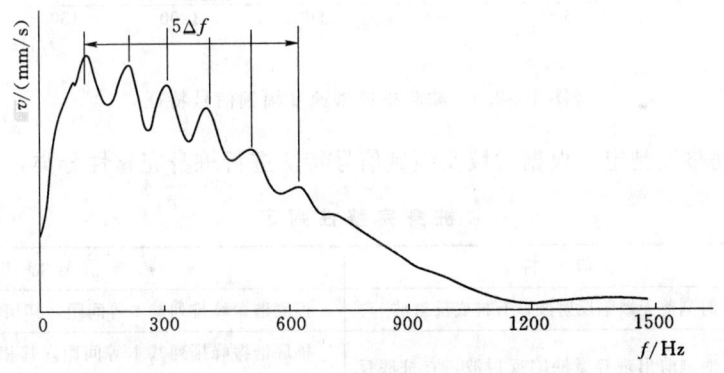

图 10.2.4　完整桩典型速度幅频信号特征

2）当桩身波速平均值无法按上款确定时，可根据本地区相同桩型及施工工艺的其他桩基工程的测试结果，并结合桩身混凝土强度等级与实践经验综合确定。

（2）计算桩身缺陷位置。按以下两式之一计算桩身缺陷位置：

$$x = \frac{1}{2000}\Delta t_x c \tag{10.2.4}$$

$$x = \frac{1}{2}\frac{c}{\Delta f_x} \tag{10.2.5}$$

式中 x——测点至桩身缺陷之间的距离，m；

Δt_x——时域信号第一峰与缺陷反射波峰间的时间差，ms，如图 10.2.5 所示；

Δf_x——幅频曲线所对应缺陷的相邻谐振峰间的频差，Hz，如图 10.2.6 所示；

c——桩身波速，m/s，无法确定时用 c_m 值替代。

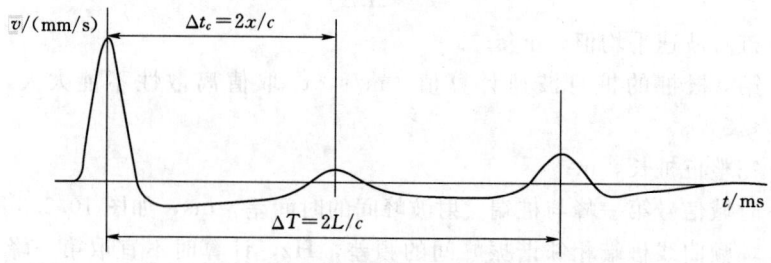

图 10.2.5　缺陷桩典型时域信号特征

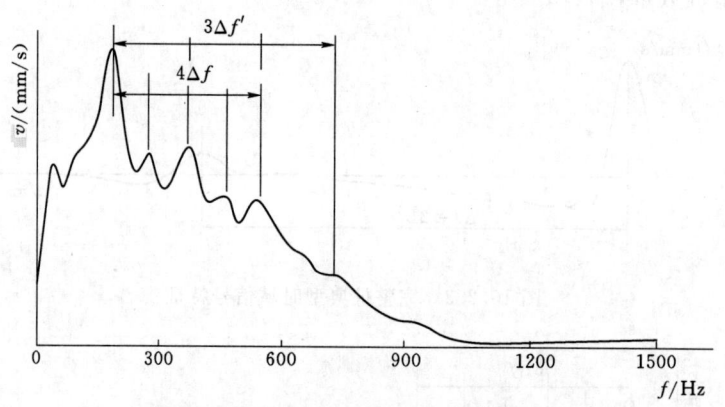

图 10.2.6　缺陷桩典型速度幅频信号特征

（3）桩身完整性判定。根据时域及频域信号特征进行桩身完整性分类，见表 10.2.3。

表 10.2.3　　　　　　　　　　桩身完整性判定

类别	时域信号特征	幅频信号特征
Ⅰ类桩	$2L/c$ 时刻前无缺陷反射波，有桩底反射波	桩底谐振峰排列基本等间距，其相邻频差 $\Delta f \approx c/2L$
Ⅱ类桩	$2L/c$ 时刻前出现轻微缺陷反射波，有桩底反射波	桩底谐振峰排列基本等间距，其相邻频差 $\Delta f \approx c/2L$，轻微缺陷产生的谐振峰与桩底谐振峰之间的频差 $\Delta f' > c/2L$
Ⅲ类桩	有明显缺陷反射波，其他特征介于Ⅱ类和Ⅳ类之间	
Ⅳ类桩	$2L/c$ 时刻前出现严重缺陷反射波或周期性反射波，无桩底反射波；或因桩身浅部严重缺陷使波形呈现低频大振幅衰减振动，无桩底反射波	缺陷谐振峰排列基本等间距，相邻频差 $\Delta f' > c/2L$，无桩底谐振峰；或因桩身浅部严重缺陷只出现单一谐振峰，无桩底谐振峰

（4）混凝土灌注桩采用时域信号分析时，应结合有关施工和岩土工程勘察资料，正确区分由扩径处产生的二次同相反射与因桩身截面渐扩后急速恢复至原桩径处的一次同相反射，以避免对桩身完整性的误判。

（5）对于嵌岩桩，当桩端反射信号为单一反射波且与锤击脉冲信号同相时，应结合岩土工程勘察和设计等有关资料以及桩端同相反射波幅的相对高低来推断嵌岩质量，必要时采取其他合适方法进行核验。

(6) 桩身完整性的分析出现下列情况之一时，宜结合其他检测方法：

1) 超过有效检测长度范围的超长桩，其测试信号不能明确反映桩身下部和桩端情况。

2) 桩身截面渐变或多变，且变化幅度较大的混凝土灌注桩。

3) 桩长的推算值与实际桩长明显不符，且又缺乏相关资料加以解释或验证。

4) 实测信号复杂、无规律，无法对其进行准确的桩身完整性分析和评价。

5) 对于预制桩，时域曲线在接头处有明显反射，但又难以判定是断裂错位还是接桩不良。

6. 检测报告

检测报告应包括：

(1) 工程概述。

(2) 岩土工程条件。

(3) 检测方法、原理、仪器设备和过程叙述。

(4) 相关的施工记录。

(5) 桩身混凝土波速值。

(6) 桩身完整性描述，包括缺陷位置、性质及类别。

(7) 时域曲线图，并注明桩底反射位置。

(8) 桩位编号及平面布置示意图，地质柱状图。

(9) 时域信号时段所对应的桩身长度标尺、指数或线性放大的范围及倍数，或幅频信号曲线分析的频率范围，桩底或桩身缺陷对应的相邻谐振峰间的频差。

(10) 必要的说明和建议。

10.2.2 超声透射法

1. 基本原理

超声透射法检测是在结构混凝土声学检测技术基础上发展起来的。其基本原理是：在桩身预埋一定数量的声测管，通过水的耦合，超声波从一根声测管中发射，在另一根声测管中接收，或单孔中发射并接收，测出被测混凝土介质的声学参数。由于超声波在混凝土中遇到缺陷时会发生绕射、反射和折射，因而到达接收换能器的声时、波幅及主频发生改变。利用这些声波特征参数来判别桩身的完整性。

超声透射法现场操作简单、方便、迅速，不受场地、桩长、长径比的限制，检测范围可覆盖全桩长的各个检测剖面，检测细致、全面，信息量丰富，检测结果准确可靠，同时还可估算混凝土强度；但检测费用较高。超声透射法是大型、特大型灌注桩检测的重要手段。

2. 试验目的及适用范围

本方法适用于在灌注成型过程中已预埋声测管的混凝土灌注桩桩身完整性检测，判定桩身缺陷的程度并确定其位置。本方法包括跨孔透射法和单孔折射法，在 JTG/T F81-01—2004《公路工程基桩动测技术规程》中规定：对跨孔透射法，当桩径较小时，声测管间距也较小，测试误差相对较大，同时预埋声测管可能引起附加的灌注桩施工质量问题，因此，声波透射法只适用于桩径不小于 800mm 的灌注桩；单孔折射波法是根据公路桥梁对桩基的质量要求，检测钻芯孔孔壁周围的混凝土质量。

3. 检测仪器设备

(1) 超声波检测仪。超声波检测仪包括模拟式声波仪和数字式声波仪。其中，数字式声波仪检测精确度高，检测效率高，使用广泛。声波仪检测系统包括信号放大器、数据采集及处理存储器、径向振动换能器等；应具有一发双收功能；声波发射应采用高压阶跃脉冲或矩形脉冲，其电压最大值不应小于 1000V，且分档可调。

1) 接收放大与数据采集器应符合下列规定：

a. 接收放大器的频带宽度为 5~200kHz，增益不应小于 100dB，放大器的噪声有效值不大于 $2\mu V$；波幅测量范围不小于 80dB，测量误差小于 1dB。

b. 计时显示范围应大于 $2000\mu s$，精度优于 $0.5\mu s$，计时误差不应大于 2%。

c. 采集器模-数转换精度不应低于 8bit，采样频率不应小于 10MHz，最大采样长度不应小于 32kB。

2) 径向振动换能器应符合下列规定：

a. 径向水平面无指向性。

b. 谐振频率宜大于 25kHz。

c. 在 1MPa 水压下能正常工作。

d. 收、发换能器的导线均应有长度标注，其标注允许偏差不应大于 10mm。

e. 接收换能器宜带有前置放大器，频带宽度宜为 5~60kHz。

f. 单孔检测采用一发双收一体型换能器，其发射换能器至接收换能器的最近距离不应小于 30cm，两接收换能器的间距宜为 20cm。

(2) 声测管。声测管是声波透射法测桩时径向换能器的通道，常用的声测管有钢管、钢质波纹管、塑料管 3 种。考虑到混凝土的水化热作用及施工过程中受外力作用较大，容易使声测管变形、断裂，影响换能器上、下管道的畅通，目前许多大直径灌注桩均采用钢管作为声测管，但钢管的价格较贵。在 JTG/T F81-01—2004《公路工程基桩动测技术规程》中也提出：声测管宜采用金属管，其内径应比换能器外径大 15mm，管的连接宜采用螺纹连接，且不漏水。

4. 准备工作

(1) 声测管的埋设要求。

1) 埋设数量。声测管的埋设数量决定了检测剖面的个数，同时也决定了检测精度。JTG/T F81-01—2004《公路工程基桩动测技术规程》中规定：当桩径不大于 1500mm 时，应埋设三根管；当桩径大于 1500mm 时，应埋设四根管。

2) 连接及预埋。声测管一般随钢筋笼分段安装，焊接或绑扎固定在钢筋笼内侧。声测管之间应互相平行、定位准确，并埋设至桩底，管口宜高出桩顶面 300mm 以上。声测管的平行对测试结果影响很大，甚至可能导致检测方法失效，如果受检桩不是通长钢筋，还应在无钢筋笼处的声测管间设加强箍筋，以保证声测管的平行度。钢管作为声测管时都不长（一般 6m 每根），需将钢管一段一段连接起来。接口处必须有足够的强度和刚度；在较高的静水压力下不漏浆；同时接口内壁要保持平整通畅，不应有焊渣、毛刺等凸出物，以免妨碍探头的移动。声测管底应密封。安装完毕后，声测管管口应加盖。

(2) 检测准备工作。

1) 了解灌注桩有关技术资料及施工情况，了解桩的类型、尺寸、标高、成孔方法及工艺，地质资料，有关的设计参数，混凝土参数，混凝土施工工艺、过程及施工中出现的问题等。

2) 被检桩的混凝土龄期应大于 14d。

3) 声测管内应灌满清水，且保证畅通。

4) 标定超声波检测仪发射至接收的系统延迟时间 t_0。

5) 准确量测声测管的内、外径和两相邻声测管外壁间的距离，量测精度为±1mm。

6) 取芯孔的垂直度误差不应大于 0.5%，检测前应进行孔内清洗。

5. 现场检测技术

(1) 平测普查如图 10.2.7 所示。

1) 分组编号。将发射与接收换能器分别置于某一剖面的两根声测管中，放至桩底，保持相同标高。

2) 测点间距不宜大于 250mm，自下而上将发射与接收换能器以相同标高同步升降，其累计相对高差不应大于 20mm，并随时校正。每提升一次，进行一次测试。测试参数包括声时、振幅和主频率，重点是声时和振幅，必要时也可注意观察和记录波形的变化。一对声测管测完后，再转到另一对声测管测量。

3) 在对同一根桩的检测过程中，声波发射电压应保持不变。

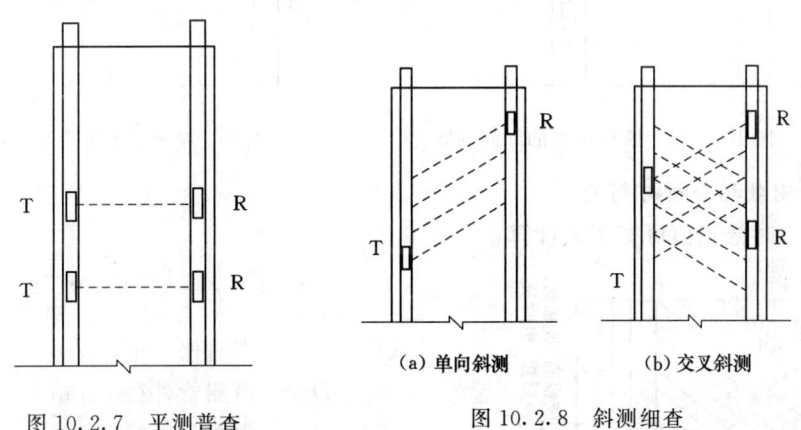

图 10.2.7 平测普查
T—发射换能器；R—接收换能器

图 10.2.8 斜测细查

(2) 可疑测点细测。对于声时值和波幅值出现异常的部位，应采用水平加密、斜测或扇形扫测等方法进行细测，结合波形分析确定桩身混凝土缺陷的位置及其严重程度。

斜测细查如图 10.2.8 所示，让发射、接收换能器保持一定的高程差，在声测管中以相同步长，同步升降进行测试。斜测分单向斜测和交叉斜测。斜测时，发射、接收换能器中心连线与水平夹角一般取 30°~40°。斜测可探出局部缺陷、缩径或专测管附着泥团、层状缺陷等。

扇形扫测一般在桩顶、桩底斜测范围受限或为减小换能器升降次数时采用。它是一只换能器固定在某一高程不动，另一只逐步移动，测线呈扇形分布。此时换算的波速可以相互比较，但幅值无可比性，只能根据相邻测点幅值的突变来判断是否有异常。

斜测和扇形扫测一般都用于平测发现异常时详细的检测，如图 10.2.9~图 10.2.12 所示，为各种缺陷的细测判断。其基本方法是将一个探头固定，另一探头上下移动，找出声阴影所在边界位置。

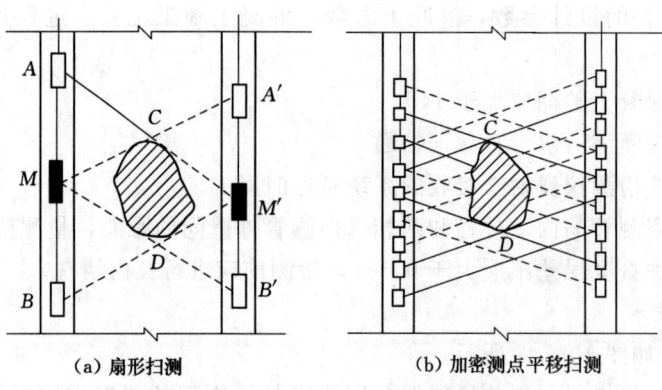

(a) 扇形扫测　　　　　(b) 加密测点平移扫测

图 10.2.9　孔洞大小及位置的细测判断

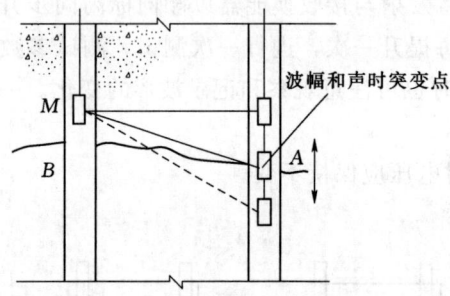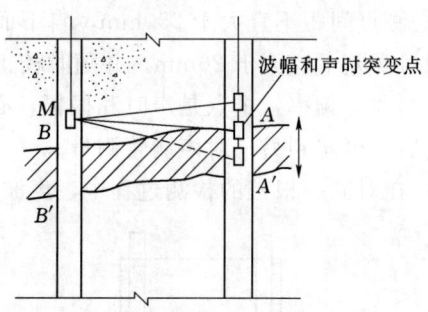

图 10.2.10　断层位置的细测判断　　图 10.2.11　厚夹层上下界面的细测判断

6. 检测数据分析与判定

(1) 声时修正值可按下式计算：

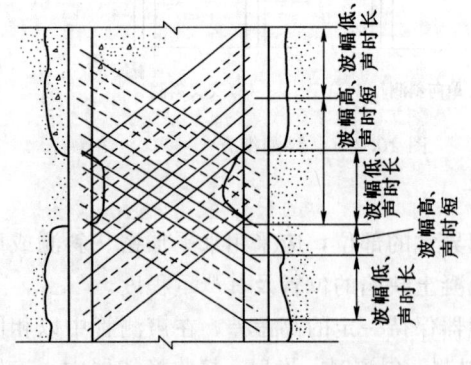

$$t' = \frac{D-d}{v_t} + \frac{d-d'}{v_w} \tag{10.2.6}$$

式中　t'——声时修正值，μs；

D——声测管外径，mm；

d——声测管内径，mm；

d'——换能器外径，mm；

v_t——声测管壁厚度方向声速值，km/s，其中，(t 为声波在混凝土中的传播时间，简称声时)；

v_w——水中的声速值，km/s。

图 10.2.12　颈缩现象的细测判断

(2) 声时、声速和声速平均值应按下列公式计算，并绘制声速-深度曲线、波幅-深度曲线。

$$t = t_i - t_0 - t' \tag{10.2.7}$$

$$v_i = \frac{l}{t} \tag{10.2.8}$$

$$v_m = \sum_{i=1}^{n} \frac{v_i}{n} \tag{10.2.9}$$

式中　t——声时值，μs；

　　　t_i——超声波第 i 个测点声时值，μs；

　　　t_0——声波检测系统延迟时间，μs；

　　　t'——声时修正值，μs；

　　　v_i——第 i 个测点声速值，km/s；

　　　l——两根检测管外壁间的距离，mm；

　　　v_m——混凝土声速平均值，km/s；

　　　n——测点数。

（3）单孔折射法的声时、声速值应按下列公式计算：

$$\Delta t = t_2 - t_1 \tag{10.2.10}$$

$$v_i = \frac{h}{\Delta t} \tag{10.2.11}$$

式中　Δt——两个接收换能器间的声时差，μs；

　　　t_1——近道接收换能器声时，μs；

　　　t_2——远道接收换能器声时，μs；

　　　v_i——第 i 个测点声速值，km/s；

　　　h——两个接收换能器间的距离，mm。

（4）桩身混凝土缺陷应根据下列方法综合判定：

1）声速判据。当实测混凝土声速值低于声速临界值时应将其作为可疑缺陷区。

$$v_i < v_D \tag{10.2.12}$$

式中　v_i——第 i 个测点声速值，km/s；

　　　v_D——声速临界值，km/s。

声速临界值为正常混凝土声速平均值与 2 倍声速标准偏差之差，即

$$v_D = \bar{v} - 2\sigma_V \tag{10.2.13}$$

$$\bar{v} = \sum_{i=1}^{n} \frac{v_i}{n} \tag{10.2.14}$$

$$\sigma_v = \sqrt{\sum_{i=1}^{n} \frac{(v_i - \bar{v})^2}{n-1}} \tag{10.2.15}$$

式中　$\bar{v}$——正常混凝土声速平均值，km/s；

　　　σ_V——正常混凝土声速标准差；

　　　v_i——第 i 个测点声速值，km/s。

　　　n——测点数。

当检测剖面 n 个测点的声速值普遍偏低且离散性很小时，宜采用声速低限值判据。即实测混凝土声速值低于声速低限值时，可直接判定为异常。

$$v_i < v_L \tag{10.2.16}$$

式中　v_i——第 i 个测点声速值，km/s；

　　　v_L——声速低限值，km/s。

声速低限值应由预留同条件混凝土试件的抗压强度与声速对比试验结果，结合本地区实际经验确定。

2) 波幅判据。用波幅平均值减 6dB 作为波幅临界值，当实测波幅低于波幅临界值时，应将其作为可疑缺陷区。

$$A_D = A_m - 6 \quad (10.2.17)$$

$$A_m = \sum_{i=1}^{n} \frac{A_i}{n} \quad (10.2.18)$$

式中：A_D——波幅临界值，dB；

A_m——波幅平均值，dB；

A_i——第 i 个测点相对波幅值，dB；

n——测点数。

3) PSD 判据。采用斜率法作为辅助异常判据，当 PSD 值在某测点附近变化明显时，应将其作为可疑缺陷区。

$$PSD = \frac{(t_i - t_{i-1})^2}{z_i - z_{i-1}} \quad (10.2.19)$$

式中：t_i——第 i 个测点声时值，μs；

t_{i-1}——第 $i-1$ 个测点声时值，μs；

z_i——第 i 个测点深度，m；

z_{i-1}——第 $i-1$ 个测点深度，m。

(5) 对于混凝土声速和波幅值出现异常并判为可疑缺陷区的部位，应按要求确定桩身混凝土缺陷的位置及影响程度。

(6) 对支承桩或嵌岩桩，宜同时采用低应变反射波法检测桩段的支承情况。

(7) 桩身完整性类别判定见表 10.2.4。

表 10.2.4　　　　　　　　桩身完整性类别判定

类别	特　征
Ⅰ类桩	各声测剖面每个测点的声速、波幅均大于临界值，波形正常
Ⅱ类桩	某一声测剖面个别测点的声速、波幅略小于临界值，但波形基本正常
Ⅲ类桩	某一声测剖面连续多个测点或某一深度桩截面处的声速、波幅值小于临界值，PSD 值变大，波形畸变
Ⅳ类桩	某一声测剖面连续多个测点或某一深度桩截面处的声速、波幅值明显小于临界值，PSD 突变，波形严重畸变

7. 检测报告

检测报告应包括：

(1) 工程名称、地点，委托方、建设、勘察、设计、监理和施工单位。

(2) 检测目的，检测依据，检测数量，检测日期等。

(3) 地质条件描述。

(4) 受检桩的桩号、桩位和相关施工记录。

(5) 检测方法、原理、仪器设备和过程叙述。

(6) 声测管布置图，并应包括每根被检桩各剖面的声速-深度、波幅-深度曲线及各自的临界值，声速、波幅的平均值，桩身缺陷位置及程度的分析说明。

(7) 与检测内容相应的检测结论。

(8) 必要的说明和建议。

10.2.3 高应变动测法

1. 基本原理

高应变动测法的基本原理与低应变反射波法相似，它是在桩顶用重锤进行激振，产生向下传播的应力波，以及桩-土相对位移，通过力和加速度传感器，记录激振后桩顶的力和振动信号，经过动测仪软件处理，输出力和速度时程曲线，由此推断被检桩的完整性及轴向抗压极限承载力。

2. 试验目的及适用范围

本方法可确定单桩竖向抗压承载力是否满足设计要求；检测桩身缺陷及其位置，判断桩身完整性类别；分析测桩和桩端土阻力。

适用于检测混凝土灌注桩、预制桩和钢桩的单桩轴向抗压极限承载力和桩身完整性；监测混凝土预制桩和钢桩打入时桩身应力和锤击能量传递比，为选择沉桩工艺参数及桩长选择提供依据。此外，进行单桩的轴向抗压极限承载力检测应具有相同条件下的动-静试验对比资料和现场工程实践经验。但是，超长桩、大直径扩底桩和嵌岩桩不宜采用本方法进行单桩的轴向抗压极限承载力检测。

3. 检测仪器设备

检测系统包括信号采集及分析仪、传感器、激振设备和贯入度测量仪等。仪器设备装置框图如图 10.2.13 所示。

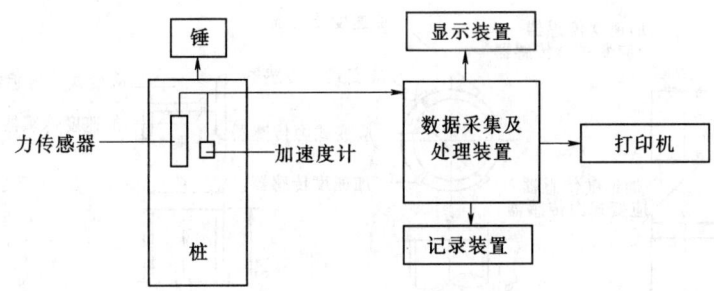

图 10.2.13 仪器设备装置框图

JTG/T F81-01—2004《公路工程基桩动测技术规程》做如下规定：

（1）信号采集及分析仪性能应符合：

1）信号采样点数不应小于 1024 点，采样间隔宜为 $100\sim200\mu s$。当用曲线拟合法推算被检桩的极限承载力时，信号记录长度应确保桩端反射后不小于 20ms 或达到 $5L/c$。

2）信号采集器的采样频率应可调，其模-数转换精度不应低于 12bit，通道之间的相位差不应大于 $50\mu s$。

（2）传感器的性能应符合：

1）力传感器宜采用工具式应变传感器测量，其安装谐振频率应大于 2kHz，在 $1000\mu\varepsilon$ 范围内的非线性误差不应大于 $\pm 1\%$。

2）速度信号宜采用压电式加速度传感器测量，其安装谐振频率应大于 10kHz，且在 $1\sim3000Hz$ 范围内灵敏度变化不大于 $\pm 5\%$，在冲击加速度量程范围内非线性误差不大于 $\pm 5\%$。

3)传感器的灵敏度系数应计量检定。

(3)激振设备。

1)激振宜采用由铸铁或铸钢整体制作的自由落锤。锤体应材质均匀、形状对称、底面平整,高径比不得少于1。

2)检测单桩轴向抗压承载力时,激振锤的重量不得小于基桩极限承载力的1.2%。

(4)桩的贯入度应采用精密仪器测定。

4.现场检测技术

(1)桩头处理。检测前,桩顶面应平整,桩头高度应满足安装锤击装置和传感器的要求,锤重心应与桩顶对中。对于混凝土灌注桩或桩顶破损严重的混凝土预制桩和钢桩,为了避免检测时击碎桩头或锤击偏心,桩头应进行加固处理。先将桩顶的破碎层和软弱混凝土凿去,用高于原桩身强度的混凝土将桩接长至试验所需高度。如此加固处理后应满足新接桩头顶面应平整且垂直于被检桩轴线,侧面应平直,截面积应与被检桩相同,所用混凝土的强度应高于被检桩的强度;被检桩主筋应全部接至新接桩头内,并设置间距不大于150mm的箍筋及上下间距不应大于120mm的2~3层钢筋网片。

(2)传感器安装。传感器的安装应符合下列规定:

1)桩顶下两侧面应对称安装加速度传感器和应变式力传感器各1只,其与桩顶的距离不应小于1.5倍的桩径或边长,如图10.2.14所示。传感器安装面应平整,所在截面的材质和尺寸与被检桩相同。

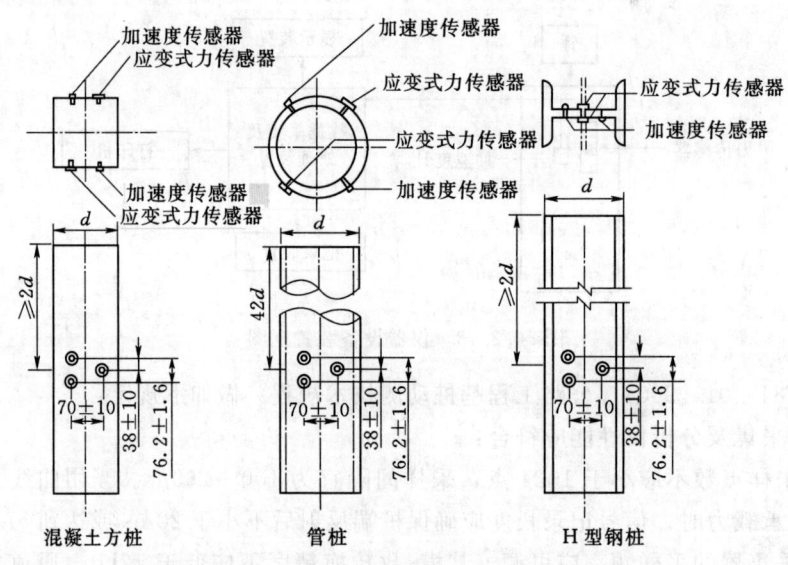

图10.2.14 测点处传感器装置(单位:mm)

2)应变式力传感器与加速度传感器的中心应位于同一水平线上,同侧两种传感器间的水平距离不宜大于100mm。传感器的中轴线应与桩的轴线保持平行。

3)在安装应变式力传感器时,应对初始应变进行监测,其值不得超过规定的限值。

(3)仪器参数设置。被检桩基本参数的设定应符合下列规定:

1)测点以下桩长和截面积可根据设计文件或施工记录提供的数据设定。

2)桩身材料质量密度宜按表10.2.5取值。

表 10.2.5　　　　　　　　　　　　桩材质量密度 ρ　　　　　　　　　　　　单位：kg/m³

混凝土灌注桩	混凝土预制桩	预应力混凝土管桩	钢 桩
2400	2450～2500	2550～2600	7850

3) 桩身平均波速可结合本地经验或按同场地同类型已检桩的平均波速初步设定，现场检测完成后再根据实测信号确定的波速予以调整。

4) 传感器安装位置处的桩身截面面积应按实际直径或边长计算确定，波速的设定宜综合考虑材料的设计强度和龄期的影响。

5) 桩身材料的弹性模量应按式（10.2.20）计算：

$$E=\rho c^2 \tag{10.2.20}$$

式中　E——桩身材料弹性模量，Pa；

　　　c——桩身波速，m/s；

　　　ρ——桩身材料质量密度，kg/m³。

（4）现场激振。确定检测前休止时间应达到相关规定要求。检查交流供电的测试系统是否接地良好，当测试场地潮湿，传感器未绝缘，交流供电出现干扰时，可改用直流供电。确认仪器测试系统处于正常状态。

将 10～30mm 厚的木板或胶合板等匀质材料做成的锤垫铺设在受检桩的桩顶面，锤垫垫面略大于桩顶面积，进行激振。激振应符合下列要求：

1) 采用自由落锤为激振设备时，宜重锤低击，锤的最大落距不宜大于 2.0m。

2) 对于斜桩，应采用相应的打桩机械或类似装置沿桩轴线激振。

3) 实测桩的单击贯入度应确认与所采集的振动信号相对应。用于推算桩的极限承载力时，桩的单击贯入度不得低于 2mm 且不宜大于 6mm。

4) 检测桩的极限承载力时，锤击次数宜为 2～3 击。

试打桩用于评价其承载力时，应按桩端进入的土层逐一进行测试；当持力层较厚时，应在同一土层中进行多次测试。

桩身锤击应力监测应包括桩身最大锤击拉应力和最大锤击压应力两部分。桩身锤击拉应力宜在预计桩端进入软土层或桩端穿过硬土层进入软夹层时测试；桩身锤击压应力宜在桩端进入硬土层或桩侧土阻力较大时测试。

（5）信号采集。检测桩身完整性和承载力时，应及时分析实测信号质量、桩顶最大锤击力和动位移、贯入度以及桩身最大拉（压）应力、桩身缺陷程度及其发展情况等，并由此综合判定本次采集信号的有效性。每根被检桩的有效信号数不应少于 2 组。

出现下列情况之一时，采集的信号不得作为有效信号：

1) 传感器安装处混凝土开裂或出现严重的塑性变形，使力信号最终未归零。

2) 信号采集后发现传感器已有松动或损坏现象。

3) 锤击严重偏心，一侧力信号呈现严重的受拉特征。

5．检测数据分析与判定

（1）锤击信号选取与调整。

1) 锤击信号选取。由于高应变法动测的用锤较重，过多的锤击会导致地基土强度的降低，使分析结果不能代表被检桩的实际承载能力，所以在 JTG/T F81-01—2004《公路工程基桩动测技术规程》中规定：分析被检桩的承载力时，宜在第一和第二击实测有效信号中选取能量和贯入度较大者。此外，在 JGJ 106—2003《建筑基桩检测技术规范》中还以强制性条文规定：当出现下列情况之一时，高应变锤击信号不得作为承载力分析计算的依据：①传感器安装处混凝土开裂或出现严重塑性变形使力曲线最终未归零；②严重锤击偏心，两侧力信号幅值相差超过 1 倍；③触变效应的影响，预制桩在多次锤击下承载力下降；④四通道测试数据不全。

2）桩身平均波速调整。当桩底反射明显时，平均波速可根据力和速度信号上的桩底反射波历时，或下行波上升沿的起点到上行波下降沿的起点之间的时差和已知桩长确定，如图 10.2.15 所示。对桩底反射峰变宽或有水平裂缝的桩，不应根据信号的"峰-峰"时差来确定桩身的平均波速。桩较短且锤击力波上升缓慢时，可采用低应变动测信号确定桩身的平均波速。传感器安装位置桩身的波速仅与该处材料性质有关，原设定值可以不随桩身平均波速的调整而改变。但若原设定值与实际情况相比确实需要调整时，则应对传感器安装处桩身的弹性模量按式（10.2.15）重新设置，且对原实测力信号关于新波速值进行修正。

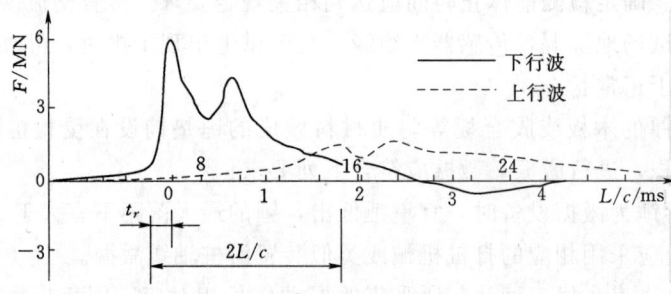

图 10.2.15　桩身波速的确定
F—锤击力；L—测点下桩长；c—桩身波速

3）力与速度信号上升沿重合性差的调整。对于完整性良好的等截面匀质桩，若在一定深度范围内地基土的阻力不大，则实测的力信号 $F(t)$ 和速度信号 $V(t)$ 在第一峰前应基本成比例（$Z=\rho Ac$）。但是在下列几种情况下，两信号的比例失调将属于正常：

a. 传感器以下浅部桩身缺陷导致速度信号偏高，或浅部桩身扩径和地基土阻力高造成力信号偏高。

b. 采用应变传感器测力时，测点处混凝土受力已进入非线性，而换算力时仍采用了较高的弹性模量，继而造成力信号偏高。

c. 锤击波上升缓慢或桩长很小时，土阻力波或桩端反射波的到达时间较第一峰的为早。

除对第 6 种情况可适当减小力值以避免预示的承载力过高外，在其他情况下均不得对实测信号关于力和速度信号在上升沿的比例性进行随意的调整。

（2）波形判断。推算被检桩的极限承载力前，应结合工程地质条件和设计参数，利用实测信号特征对桩的荷载传递性状、桩身缺陷程度和位置及连续锤击时缺陷的逐渐扩大或闭合情况进行定性判别。注意，该工作应由高素质和具有丰富经验的检测人员完成。

（3）实测曲线拟合法推算被检桩极限承载力。采用实测曲线拟合法推算被检桩的极限承载力应符合下列规定：

1）采用的桩和土的力学模型应能分别反映被检桩和地基土的物理力学性状；在各计算

单元中，所用土的弹性极限位移不应超过相应桩单元的最大计算位移。

2) 曲线拟合时间段长度在 t_1+2L/c 后的延续时间不应小于 20ms 或 $3L/c$ 中的较大值。

3) 分析所用的模型参数应在岩土工程的合理范围内，可根据工程地质和施工工艺条件进行桩身阻抗变化或裂隙拟合。

4) 拟合曲线应与实测曲线基本吻合，贯入度的计算值应与实测值基本一致，且整体曲线的拟合质量系数宜控制在合适的范围之内。

(4) 凯司法推算单桩极限承载力。采用凯司法推算单桩的极限承载力时，应符合下列规定：

1) 只适用于桩侧和桩端土阻力均已充分发挥的摩擦型桩。

2) 用于混凝土灌注桩时，桩身材质、截面应基本均匀。

3) 单桩轴向抗压极限承载力可按式 (10.2.21) 计算：

$$Q_{uc}=\frac{1}{2}\left\{(1-J_c)[F(t_1)+Zv(t_1)]+(1+J_c)\left[F\left(t_1+\frac{2L}{c}\right)-Zv\left(t_1+\frac{2L}{c}\right)\right]\right\}$$

(10.2.21)

式中 Q_{uc}——单桩轴向抗压极限承载力，kN；

J_c——凯司法阻尼系数；

t_1——速度信号第一峰对应的时刻，ms；

$F(t_1)$——t_1 时刻的锤击力，kN；

$v(t_1)$——t_1 时刻的振动速度，m/s；

Z——桩身截面力学阻抗，kN·s/m；

E——桩身材料弹性模量，kPa；

A——桩身截面面积，m²；

c——桩身波速，m/s；

L——测点以下桩长，m。

J_c 应根据基本相同条件下桩的动-静载对比试验结果确定，或由不少于 50% 被检桩的曲线拟合结果推算，但当其极差相对于平均值大于 30% 时不得使用。

(5) 桩身完整性判定。对于等截面桩，测点下第一个缺陷可根据桩身完整性系数 β 值按表 10.2.6 判定，其位置 x 按式 (10.2.22) 计算：

$$x=\frac{c(t_x-t_1)}{2000}$$

(10.2.22)

式中 x——测点至桩身缺陷之间的距离，m；

t_1——速度信号第一峰对应的时刻，ms；

t_x——缺陷反射峰对应的时刻，ms。

表 10.2.6　　　　　　　　　　　桩身完整性判定

类别	β 值	类别	β 值
Ⅰ	0.95<β≤1.0	Ⅲ	0.6≤β<0.8
Ⅱ	0.8≤β≤0.95	Ⅳ	β<0.6

出现下列情况之一时，应按工程地质和施工工艺条件，采用实测曲线拟合法或其他检测方法综合判定桩身完整性：

1）桩身有扩径、截面渐变或多变的混凝土灌注桩。

2）桩身存在多处缺陷的桩。

3）力和速度曲线在上升沿或峰值附近出现异常，桩身浅部存在缺陷或波阻抗变化复杂的桩。

（6）试打桩分析时，桩端持力层的判定应综合考虑岩土工程勘察资料，并应对推算的单桩极限承载力进行复打校核。

（7）桩身最大锤击拉、压应力计算。桩身最大锤击拉应力和桩身最大锤击压应力可分别按式（10.2.23）计算：

1）桩身最大锤击拉应力：

$$\sigma_t = \frac{1}{2A} \max \left\{ Zv\left(t_1 + \frac{2L}{c}\right) - F\left(t_1 + \frac{2L}{c}\right) - Zv\left(t_1 + \frac{2L-2x}{c}\right) - F\left(t_1 + \frac{2L-2x}{c}\right) \right\}$$

(10.2.23)

式中 σ_t——桩身最大锤击拉应力，kPa；

x——测点至桩身缺陷之间的距离，m；

A——桩身截面面积，m^2；

Z——桩身截面力学阻抗，kN·s/m；

c——桩身波速，m/s；

L——完整桩桩长，m。

2）桩身最大锤击压应力：

$$\sigma_p = \frac{F_{\max}}{A}$$

(10.2.24)

式中 σ_p——桩身最大锤击压应力，kPa；

$F_{\max}$——实测最大锤击力，kN；

A——桩身截面面积，m^2。

（8）桩锤实际传递给桩的能量计算如式（10.2.25）：

$$E_n = \int_0^T Fv \mathrm{d}t$$

(10.2.25)

式中 E_n——桩锤传递给桩的实际能量，J；

T——采样结束的时刻，s；

F——桩顶锤击力信号，N；

v——桩顶实测振动速度信号，m/s。

6. 检测报告

检测报告应包括：

（1）工程概述。

（2）岩土工程条件。

（3）检测方法、原理、仪器设备和过程叙述。

（4）受检桩的桩号、桩位平面图和施工记录，复打休止时间。

（5）计算中实际采用的桩身波速值和 J_c 值。

(6) 实测曲线拟合法所选用的各单元桩土模型参数、拟合曲线、土阻力沿桩身分布图。

(7) 实测贯入度。

(8) 试打桩和打桩监控所采用的桩锤型号、锤垫类型，以及监测得到的锤击数、桩侧和桩端静阻力、桩身锤击拉应力和压应力、桩身完整性以及能量传递比随入土深度的变化。

(9) 选择能充分并清晰反映土阻力和桩身阻抗变化信息的合理纵、横坐标尺度，信号幅值高度不宜小于 3~5cm，时间轴不宜过分压缩。

(10) 必要的说明和建议。

10.2.4 钻芯法

1. 试验目的及适用范围

钻芯法是检测钻（冲）孔、人工挖孔等现浇混凝土灌注桩的成桩质量的一种有效手段。钻芯法检测的主要目的有四个：

(1) 检测桩身混凝土质量情况，如桩身混凝土胶结状况、有无气孔、松散或断桩等，桩身混凝土强度是否符合设计要求。

(2) 桩底沉渣是否符合设计或规范的要求。

(3) 桩端持力层的岩土性状（强度）和厚度是否符合设计或规范要求。

(4) 施工记录桩长是否真实。

钻芯法不受场地条件限制，特别适用于大直径混凝土灌注桩的成桩质量检测。但是受检桩长径比较大时，成孔的垂直度和钻芯孔的垂直度很难控制，钻芯孔容易偏离桩身，故要求受检桩桩径不宜小于 800mm、长径比不宜大于 30，且混凝土强度等级不宜低于 C10。钻芯法不能对预制桩和钢桩的成桩质量进行检测。

2. 检测仪器设备

JGJ 106—2003《建筑基桩检测技术规范》做如下的规定：

(1) 钻取芯样宜采用液压操纵的钻机。钻机设备参数应符合以下规定：

1) 额定最高转速不低于 790r/min。

2) 转速调节范围不少于 4 挡。

3) 额定配用压力不低于 1.5MPa。

(2) 钻机应配备单动双管钻具以及相应的孔口管、扩孔器、卡簧、扶正稳定器和可捞取松软渣样的钻具。钻杆应顺直，直径宜为 50mm。

(3) 钻机应根据混凝土设计强度等级选用合适粒度、浓度、胎体硬度的金刚石钻头，且外径不宜小于 100mm。钻头胎体不得有肉眼可见的裂纹、缺边、少角、倾斜及喇叭口变形。

(4) 水泵的排水量应为 50~160L/min，泵压应为 1.0~2.0MPa。

(5) 锯切芯样试件用的锯切机应具有冷却系统和牢固夹紧芯样的装置，配套使用的金刚石圆锯片应有足够刚度。

(6) 芯样试件端面的补平器和磨平机应满足芯样制作的要求。

3. 现场钻探技术要求

采用钻芯法检测时，要求受检桩的混凝土龄期达到 28d 或预留同条件养护试块强度达到设计强度。钻孔抽芯深度为全桩长，并深入基岩 60cm。

(1) 钻孔数量及位置。每根受检桩的钻芯孔数和钻孔位置宜符合下列规定：

1) 桩径小于 1.2m 的桩钻 1 孔，桩径为 1.2~1.6m 的桩钻 2 孔，桩径大于 1.6m 的桩钻3孔。

2）当钻芯孔为一个时，宜在距桩中心10～15cm的位置开孔；当钻芯孔为两个或两个以上时，开孔位置宜在距桩中心0.15～0.25D内均匀对称布置。

3）对桩端持力层的钻探，每根受检桩不应少于一孔，且钻探深度应满足设计要求。

（2）钻机安装。钻机设备安装必须周正、稳固、底座水平。钻机立轴中心、天轮中心（天车前沿切点）与孔口中心必须在同一铅垂线上。当桩顶面与钻机底座的距离较大时，应安装孔口管，孔口管应垂直且牢固。

（3）钻进取芯。设备安装后，接通水源和电源，进行试运转，在确认正常后才可开钻。钻进过程中经常对钻机立轴进行校正，及时纠正立轴偏差，确保钻芯过程中不发生倾斜、移位，钻芯孔垂直度偏差不大于0.5%。一旦出现钻芯孔与桩体偏离，应立即停机记录，分析原因。必要时，可对钻孔测斜，判断受检桩倾斜超过规范要求还是钻芯孔倾斜超过要求。同时，在钻进过程中钻孔内循环水流不得中断，应根据回水含砂量及颜色调整钻进速度。

每回次进尺宜控制在1.5m内。提钻卸取芯样时，应拧卸钻头和扩孔器，严禁敲打卸芯。卸取的芯样应冲洗干净后，由上而下按回次顺序放进芯样箱中，芯样侧面上清晰标明回次数、块号、本回次总块数，如$2\frac{3}{5}$表示第2回次共有5块芯样，本块芯样为第3块。及时记录钻进情况和钻进异常情况，对芯样质量进行初步描述。

当钻孔接近可能存在裂缝或混凝土可能存在疏松、离析、夹泥等质量问题的部位时，应改用适当的钻进方法和工艺，并注意观察回水变色、钻进速度的变化，做好记录。钻至桩底时，为检测桩底沉渣或虚土厚度，应采用减压、慢速钻进，如遇钻具突降，应即停钻，及时测量机上余尺，准确记录孔深及有关情况，并采用适宜的方法对桩端持力层岩土性状进行鉴别。对芯样混凝土、桩底沉渣以及桩端持力层详细编录。

（4）钻芯结束后，应对芯样和标有工程名称、桩号、钻芯孔号、芯样试件采取位置、桩长、孔深、检测单位名称的标示牌的全貌进行拍照，然后截取芯样试件。取样完毕剩余芯样移交委托单位妥善保存。

（5）当单桩质量评价满足设计要求时，应采用0.5～1.0MPa压力，从钻芯孔孔底往上用水泥浆回灌封闭；否则应封存钻芯孔，留待处理。

4．芯样试件截取与加工

（1）芯样试件截取。

1）截取混凝土抗压芯样试件应符合下列规定：

a．当桩长为10～30m时，每孔截取3组芯样；当桩长小于10m时，每孔可取2组芯样；当桩长大于30m时，每孔截取芯样不少于4组。

b．上部芯样位置距桩顶设计标高不宜大于1倍桩径或1m，下部芯样位置距桩底不宜大于1倍桩径或1m，中间芯样宜等间距截取。

c．缺陷位置能取样时，应截取一组芯样进行混凝土抗压试验。

d．当同一基桩的钻芯孔数大于一个，其中一孔在某深度存在缺陷时，应在其他孔的该深度处截取芯样进行混凝土抗压试验。

2）当桩端持力层为中、微风化岩层且岩芯可制作成试件时，应在接近桩底部位截取一组岩石芯样；遇分层岩性时宜在各层取样。

(2) 芯样加工。每组芯样应制作三个芯样抗压试件。芯样试件应按下述内容进行加工和测量。

1) 应采用双面锯切机加工芯样试件。加工时应将芯样固定，锯切平面垂直于芯样轴线。锯切过程中应淋水冷却金刚石圆锯片。

2) 锯切后的芯样试件，当试件不能满足平整度及垂直度要求时，应选用以下方法进行端面加工：

a. 在磨平机上磨平。

b. 用水泥砂浆（或水泥净浆）或硫黄胶泥（或硫黄）等材料在专用补平装置上补平。水泥砂浆（或水泥净浆）补平厚度不宜大于 5mm，硫黄胶泥（或硫黄）补平厚度不宜大于 1.5mm。

c. 补平层应与芯样结合牢固，受压时补平层与芯样的结合面不得提前破坏。

3) 试验前，应对芯样试件的几何尺寸做下列测量：

a. 平均直径。用游标卡尺测量芯样中部，在相互垂直的两个位置上，取两次测量的算术平均值，精确至 0.5mm。

b. 芯样高度。用钢卷尺或钢板尺进行测量，精确至 1mm。

c. 垂直度。用游标量角器测量两个端面与母线的夹角，精确至 0.1°。

d. 平整度。用钢板尺或角尺紧靠在芯样端面上，一面转动钢板尺，一面用塞尺测量与芯样端面之间的缝隙。

4) 试件有裂缝或有其他较大缺陷、芯样试件内含有钢筋以及试件尺寸偏差超过下列数值时，不得用做抗压强度试验：

a. 芯样试件高度小于 $0.95d$ 或大于 $1.05d$ 时（d 为芯样试件平均直径）。

b. 沿试件高度任一直径与平均直径相差达 2mm 以上时。

c. 试件端面的不平整度在 100mm 长度内超过 0.1mm 时。

d. 试件端面与轴线的不垂直度超过 2°时。

e. 芯样试件平均直径小于 2 倍表观混凝土粗集料最大粒径时。

5. 抗压强度试验

(1) 芯样试件制作完毕可立即进行抗压强度试验。

(2) 混凝土芯样试件的抗压强度试验应按现行国家标准 GB/T 50081—2002《普通混凝土力学性能试验方法》的有关规定执行。

(3) 抗压强度试验后，当发现芯样试件平均直径小于 2 倍试件内混凝土粗骨料最大粒径，且强度值异常时，该试件的强度值不得参与统计平均。

(4) 混凝土芯样试件抗压强度应按式 (10.2.26) 计算：

$$f_{cu} = \xi \frac{4P}{\pi d^2} \qquad (10.2.26)$$

式中　f_{cu}——混凝土芯样试件抗压强度，MPa，精确至 0.1MPa；

P——芯样试件抗压试验测得的破坏荷载，N；

d——芯样试件的平均直径，mm；

ξ——混凝土芯样试件抗压强度折算系数，应考虑芯样尺寸效应、钻芯机械对芯样扰动和混凝土成型条件的影响，通过试验统计确定；当无试验统计资料时，宜取为 1.0。

(5) 桩底岩芯单轴抗压强度试验可按现行国家标准 GB 50007—2011《建筑地基基础设计规范》附录 J 执行。

6. 检测资料分析与判定

(1) 混凝土芯样试件抗压强度代表值应按一组三块试件强度值的平均值确定。同一受检桩同一深度部位有两组或两组以上混凝土芯样试件抗压强度代表值时，取其平均值为该桩该深度处混凝土芯样试件抗压强度代表值。

(2) 受检桩中不同深度位置的混凝土芯样试件抗压强度代表值中的最小值为该桩混凝土芯样试件抗压强度代表值。

(3) 桩端持力层性状应根据芯样特征、岩石芯样单轴抗压强度试验、动力触探或标准贯入试验结果，综合判定桩端持力层岩土性状。

(4) 桩身完整性类别应结合钻芯孔数、现场混凝土芯样特征、芯样单轴抗压强度试验结果，按表 10.2.1 有关规定和表 10.2.7 的特征综合判定。

表 10.2.7 桩身完整性判定

类别	特征
Ⅰ	混凝土芯样连续、完整、表面光滑、胶结好、骨料分布均匀、呈长柱状、断口吻合，芯样侧面仅见少量气孔
Ⅱ	混凝土芯样连续、完整、胶结较好、骨料分布基本均匀、呈柱状、断口基本吻合，芯样侧面局部见蜂窝麻面、沟槽
Ⅲ	大部分混凝土芯样胶结较好，无松散、夹泥或分层现象，但有下列情况之一： 芯样局部破碎且破碎长度不大于 10cm； 芯样骨料分布不均匀； 芯样多呈短柱状或块状； 芯样侧面蜂窝麻面、沟槽连续
Ⅳ	有下列情况之一： 钻进很困难； 芯样任一段松散、夹泥或分层； 芯样局部破碎且破碎长度大于 10cm

(5) 成桩质量评价应按单桩进行。当出现下列情况之一时，应判为该桩不满足设计要求：

1) 桩身完整性类别为Ⅳ类的桩。
2) 受检桩混凝土芯样试件抗压强度代表值小于混凝土设计强度等级的桩。
3) 桩长、桩底沉渣厚度不满足设计或规范要求的桩。
4) 桩端持力层岩土性状（强度）或厚度未达到设计或规范要求的桩。

7. 检测报告

检测报告应包括：

(1) 工程概况、检测目的、工期、工作量及完成情况。
(2) 地质条件概述、桩基设计概况及有关设计参数。
(3) 检测桩数、钻孔数量，架空、混凝土芯进尺、岩芯进尺、总进尺，混凝土试件组数、岩石试件组数、动力触探或标准贯入试验结果。

（4）钻芯设备情况。

（5）芯样单轴抗压强度试验结果。

（6）每孔的柱状图。

（7）芯样彩色照片。

（8）异常情况说明。

【情境描述】

学习任务10.3 承载力检测

工程桩的预期使用功能是通过单桩承载力来实现的，所以基桩承载力检测的重要性不言而喻，现行 GB 50202—2002《建筑地基基础工程施工质量验收规范》以及 GB 50007—2011《建筑地基基础设计规范》中，对此均以强制性条文进行了规定。JGJ 106—2003《建筑基桩检测技术规范》中也规定：工程桩应进行单桩承载力和桩身完整性抽样检测；施工后，宜先进行工程桩的桩身完整性检测，后进行承载力检测。

基桩承载力检测的方法主要有静载荷试验和桩的动力试验两大类。静载荷试验是基桩承载力检测最基本、最可靠的方法。包括高应变动力测桩在内的其他方法都是以静载荷试验的结果作为基础进行对比，而建立相关关系的。因此，凡属重要工程都应通过静载荷试验确定单桩承载力。

静载荷试验包括单桩竖向抗压静载试验、单桩竖向抗拔静载试验以及单桩水平静载试验。我国惯用维持荷载法的加载方式，维持荷载法又分为慢速维持荷载法和快速维持荷载法。JGJ 106—2003《建筑基桩检测技术规范》中规定：为设计提供依据的竖向抗压静载试验应采用慢速维持荷载法。但在工程桩的检测验收中，国内某些行业或地方标准是允许采用快速维持荷载法的。

承载力检测前，休止时间除应达到"受检桩的混凝土龄期达到28d或预留同条件养护试块强度达到设计强度"的要求外，当无成熟的地区经验时，尚不应少于表10.3.1规定的时间。

表10.3.1　　　　　　　　　　　休　止　时　间

土 的 类 别		休止时间/d
砂土		7
粉土		10
黏性土	非饱和	15
	饱和	25

注　对于泥浆护壁灌注桩，宜适当延长休止时间。

地基土的类别应根据被检桩的荷载传递特性来确定。对端承桩，应根据桩端持力层的土性来选择休止期；对于摩擦桩，休止期的确定应取决于桩侧土的性质，此时桩侧若是性质相差悬殊的层状土，则一般宜按休止较长的那种土层及其影响权重大小来考虑。对于摩擦端承桩和端承摩擦桩，其休止期遵从类似原则确定。

10.3.1 单桩竖向抗压静载试验

1. 试验目的及适用范围

本试验主要用于检测单桩的竖向抗压承载力、荷载与位移的关系，并校核动力公式的准确程度；当桩身埋设有测量应力、应变、桩底反力传感器或位移杆时，可测定桩的分层侧阻力和端阻力或桩身截面的位移量，测定桩身应力变化，得出桩身弯矩分布。

为设计提供依据的试验桩，应加载至破坏；当桩的承载力以桩身强度控制时，可按设计要求的加载量进行；对工程桩抽样检测时，加载量不应小于设计要求的单桩承载力特征值的2.0倍。

2. 检测仪器设备

单桩竖向抗压静载试验设备主要包括加载装置、反力装置、荷载及沉降观测装置，如果还需要测定桩的侧阻力和端阻力时，还需要有内力测量装置。

(1) 加载装置。试验加载宜采用油压千斤顶。当采用两台及两台以上千斤顶加载时应并联同步工作，且采用的千斤顶型号、规格应相同，千斤顶的合力中心应与桩轴线重合。

(2) 反力装置。用千斤顶加载的反力装置可根据现场条件选用，包括锚桩横梁反力装置（图10.3.1）、压重平台反力装置（图10.3.2）、锚桩压重联合反力装置三种。

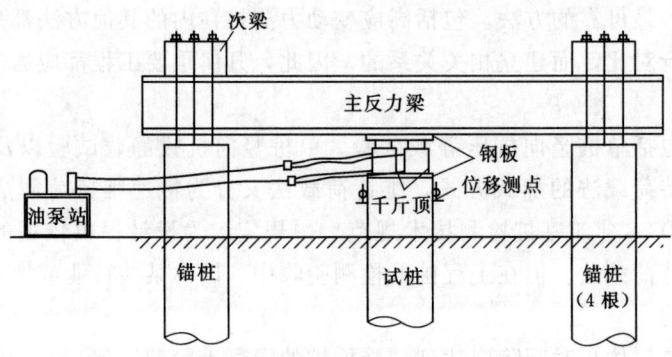

图 10.3.1 锚桩横梁反力装置示意图

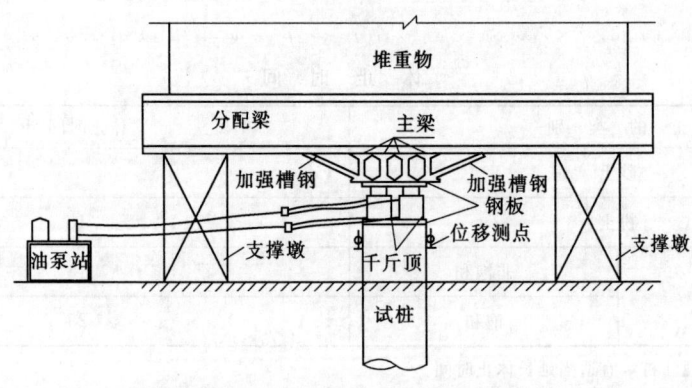

图 10.3.2 压重平台反力装置示意图

锚桩横梁反力装置：锚桩承载梁反力装置能提供的反力，应不小于预估最大试验荷载的1.3～1.5倍。锚桩一般采用4根，如入土较浅或土质松软时可增至6根。锚桩与试桩的中心间距，当试桩直径（或边长）不大于800mm时，可为试桩直径（或边长）的5倍；当试桩直径大于800mm时，上述距离不得小于4m。

压重平台反力装置：利用平台上压重作为对桩静压试验的反力装置。压重不得小于预估最大试验荷载的1.2倍，压重应在试验前一次加上。试桩中心至压重平台支承边缘的距离与上述试桩中心至锚桩中心距离相同。

锚桩压重联合反力装置：当试桩的最大加载量超过锚桩的抗拔能力时，可在承载梁上放置或悬挂一定重物，由锚桩和重物共同承受千斤顶反力。

基准桩中心与试桩、锚桩中心（或压重平台支承边）的距离宜符合表10.3.2的要求。

表10.3.2　　　　基准桩中心与试桩、锚桩中心（或压重平台支承边）的距离

反力装置	基准桩与试桩	基准桩与锚桩（或压重平台支承边）
锚桩横梁反力装置	≥4D	≥4D
压重平台反力装置	≥2.0m	≥2.0m

注　表中为试桩的直径D（或边长）≤800mm的情况；若试桩直径$D>$800mm时，基准桩中心与试桩中心（或压重平台支承边）的距离不宜小于4m。

JGJ 106—2003《建筑基桩检测技术规范》中规定：

1）加载反力装置能提供的反力不得小于最大加载量的1.2倍。

2）应对加载反力装置的全部构件进行强度和变形验算。

3）应对锚桩抗拔力（地基土、抗拔钢筋、桩的接头）进行验算；采用工程桩作锚桩时，锚桩的数量应不少于4根，并应监测锚桩上拔量。

4）压重宜在检测前一次加足，并均匀稳固地放置于平台上。

5）压重施加于地基的压应力不宜大于地基承载力特征值的1.5倍，有条件时宜利用工程桩作为堆载支点。

（3）荷载观测装置。荷载测量可用放置在千斤顶上的荷重传感器直接测定；或采用并联于千斤顶油路的压力表或压力传感器测定油压，根据千斤顶率定曲线换算荷载。传感器的测量误差应不大于1%，压力表精度应优于或等于0.4级。试验用压力表、油泵、油管在最大加载时的压力不应超过仪器规定工作压力的80%。

（4）沉降观测装置。沉降测量宜采用位移传感器或大量程百分表。测量误差不大于0.1%FS，分辨力优于或等于0.01mm；直径或边宽大于500mm的桩，应在其两个方向对称安置4个位移测试仪表，直径或边宽不大于500mm的桩可对称安置2个位移测试仪表；沉降测定平面宜在桩顶200mm以下位置，测点应牢固地固定于桩身；基准梁应具有一定的刚度，梁的一端应固定在基准桩上，另一端应简支于基准桩上；固定和支撑位移计（百分表）的夹具及基准梁应避免气温、振动及其他外界因素的影响。

（5）内力测量装置。基桩内力测量可采用应变式传感器（应变计）测量应变，钢弦式传感器测力，沉降杆测量位移。需要检测桩身某断面或桩底位移时，可在需检测的断面设置沉降杆。

3. 准备工作

（1）桩头处理。试验过程中要保证不会因桩头破坏而终止试验，桩头部位往往承受着较高的竖向荷载和偏心荷载，因此，试验前应对桩头进行处理。

预制桩和预应力管桩,如果未进行截桩处理,桩头质量正常,单桩设计承载力合理,可不进行处理。预应力管桩,尤其是有截桩处理的预应力管桩,可采用填芯处理,填芯高度 h 一般为 1~2m,可放置钢筋,也可不放,填芯用的混凝土宜按 C25~C30 配制,也可用特制夹具箍住桩头。灌注桩桩头处理应先凿掉桩顶部的松散破碎层和低强度混凝土,露出主筋,冲洗干净桩头后再浇筑桩帽。

(2) 系统检查。试验设备安装完毕后,应进行系统检查。对试桩施加一较小荷载预压,以消除整个量测系统和被检桩本身由于安装、桩头处理等人为因素造成的间隙而引起的非桩身沉降,并排除千斤顶和管路中的空气,检查管路接头、阀门等是否漏油等。如一切正常,卸载至零,待百分表显示的读数稳定后,记录百分表初始读数,开始正式加载。

4. 现场检测

(1) 试验加卸载方式。一般都采用慢速维持荷载法逐级加荷,每级荷载达到相对稳定后,再加下一级荷载,直至试桩达到破坏或终止加载条件时停止,然后分级卸载到零。

(2) 试验的荷载分级、沉降观测。

1) 加载分级。加荷分级不宜少于 10 级。每级加载为最大加载量或预估极限承载力的 1/15~1/10。其中第一级可按 2 倍分级加荷。最大加载量不应小于设计要求的 2 倍。

2) 沉降观测。每级加载后,每隔 15min 观测一次;累计 1h 后,每隔 30min 观测一次。

3) 稳定标准。每级加载下沉量,在下列时间内如不大于 0.1mm 时,即可认为稳定。

a. 桩端下为巨粒土、砂类土、坚硬黏质土,最后 30min。

b. 桩端下为半坚硬和细粒土,最后 1h。

(3) 可终止加载的情况。当出现下列情况之一时,可终止加载:

1) 某级荷载作用下,桩顶沉降量大于前一级荷载作用下沉降量的 5 倍。

2) 某级荷载作用下,桩顶沉降量大于前一级荷载作用下沉降量的 2 倍,且经 24h 尚未达到相对稳定标准。

3) 已达到设计要求的最大加载量。

4) 当工程桩作锚桩时,锚桩上拔量已达到允许值。

5) 当荷载沉降曲线呈缓变形时,可加载至桩顶总沉降量 60~80mm。在特殊情况下,可根据具体要求加载至桩顶累计沉降量超过 80mm。

(4) 桩的卸荷与回弹量观测。

1) 卸荷应分级进行,每级卸载量为两个加载级的荷载量。每级卸载后,应观测桩顶的回弹量,观测办法与沉降时相同。

2) 卸载到零后,至少每隔半小时测读一次。在第一个半小时内,每 15min 观测一次。

(5) 试验记录。试验数据填写记录,绘制静载试验曲线,如图 10.3.3 所示,并编写试验报告。

5. 检测数据分析与判定

(1) 检测数据的整理。

1) 绘制竖向荷载-沉降 ($p-s$)、沉降-时间对数 ($s-\lg t$) 曲线。需要时也可绘制其他辅助分析所需曲线。

2) 当进行桩身应力、应变和桩底反力测定时,应整理出有关数据的记录表,并按相应规范绘制桩身轴力分布图、计算不同土层的分层侧摩阻力和端阻力值。

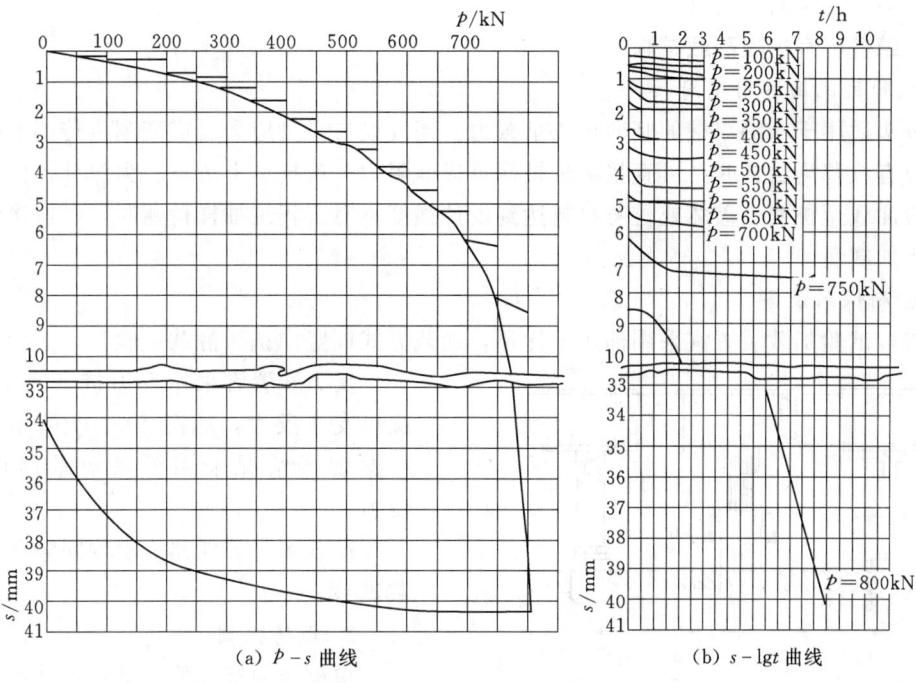

图 10.3.3 静压试验曲线

(2) 单桩竖向抗压极限承载力确定。单桩竖向抗压极限承载力可按下列方法综合分析确定：

1) 根据沉降随荷载变化的特征确定：对于陡降形荷载-沉降（$p-s$）曲线，取其发生明显陡降的起始点对应的荷载值。

2) 根据沉降随时间变化的特征确定：取 $s-\lg t$ 曲线尾部出现明显向下弯曲的前一级荷载值。

3) 当出现终止荷载第二款情况，取前一级荷载值。

4) 对于缓变形 $p-s$ 曲线可根据沉降量确定，宜取 $s=40\text{mm}$ 对应的荷载值；当桩长大于 40m 时，宜考虑桩身弹性压缩量；对直径不小于 800mm 的桩，可取 $s=0.05D$（D 为桩端直径）对应的荷载值。

在此说明：当按上述四款判定桩的竖向抗压承载力未达到极限时，桩的竖向抗压极限承载力应取最大试验荷载值。

6. 检测报告

检测报告应包括：

(1) 工程名称、地点，委托方，建设、勘察、设计、监理和施工单位。

(2) 检测目的，检测依据，检测数量，检测日期等。

(3) 地质条件描述。

(4) 受检桩的桩号、桩位和相关施工记录。

(5) 检测方法、原理、仪器设备和过程叙述。

(6) 受检桩的检测数据，实测与计算分析曲线、表格和汇总结果。

(7) 与检测内容相应的检测结论。

(8) 必要的说明和建议。

10.3.2 单桩竖向抗拔静载试验

1. 试验目的及适用范围

本方法适用于检测单桩的竖向抗拔承载力。当埋设有桩身应力、应变测量传感器时，或桩端埋设有位移测量杆时，可直接测量桩侧抗拔摩阻力，或桩端上拔量；为设计提供依据的试验桩应加载至桩侧土破坏或桩身材料达到设计强度；对工程桩抽样检测时，可按设计要求确定最大加载量。

2. 检测仪器设备

抗拔桩试验加载装置宜采用油压千斤顶，加载方式同竖向抗压静载试验。反力装置宜采用反力桩（或工程桩）提供支座反力，如图10.3.4所示，也可根据现场情况采用天然地基提供支座反力。

荷载测量等仪器要求均同竖向抗压静载试验。

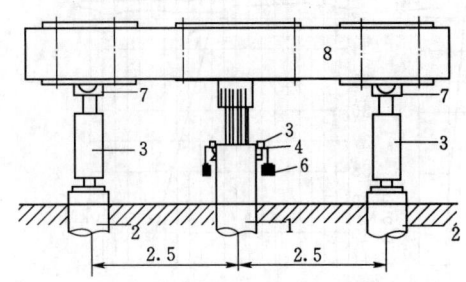
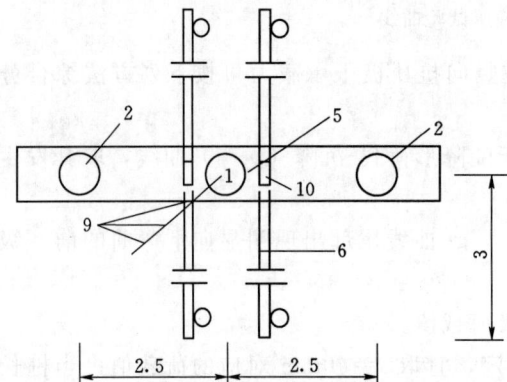

图 10.3.4 抗拔试验检测示意图

1—试桩；2—锚桩；3—液压千斤顶；4—表座；5—测微计；
6—基准梁；7—球铰；8—反力梁；9—地面变形测点；
10—10cm×10cm薄钢板

3. 现场检测

单桩竖向抗拔静载试验宜采用慢速维持荷载法。需要时，也可采用多循环加、卸载方法。慢速维持荷载法的加卸载分级、试验方法及稳定标准同竖向抗压静载试验，并应仔细观察桩身混凝土开裂情况。

当出现下列情况之一时，可终止加载：

（1）在某级荷载作用下，桩顶上拔量大于前一级上拔荷载作用下的上拔量5倍。

（2）按桩顶上拔量控制，当累计桩顶上拔量超过100mm时。

（3）按钢筋抗拉强度控制，桩顶上拔荷载达到钢筋强度标准值的0.9倍。

（4）对于验收抽样检测的工程桩，达到设计要求的最大上拔荷载值。

4. 检测数据分析与判定

数据整理绘制上拔荷载-桩顶上拔量（U-δ）关系曲线和桩顶上拔量-时间对数（δ-$\lg t$）关系曲线。

单桩竖向抗拔极限承载力可按下列方法综合判定：

（1）根据上拔量随荷载变化的特征确定：对陡变形U-δ曲线，取陡升起始点对应的荷载值。

（2）根据上拔量随时间变化的特征确定：取δ-$\lg t$曲线斜率明显变陡或曲线尾部明显弯

曲的前一级荷载值。

（3）当在某级荷载下抗拔钢筋断裂时，取其前一级荷载值。

5．检测报告

检测报告应包括：

（1）工程名称、地点，委托方，建设、勘察、设计、监理和施工单位。

（2）检测目的，检测依据，检测数量，检测日期等。

（3）地质条件描述。

（4）受检桩的桩号、桩位和相关施工记录。

（5）检测方法、原理、仪器设备和过程叙述。

（6）受检桩的检测数据，实测与计算分析曲线、表格和汇总结果。

（7）与检测内容相应的检测结论。

（8）必要的说明和建议。

复习思考题

1．收集最新的公路桥涵施工检测的相关规范。

2．叙述钻孔灌注桩施工过程检测项目。

3．钻孔灌注桩泥浆性能指标有哪些？

4．简述泥浆性能指标的检测方法。

5．钻孔灌注桩质量评定实测项目有哪些？

6．简述钻孔灌注桩成孔孔径的测量方法。

7．简述钻孔灌注桩成孔垂直度的测量方法。

8．简述反射波法检测桩基质量的使用范围。

9．简述低应变反射波法判桩的原理及几种基本缺陷波形的特点。

10．在某桥梁工程中，桩基础的直径为1.8m，基础检测采用声波透射法，声测管的数量、材质的选择和预埋要注意什么？

11．简述声波透射法的测试过程，如何判断桩身缺陷？

参 考 文 献

[1] 解先荣. 公路工程试验检测人员考试用书（公共基础）[M]. 北京：人民交通出版社，2011.
[2] 梁晋文，何贡. 误差理论与数据处理. 北京：中国计量出版社，1988.
[3] 中华人民共和国交通部. JTG F80/1—2004 公路工程质量检验评定标准. 北京：人民交通出版社，2004.
[4] 中华人民共和国交通部. JTG E60—2008 公路路基路面现场测试规程. 北京：人民交通出版社，2008.
[5] 中华人民共和国交通部. JTG B01—2003 公路工程技术标准. 北京：人民交通出版社，2003.
[6] 中华人民共和国交通部. JTG E51—2009 公路工程无机结合料稳定材料试验规程. 北京：人民交通出版社，2009.
[7] 中华人民共和国交通部. JTJ 052—2000 公路工程沥青及沥青混合料试验规程. 北京：人民交通出版社，2000.
[8] 中华人民共和国交通部. JTG E30—2005 公路工程水泥混凝土试验规程. 北京：人民交通出版社，2005.
[9] 金桃，张美珍. 公路工程检测技术. 北京：人民交通出版社，2005.
[10] 盛安连. 路基路面检测技术. 北京：人民交通出版社，1996.
[11] 和松. 公路路基路面现场测试规程释义手册. 北京：人民交通出版社，2008.
[12] 国家建筑工程质量监督检测中心. 混凝土无损检测技术. 北京：中国建材工业出版社，1996.
[13] 沙庆林. 公路压实与压实标准. 北京：人民交通出版社，2000.
[14] 中华人民共和国交通部. JTG E40—2007 公路土工试验规程. 北京：人民交通出版社，2007.
[15] 李福普. 公路工程试验检测人员考试用书（材料）. 北京：人民交通出版社，2011.
[16] 和松. 公路工程试验检测人员考试用书（公路）. 北京：人民交通出版社，2011.
[17] 何玉珊. 公路工程试验检测人员考试用书（桥梁）. 北京：人民交通出版社，2011.
[18] 陈凡. 基桩质量检测技术. 北京：中国建筑工业出版社，2003.
[19] 中华人民共和国住房和城乡建设部. JGJ 106—2014 建筑基桩检测技术规范. 北京：中国建筑工业出版社，2014.
[20] 浙江省交通厅工程质量监督站. JTG/T F81-01—2004 公路工程基桩动测技术规程. 北京：人民交通出版社，2004.
[21] 中交第一公路工程局有限公司. JTG/T F50—2011 公路桥涵施工技术规范. 北京：人民交通出版社，2011.
[22] 中华人民共和国建设部、中华人民共和国国家质量监督检验检疫总局. GB 50021—2001 岩土工程勘察规范. 北京：中国建筑工业出版社，2001.
[23] 中华人民共和国建设部、中华人民共和国国家质量监督检验检疫总局. GBJ 7—89 建筑地基基础设计规范. 北京：中国建筑工业出版社，1989.
[24] 中华人民共和国建设部、中华人民共和国国家质量监督检验检疫总局. GB 50202—2002 建筑地基基础工程施工质量验收规范. 北京：中国建筑工业出版社，2002.